iPad mini

Web. E-Mail. iCloud. Foto. Video.

Musik. iBooks. FaceTime

D1925191

BASIC

GADGET

Uthelm Bechtel

iPad mini

Web. E-Mail. iCloud. Foto. Video.
Musik. iBooks. FaceTime.

PEARSON

München • Harlow • Amsterdam • Madrid • Boston
San Francisco • Don Mills • Mexico City • Sydney
a part of Pearson plc worldwide

Die Deutsche Nationalbibliothek verzeichnet diese Publikation in der Deutschen Nationalbibliografie; detaillierte bibliografische Daten sind im Internet über http://dnb.dnb.de abrufbar.

Die Informationen in diesem Produkt werden ohne Rücksicht auf einen eventuellen Patentschutz veröffentlicht.
Warennamen werden ohne Gewährleistung der freien Verwendbarkeit benutzt.
Bei der Zusammenstellung von Texten und Abbildungen wurde mit größter Sorgfalt vorgegangen. Trotzdem können Fehler nicht vollständig ausgeschlossen werden.
Verlag, Herausgeber und Autoren können für fehlerhafte Angaben und deren Folgen weder eine juristische Verantwortung noch irgendeine Haftung übernehmen.
Für Verbesserungsvorschläge und Hinweise auf Fehler sind Verlag und Herausgeber dankbar.

Alle Rechte vorbehalten, auch die der fotomechanischen Wiedergabe und der Speicherung in elektronischen Medien.
Die gewerbliche Nutzung der in diesem Produkt gezeigten Modelle und Arbeiten ist nicht zulässig.

Fast alle Hardware- und Softwarebezeichnungen und weitere Stichworte und sonstige Angaben, die in diesem Buch verwendet werden, sind als eingetragene Marken geschützt. Da es nicht möglich ist, in allen Fällen zeitnah zu ermitteln, ob ein Markenschutz besteht, wird das ®-Symbol in diesem Buch nicht verwendet.

10 9 8 7 6 5 4 3 2 1

15 14 13

ISBN 978-3-8273-3233-2

© 2013 Pearson Deutschland GmbH,
Martin-Kollar-Straße 10–12, 81829 München/Germany
Alle Rechte vorbehalten
www.pearson.de
A part of Pearson plc worldwide

Einbandgestaltung: Marco Lindenbeck, webwo GmbH, webwo.de
Redaktion und Satz: Almute Kraus, exclam!, Düsseldorf, www.exclam.de
Lektorat: Michael Krimmer, mkrimmer@pearson.de
Korrektorat: exclam!, Düsseldorf, www.exclam.de
Herstellung: Philipp Burkart, pburkart@pearson.de
Druck und Verarbeitung: Drukarnia Dimograf, Bielsko-Biala

Printed in Poland

▲ Zum Entsperren bitte weiterblättern ...

Inhalt

Teil 1: Das iPad mini einrichten

Erste Schritte mit dem iPad mini

Lernen Sie Ihr iPad mini kennen

Bevor Sie loslegen, sollten Sie sich Ihr iPad mini ein wenig genauer anschauen und sich mit den hardwareseitigen Bedienelementen vertraut machen. Das iPad mini ist mit mehreren Buchsen und Schaltern ausgestattet. Die Home-Taste befindet sich unter bzw. neben dem Display, die Buchsen und die anderen Schalter an den Seiten des Geräts.

- Mit der **Home-Taste** wird der Home-Bildschirm aufgerufen (📖 »Der Home-Bildschirm«, Seite 62). Außerdem kann das iPad mini mit der Home-Taste aus dem Ruhezustand aufgeweckt werden.
- Die **Standby-Taste** versetzt das iPad mini in den Ruhezustand und weckt es wieder aus diesem auf. Im Ruhezustand kann das iPad mini aber trotzdem Mitteilungen ausgeben oder z.B. E-Mails empfangen (📖 »Mitteilungen«, Seite 47; 📖 »Mail«, Seite 92).
- Der **Seitenschalter** kann je nach Einstellung unterschiedliche Funktionen haben. Die Auswahl der Funktion des **Seitenschalters** erfolgt in der Einstellungen-App auf der Seite »Allgemein«. Mit dem Seitenschalter können die Systemtöne ausgeschaltet werden. Die Tonausgabe von Audio- oder Video-Apps wird dabei jedoch nicht stumm geschaltet. Alternativ kann mit dem Seitenschalter die automatische Drehung des Bildschirminhalts deaktiviert werden (📖 »Anzeige im Hoch- oder Querformat«, Seite 18).
- Mit dem **Laustärkeregler** wird die Gesamtlautstärke geregelt. Während des Regelns der Lautstärke mit den Tasten wird die aktuelle Lautstärke über dem Bildschirminhalt eingeblendet. Wenn Sie die Leiser-Taste eine Zeit lang gedrückt halten, wird die Lautstärke auf Null gesetzt. Bei aktivierter Option »Mit Tasten ändern« in der Einstellungen-App auf der Seite »Töne« können außerdem die Systemtöne mit dem Lautstärkeregler geregelt werden, solange kein Inhalt aufgerufen ist, der die Tonausgabe verwendet.

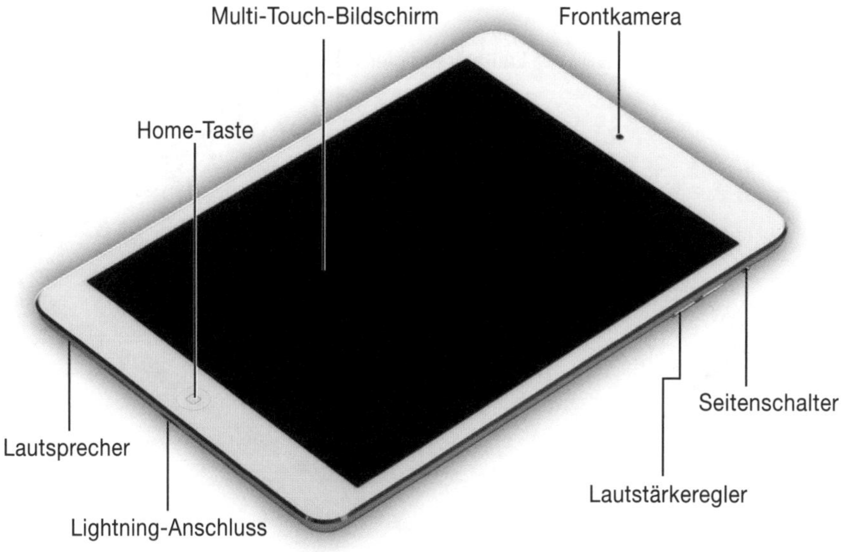
Multi-Touch-Bildschirm
Frontkamera
Home-Taste
Seitenschalter
Lautsprecher
Lautstärkeregler
Lightning-Anschluss

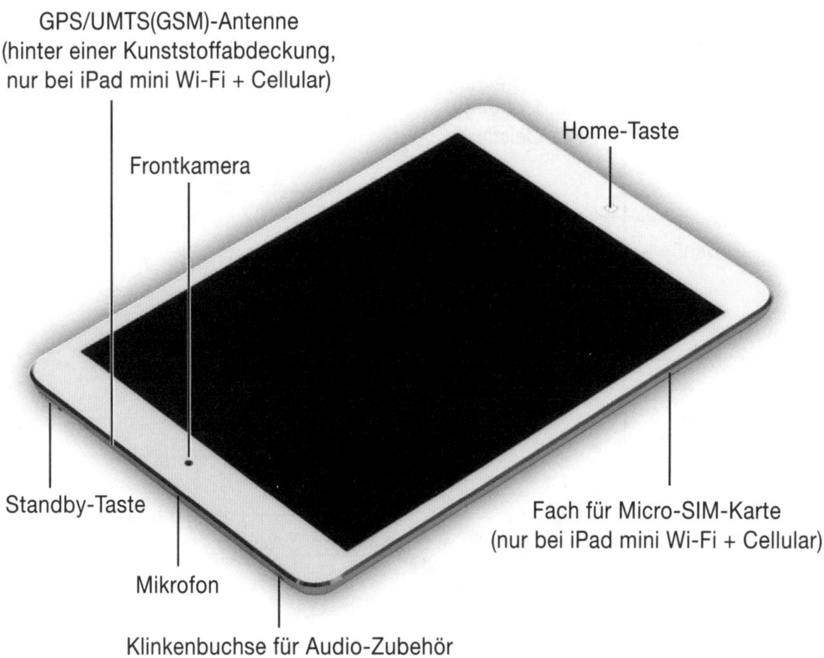
GPS/UMTS(GSM)-Antenne
(hinter einer Kunststoffabdeckung,
nur bei iPad mini Wi-Fi + Cellular)
Home-Taste
Frontkamera
Standby-Taste
Fach für Micro-SIM-Karte
(nur bei iPad mini Wi-Fi + Cellular)
Mikrofon
Klinkenbuchse für Audio-Zubehör

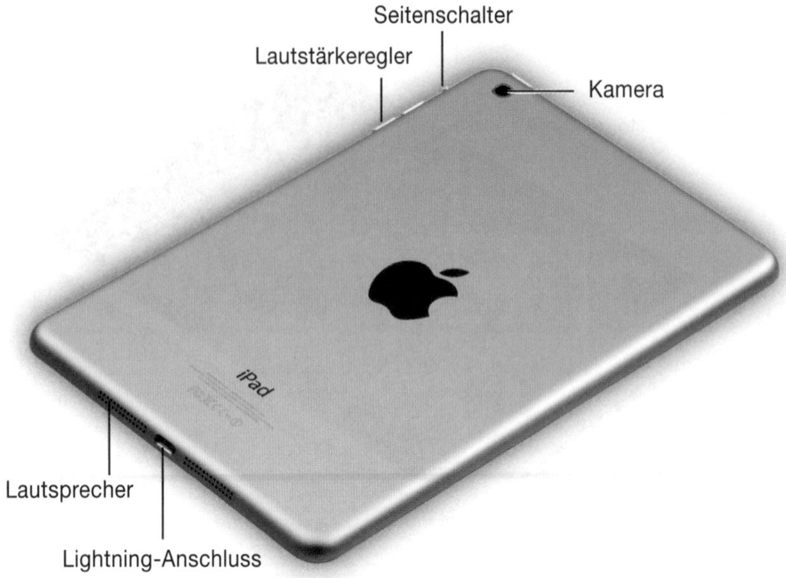
Seitenschalter
Lautstärkeregler
Kamera
Lautsprecher
Lightning-Anschluss

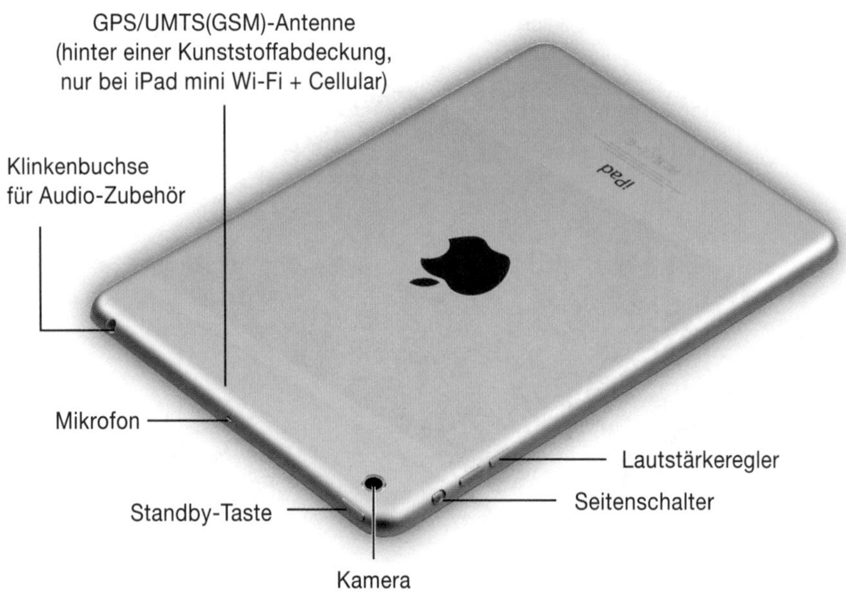
GPS/UMTS(GSM)-Antenne
(hinter einer Kunststoffabdeckung,
nur bei iPad mini Wi-Fi + Cellular)
Klinkenbuchse
für Audio-Zubehör
Mikrofon
Lautstärkeregler
Standby-Taste
Seitenschalter
Kamera

Start
Wednesday
27

- Über den **Lightning-Anschluss** wird der Akku des iPad mini aufgeladen und das iPad mini mit dem PC verbunden. Außerdem können hier unterschiedlichste Zubehör-Geräte angeschlossen werden (📖 »Zubehör«, Seite 282). Daneben finden sich die eingebauten **Lautsprecher**.
- An der gegenüberliegenden Seite des Geräts ist eine vierpolige **Klinkenbuchse** für den Anschluss von Audio-Zubehör eingebaut (📖 »Kabelgebundenes Audio-Zubehör«, Seite 286).
- Neben der Kopfhörer-Buchse findet sich das eingebaute **Mikrofon**.
- Das iPad mini WiFi + Cellular verfügt zusätzlich über ein **Fach für die Micro-SIM-Karte**.
- Beim iPad mini WiFi + Cellular befindet sich an der oberen Kante hinter der Kunststoffabdeckung die **GPS-Antenne**. Das iPad mini WiFi verfügt über keine GPS-Antenne und der obere Rand ist aus Aluminium gefertigt.
- Das iPad mini besitzt zwei **Kameras**: Eine auf der Vorderseite im Display-Rahmen und eine auf der Rückseite. Mit der Frontkamera (FaceTime-Kamera) können Videos im 720p HDV Breitformat (1280 × 720 Pixel) aufgenommen werden, Fotos haben eine Bildgröße von 1280 x 960 Pixel im Seitenverhältnis von 4:3 (📖 »FaceTime«, Seite 126). Mit der rückseitigen Kamera können Videos im 1080p HDV Breitformat (1920 × 1080 Pixel) aufgenommen werden, Fotos haben eine Bildgröße von 5 Mega-Pixel im Seitenverhältnis von 4:3 (2592 x 1936 px). Die Videos werden in H.264 (vgl. 📖 »Videos«, Seite 197) komprimiert (📖 »Kamera«, Seite 204).

Das iPad mini ein- und ausschalten

Das iPad mini wird eingeschaltet, indem Sie die Standby-Taste (am oberen Gehäuserand) drücken. Auf dem Bildschirm erscheint das Apple-Logo. Nach einigen Sekunden ist der Sperr-Bildschirm geladen und das iPad mini betriebsbereit.

- Unter normalen Umständen muss das iPad mini nicht ausgeschaltet werden. Es wird lediglich mit einem Druck auf die Standby-Taste in den Ruhezustand gesetzt. Um es wieder zu aktivieren, drücken Sie einmal auf die Standby-Taste oder auf die Home-Taste (neben dem Bildschirm). Der Sperrbildschirm erscheint, und das iPad mini kann durch Schieben des Schalters »Entriegeln« nach rechts entriegelt werden (den Schalter mit einem Finger berühren und dann den Finger entlang des Schalters über den Multitouch-Bildschirm ziehen).

▶ So zeigt sich das iPad mini bei der ersten Inbetriebnahme.

- Wenn die Batterie zur Neige geht, wird das iPad mini automatisch ausgeschaltet. Dabei werden alle Inhalte gesichert.
- Sollten Sie das iPad mini doch einmal manuell ausschalten wollen, drücken Sie die Standby-Taste so lange, bis der Ausschaltbildschirm erscheint. Dort schieben Sie den Schalter »Ausschalten« nach rechts. Das Gerät fährt nun herunter.

Erste Inbetriebnahme

Bei der ersten Inbetriebnahme muss das iPad mini einmalig aktiviert werden.

❶ Das iPad mini muss hierfür (nach der Auswahl der Sprache und des Landes) über ein WLAN-Netzwerk mit dem Internet verbunden werden. Die Verbindung ist notwendig, damit das iPad mini bei der Aktivierung einen Identifizierungsschlüssel vom Apple-Server beziehen kann. Dieser wird später beispielsweise für Push-Dienste verwendet (📖 »WLAN«, Seite 53).
❷ Falls Sie noch keine Apple-ID haben, können Sie diese jetzt direkt einrichten.
❸ Bei der Aktivierung können Sie Ihr iPad mini auch bei iCloud anmelden und Siri aktivieren. Mehr zu iCloud lesen Sie im Kapitel 📖 »iCloud«, Seite 257 und zu Siri im Kapitel »Siri«, Seite 52.
❹ Das iPad mini ist jetzt betriebsbereit.

Apple-ID

Die Apple-ID wird später u.a. für den Einkauf im App-Store (auch zum Herunterladen von kostenlosen Apps) benötigt (📖 »Stores«, Seite 269). Infos zur Apple-ID finden Sie unter <http://support.apple.com/kb/HE37?viewlocale=de_DE>.

Zur Einrichtung einer Apple-ID benötigen Sie keine Kreditkarte. Wenn Sie keine Kreditkartendaten angeben, können Sie nur kostenlose Apps oder Titel herunterladen oder Sie bezahlen mit einem Gutschein, den Sie beim Apple-Händler und in vielen Supermärkten kaufen können (siehe 📖 »Kaufen mit Gutschein«, Seite 276). Anweisungen zum Einrichten eines Accounts ohne Kreditkarte finden Sie unter <http://support.apple.com/kb/HT2534?viewlocale=de_DE>.

Daten übernehmen

Daten vom PC übernehmen

Nach der ersten Einrichtung des iPad mini können Sie mit dem Programm iTunes (das für Windows und für Mac OS X zur Verfügung steht) Daten von Ihrem PC auf das iPad mini übernehmen und Einstellungen für eine Synchronisation der Daten auf dem PC mit denen auf dem iPad mini vornehmen. Das iPad erscheint dort unter »Geräte ▶ iPad«.

▶ Bei der ersten Konfiguration können Sie Daten aus einem Backup auf das neue iPad mini übernehmen.

Daten aus Backup übernehmen

Wenn Sie schon ein iPad besessen haben, für das ein Backup existiert, können Sie die Daten von diesem iPad übernehmen. Auch die Daten aus dem Backup eines iPhones oder iPod Touch lassen sich übernehmen. Nach der Wiederherstellung finden Sie das iPad mini im gleichen Zustand vor wie das vorherige Gerät. Es stehen zwei Optionen zur Verfügung:

- Wenn Sie die Option »Aus iCloud-Backup wiederherstellen« wählen, werden die Backup-Daten über das Internet von Apples iCloud-Servern auf das iPad mini übertragen. Mehr zum Backup in iCloud lesen Sie im Kapitel 📖 »iCloud«, Seite 257.

▲ Das iPad mini kann in jeder Ausrichtung benutzt werden. Der Bildschirminhalt wird automatisch entsprechend der Ausrichtung des iPads ins Hoch- oder Querformat gedreht.

- Bei Auswahl der Option »Aus iTunes-Backup wiederherstellen« werden Sie aufgefordert, das iPad mini mit dem mitgelieferten Kabel mit dem PC zu verbinden. Die weiteren Schritte werden dann in iTunes auf dem PC vorgenommen.

Anzeige im Hoch- oder Querformat

Das iPad mini kann in jeder Lage verwendet werden. Mit Hilfe des eingebauten Beschleunigungssensors erkennt es seine Lage und richtet den Displayinhalt entsprechend entweder im Hoch- oder im Querformat aus.

Wenn Sie das iPad mini flach auf seinen Rücken legen, bleibt die Ausrichtung des Bildschirminhalts erhalten. Sollte diese für Ihren Blickwinkel unpassend sein, richten Sie das iPad mini kurz auf, damit der Bildschirminhalt gedreht wird.

Die automatische Bildrotation kann (z.B. für das Lesen im Bett) gesperrt werden. Je nachdem welche Belegung des Seitenschalters in der Einstellungen-App auf der Seite »Allgemein« eingestellt ist, wird die Bildrotation entweder mit dem Seitenschalter oder in den Steuerelementen des App-Switchers gesperrt (»Der App-Switcher«, Seite 64).

Grundeinstellungen

Wenn Sie mögen, können Sie eine ganze Reihe von Einstellungen für Ihr iPad mini vornehmen. Die grundlegenden Einstellungen werden in der Einstellungen-App auf der Seite »Allgemein« vorgenommen.

- **Name des iPad mini:** Unter »Info« können Sie dem iPad mini einen Namen geben.
- **Sprache:** Die Sprache und die Tastaturbelegung werden unter dem Punkt »Landeseinstellungen« ausgewählt. Hier lassen sich auch das Datums- und Uhrzeitformat sowie die Zahlenformate einstellen. Bei Bedarf können Sie hier mehrere Tastaturbelegungen auswählen, zwischen denen Sie dann direkt auf der Tastatur wechseln können. Mehr zu den Tastaturen lesen Sie im Kapitel »Tastatur«, Seite 40.
- **Code-Sperre:** Das iPad mini ist normalerweise nach dem Entriegeln für jedermann frei zugänglich. Um Ihre Daten zu schützen, können Sie das iPad mini mit einer Code-Sperre belegen. Die Code-Sperre wird in der Einstellungen-App auf der Seite »Allgemein« unter »Code-Sperre« eingerichtet. Bei aktivierter Option »Einfacher Code« besteht der Code aus vier Zahlen, anderenfalls kann ein beliebiges Passwort als Code festgelegt werden.

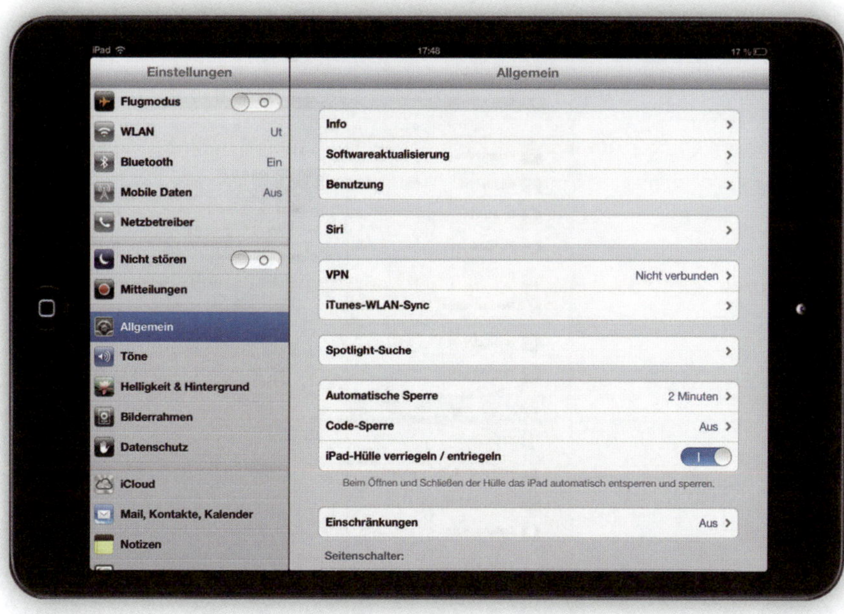

▲ Die Grundeinstellungen für das iPad können in der App »Einstellungen« unter »Allgemein« vorgenommen werden.

- **Netzwerk:** Damit Sie mit dem iPad mini im Internet surfen und E-Mails empfangen können, müssen Sie die Internet-Verbindung einrichten. Die Einrichtung eines WLAN-Netzwerkes und der Cellular-Verbindung (UMTS/LTE) wird im Kapitel »Netzwerk« beschrieben (🕮 »WLAN« Seite 53; 🕮 »Cellular – UMTS und LTE« Seite 58).
- **Systemtöne:** Auf der Seite »Töne« können Sie bestimmte Systemtöne deaktivieren und die Standard-Töne für Mail, Nachrichten, Kalender, Erinnerungen und FaceTime einstellen. Für diese kann hier auch die Lautstärke eingestellt sowie die Laustärkeregelung über den Lautstärkeregler an der Seite des iPad mini aktiviert werden. Alle unter »Töne« aktivierten Töne lassen sich – je nachdem, welche Belegung des Seitenschalters in der Einstellungen-App auf der Seite »Allgemein« eingestellt ist – mit dem Seitenschalter oder in den Steuerelementen des App-Switchers stumm schalten (🕮 »Der App-Switcher«, Seite 64).

▶ Aktualisierung der iOS-Betriebssystemssoftware

- **Bildschirmhelligkeit:** In der Einstellungen-App können Sie auf der Seite »Helligkeit & Hintergrund« die Bildschirmhelligkeit anpassen. Bei eingeschalteter Option »Auto-Helligkeit« wird der Bildschirm entsprechend dem Umgebungslicht etwas aufgehellt oder abgedunkelt.
- **Hintergrundbilder:** Hier können Sie auch die Hintergrundbilder für den Home-Bildschirm und den Sperrbildschirm auswählen. Tippen Sie in der Einstellungen-App auf der Seite »Helligkeit & Hintergrund« auf die Bilder unter »Hintergrundbild« und wählen Sie dann eines der vorgegebenen Hintergrundbilder oder ein Bild aus Ihrer Foto-Mediathek aus. Sie können die Hintergrundbilder aber auch in der App Fotos auswählen (📖 »Fotos«, Seite 175).

Softwareaktualisierung

Das iOS, die Betriebssystemssoftware für das iPad mini erhält in regelmäßigen Abständen Updates mit Fehlerbehebungen und Verbesserungen. Updates für iOS 6 können direkt auf dem iPad mini geladen und installiert werden. Ein Update der Firmware hat keinen Einfluss auf die auf dem iPad mini gespeicherten persönlichen Daten.

1. In der Einstellungen-App tippen Sie auf der Seite »Allgemein« auf »Softwareaktualisierung«.
2. Das iPad mini kontaktiert den Apple-Server und fragt die verfügbaren Updates an. Sind Updates verfügbar, werden diese auf der rechten Seite aufgelistet.
3. Für die Installation des Updates tippen Sie auf »Laden und Installieren« und stimmen den Lizenzvereinbarungen zu.
4. Das Update wird heruntergeladen. Danach wird es automatisch installiert. In einem Dialog können Sie die Installation mit einem Tipp auf »Später« auf einen späteren Zeitpunkt verschieben.
5. Das iPad mini installiert die neue Software und startet automatisch neu.

Die Bedienung des iPad mini

Im Gegensatz zu herkömmlichen Computern – PCs unter Mac OS X, Windows oder Linux –, die indirekt über Maus und Tastatur bedient werden, wird das iPad mini direkt über den berührungsempfindlichen Bildschirm bedient. Neben dem einfachen Antippen von Bedienelementen werden viele Befehle auch mit Hilfe von Bewegungen eines oder mehrerer Finger über den Bildschirm gegeben (Gesten). Abhängig vom Kontext werden diese Bewegungen dann von der Software unterschiedlich interpretiert.

In diesem Kapitel erhalten Sie eine Erklärung der grundlegenden Gesten, die für die Bedienung des iPad mini erforderlich sind, und lernen die grundlegenden Bedienelemente der Apps kennen.

Die Gesten

Die Interaktion mit dem iPad mini erfolgt über eine Reihe unterschiedlicher Bewegungen eines oder mehrerer Finger auf dem berührungsempfindlichen Bildschirm. Mit diesen Bewegungen, die Gesten genannt werden, lassen sich die in den iPad-Apps verwendeten Bedienelemente und die angezeigten Inhalte bedienen.

- **Tippen:** Viele Bedienelemente wie Schalter etc., aber auch Links auf Internetseiten werden durch einfaches Antippen bedient. Dabei wird die Aktion erst ausgeführt, wenn der Finger den Bildschirm wieder verlässt. Für die Texteingabe kann mit einfachem Tippen der Textcursor an eine beliebige Stelle im Text gesetzt werden.
- **Halten:** Wenn Sie ein Objekt berühren und den Finger einen Augenblick auf dem Objekt halten, können bestimmte Zusatzfunktionen aufgerufen werden. Durch Halten erscheinen beispielsweise kontextbezogene Popover. Für die Texteingabe kann durch Halten eine Lupe über dem Text eingeblendet werden.
- **Doppeltippen:** Wenn ein Bild oder eine Internetseite zweimal direkt hintereinander angetippt wird, wird diese vergrößert. Bei einem erneuten Doppeltipp wird das Bild bzw. die Internetseite wieder in der ursprünglichen Größe dargestellt.

▲ Kurzes Tippen auf Bedienelemente löst eine Aktion aus. Hier öffnet das Tippen auf die Schaltfläche ein Popover. Das Popover erscheint, sobald der Finger wieder vom Bildschirm weggenommen wird. In einigen Fällen verändern sich die Bedienelemente, solange sie berührt werden.

▲ Halten auf einem Objekt: Hier wird durch das Halten auf dem Bild ein Popover geöffnet, das weitere Aktionen anbietet.

Für die Texteingabe wird mit doppeltem Tippen ein Wort markiert und das Bearbeiten-Menü geöffnet.

▲ Zoom durch Doppeltipp: Ein Doppeltipp vergrößert das Bild, der nächste Doppeltipp verkleinert es wieder.

▲ Ziehen und Schnippen: Beide Bewegungen blättern in diesem Beispiel von einem Bild zum nächsten.

- **Ziehen:** Wird ein Objekt mit einem Finger berührt und der Finger dann über den Bildschirm bewegt, folgt das Objekt der Bewegung des Fingers (bei Apple als »Bewegen« bezeichnet).
- **Schnippen:** Objekte können auch durch Schnippen bewegt werden (bei Apple »Streichen«). Hierfür wird das Objekt wie beim Ziehen bewegt, aber der Finger noch während der Bewegung vom Bildschirm entfernt. Die

▲ Zoom durch Finger auseinanderziehen: Das Bild wird entsprechend der Bewegung der Finger vergrößert.

▲ Drehen mit zwei Fingern: Durch eine gemeinsame Drehbewegung zweier Finger kann das Bild gedreht werden.

Bewegung des Bildschirmobjekts läuft nach einiger Zeit von selber aus, kann aber auch durch einfaches Antippen angehalten werden.

- **Zwei Finger auseinander- bzw. zusammenziehen:** Bilder oder Internetseiten usw. können auch durch das Auseinanderbewegen zweier Finger vergrößert und durch das Zusammenziehen zweier Finger verkleinert werden.
- **Drehen mit zwei Fingern:** Objekte, die mit zwei Fingern gehalten werden, können in einigen Apps auch durch Drehen der Hand gedreht werden.

Scrollbalken

Wenn ein Objekt größer als der Bildschirm ist und über den Bildschirm bewegt wird (durch Ziehen oder Schnippen), werden während der Bewegung an der rechten und unteren Kante Balken eingeblendet. An der Größe und der Position dieser Balken sind die Größe des gesamten Inhalts und der gezeigte Ausschnitt zu erkennen. Die Balken entsprechen in etwa den Scrollbalken bei Fenstern auf dem PC.

Allgemeine Bedienelemente

Die Home-Taste

Bei der Bedienung des iPad mini ist die Home-Taste das wichtigste der physikalisch vorhandenen Bedienelemente.

- Einfaches Drücken der Home-Taste beendet die laufende App und ruft den Home-Bildschirm auf, von dem aus die Apps gestartet werden.
- Doppeltes Drücken der Home-Taste ruft den App-Switcher auf, mit dem zwischen den aktiven Apps gewechselt werden kann.
- Durch längeres Halten der Home-Taste können mit Siri Aktionen durch Spracheingabe gestartet werden.

Die Statusleiste

Unabhängig von der verwendeten App wird beim iPad mini immer am oberen Bildschirmrand eine Leiste mit Statusinformationen wie aktuelle Uhrzeit, die aktive Netzwerkverbindung und deren Aktivität sowie der Ladezustand des Akkus eingeblendet. Nur in ganz seltenen Fällen wird die Statusleiste ausgeblendet. Abgesehen von dieser Statusleiste wird von den Apps der Bildschirm immer als Ganzes verwendet.

Die Tabelle »Symbole in der Statusleiste« auf der nächsten Seite zeigt alle Symbole in der Statusleiste und ihre Bedeutung.

- In vielen Apps scrollt ein Tipp auf die Statusleiste den angezeigten Inhalt zurück an seinen Anfang.
- Wenn Sie die Statusleiste in der Mitte nach unten ziehen, öffnet dies die Mitteilungen. Hier werden die Meldungen verschiedenster Apps aufgelistet, wie Termine, Erinnerungen, eingegangene iMessage-Nachrichten oder verpasste Anrufe.

▲ Die Leiste am oberen Bildschirmrand liefert Statusinformationen.

Symbole in der Statusleiste	
	Flugmodus
LTE,4G, 3G,E,○	Verbindung mit dem Mobilfunknetz
	Persönlicher Hotspot ist aktiviert
	Verbindung zu einem WLAN-Netzwerk
	Netzwerkaktivität
	Synchronisation mit iTunes
	iPad ist gesperrt
	Nicht stören aktiv
	Ortungsdienste aktiviert
	Wecker aktiviert
	Bildschirmrotation gesperrt
	Audio oder Video wird abgespielt
	Bluetooth ist aktiv
	Batteriestatus

Die Navigationsleiste

Im oberen Bereich findet sich direkt unter der Symbolleiste häufig eine Leiste, die den Titel der aktuellen Ansicht zeigt, aber auch verschiedene Schalter enthalten kann. Sie wird Navigationsleiste genannt.

- Links in der Navigationsleiste befindet sich häufig eine Schaltfläche für die Navigation zurück zu einer übergeordneten Ansicht oder Liste. Der Navigationsschalter ist links mit einer Spitze versehen.
- Weitere Standard-Schalter in der Navigationsleiste sind **Bearbeiten**, **Abbrechen**, **Sichern** und **Fertig**.

▲ Die Navigationsleiste befindet sich direkt unter der Symbolleiste. Sie kann unterschiedliche Schalter enthalten. Häufig zeigt sie den Titel der aktuellen Ansicht.

▲ Der Navigationsschalter ist an der Spitze zu erkennen.

▲ Der Schalter **Bearbeiten** wechselt die Farbe und wird zu **Abbrechen** oder **Fertig**.

▲ Eine Werkzeugleiste

▲ Verschiedene Schalter in der Tab-Leiste

Die Werkzeugleiste

Die Werkzeugleiste stellt über Schaltflächen Bearbeitungsfunktionen zur Verfügung. Sie befindet sich meistens anstelle der Navigationsleiste am oberen Bildschirmrand. Es gibt aber auch Apps, bei denen sich die Werkzeugleiste am unteren Bildschirmrand befindet.

Viele Schalter sind standardisiert. Die Tabelle »Schaltflächen in der Werkzeugleiste« stellt Ihnen einige Standard-Schalter vor, die Sie häufig in der Werkzeugleiste vorfinden werden. Eine Erklärung der in den einzelnen Apps verwendeten Schaltersymbole erhalten Sie aber im Verlauf des Buchs immer auch bei der Beschreibung der Apps.

Schaltflächen in der Werkzeugleiste
Export-Popover öffnen
Erstellen oder Bearbeiten
Lesezeichen-Popover öffnen
Suche
Hinzufügen
Löschen
Einsortieren
Antworten
Abbrechen
Neu laden
Abspielen
Schneller Vorlauf
Pause
Schneller Rücklauf

▲ Ein Popover wird über dem Bildschirminhalt der App eingeblendet und kann Schalter, Informationen oder Listen enthalten.

Die Tab-Leiste

Manche Apps verwenden zusätzlich zur Werkzeug- oder Navigationsleiste am unteren Ende des Bildschirms eine Tab-Leiste. In ihr soll zwischen verschiedenen Ansichten oder Modi eines Programmes umgeschaltet werden können. Die Symbole in der Tab-Leiste sind mit einer Bezeichnung versehen. Einige Beispiele sehen Sie in der Abbildung oben.

Popover

Die so genannten »Popover« sind Elemente, die über den Bildschirminhalt der App eingeblendet werden. Sie werden z.B. mit einem Schalter aktiviert oder durch tippen und halten auf bestimmten Objekten. Popover werden für Listen, Befehle oder Informationen genutzt. Sie können also auch Elemente wie Schaltflächen, Ein-Ausschalter o.Ä. enthalten.

Popover werden geschlossen, indem ein Objekt ausgewählt wird oder indem an eine andere Stelle auf dem Bildschirm getippt wird.

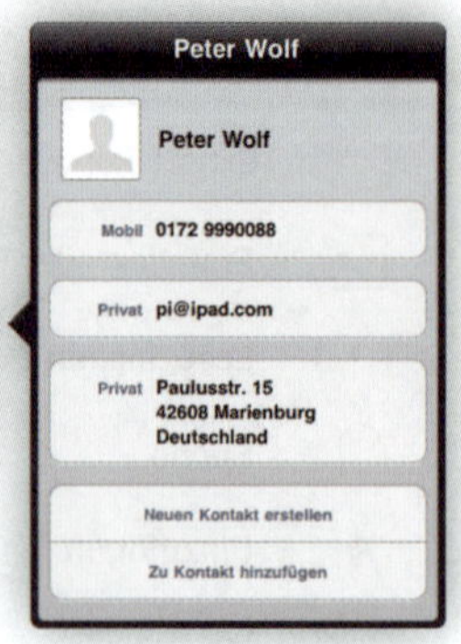

▲ Beispiele für unterschiedliche Popover, von links nach rechts: mit Schaltflächen, mit Listen, mit Informationen (und unten Schaltflächen)

▲ Symbol-Schaltflächen mit und ohne Rahmen unterscheiden sich nicht in ihrer Funktion.

▲ Text-Schaltflächen mit Rahmen werden in diesem Buch mit **fettem Text** hervorgehoben bezeichnet.

Schaltflächen

Das am häufigsten anzutreffende Bedienelement auf dem iPad mini ist die Schaltfläche. Mit einer Schaltfläche können Funktionen unabhängig vom Kontext aufgerufen werden. Beispielsweise kann mit einem Schalter vom Ansichts- in den Bearbeiten-Modus gewechselt werden oder sie öffnet ein Popover.

Viele Text- und Symbol-Schaltflächen sind leicht an der Umrandung zu erkennen. Bei Symbol-Schaltflächen wird aber häufig auch auf die Umrandung verzichtet. (Text-Schaltflächen mit Rahmen werden in diesem Buch mit **fettem Text** hervorgehoben bezeichnet.)

Schalter für Einstellungen

Für Einstellungen stehen eine Reihe von speziellen Bedienelementen zur Verfügung.

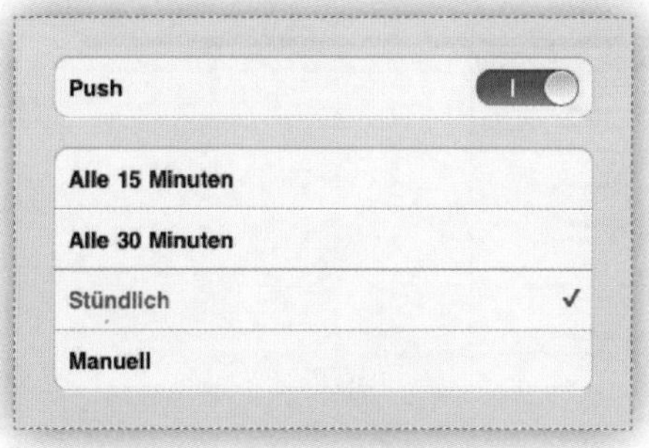

▲ Je nach Anzahl der möglichen Optionen können Einstellungen über einen Ein-Aus-Schalter (oben) oder eine Auswahlliste (unten) vorgenommen werden.

▲ Die Auswahl vorgegebener Werte wird mit der Slot Machine vorgenommen.

Ein-Aus-Schalter

In den Apps werden Einstellungen, die entweder aktiv oder nicht aktiv sein sollen, häufig über Ein-Aus-Schalter vorgenommen. Sie sehen wie Schiebeschalter aus und können entweder durch Schieben oder durch Tippen bedient werden.

Optionsauswahl

Soll zwischen mehr als nur zwei Optionen wie »Ein« und »Aus« entschieden werden, werden die verschiedenen Optionen untereinander aufgelistet. Die Auswahl einer Option erfolgt durch Tippen. Die ausgewählte Option ist dann graublau dargestellt und mit einem Häkchen ✓ versehen.

Auswahl von Datum, Uhrzeit, Zahlenwerten oder Zeichensätzen

Eine besondere Darstellung, die Slot Machine (Spielautomat) genannt wird, bietet das iOS für die Auswahl von Datum, Uhrzeit, vorgegebenen Zahlenwerten oder auch Zeichensätzen. Die Liste stellt eine Walze dar, auf der sich die Werte wählen lassen, indem die Walze angeschoben wird.

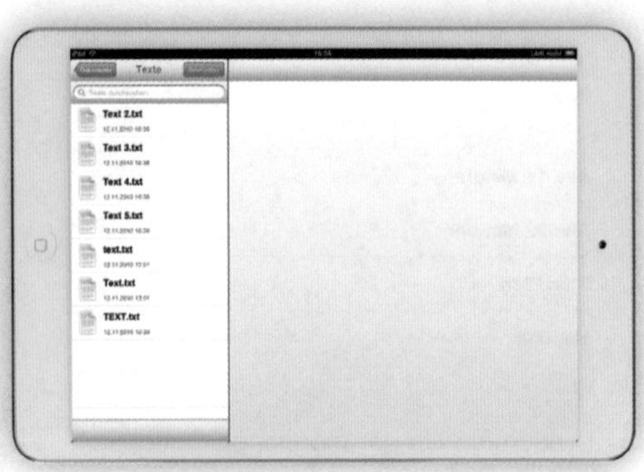

◄ ▲ Diese App stellt die Liste bei der Anzeige im Hochformat in einem Popover dar und bei der Anzeige im Querformat als Split View.

Listen

An vielen Stellen kommen in den iPad-Apps Listen zum Einsatz. Hierfür bietet das iOS mehrere Möglichkeiten. Eine Liste kann die gesamte Breite des Bildschirms einnehmen, aber auch neben oder über dem eigentlichen Inhalt der App angezeigt werden.

Split View

In vielen Programmen wird der so genannte »Split View« verwendet, eine geteilte Ansicht. Dabei wird nur der linke Teil des Bildschirms für eine Listenansicht genutzt.

Popover

Eine weitere Möglichkeit, mit der Auswahllisten in eine iPad-App integriert sein können, sind Popover. Sie werden dann mit einem Schalter aktiviert.

Listen-Navigation

Listen können auch hierarchisch aufgebaut werden, sodass ein Punkt in einer Liste eine weitere Liste aufruft. Auf dem iPad mini wird aber immer nur eine Stufe der Hierarchie angezeigt. Punkte in Listen, die eine weitere Liste repräsentieren, sind an einem Pfeil nach rechts > zu erkennen (siehe die Abbildungen auf der nächsten Seite).

▲ Hierarchische Listen auf dem iPad: Wird ein Objekt angetippt, …

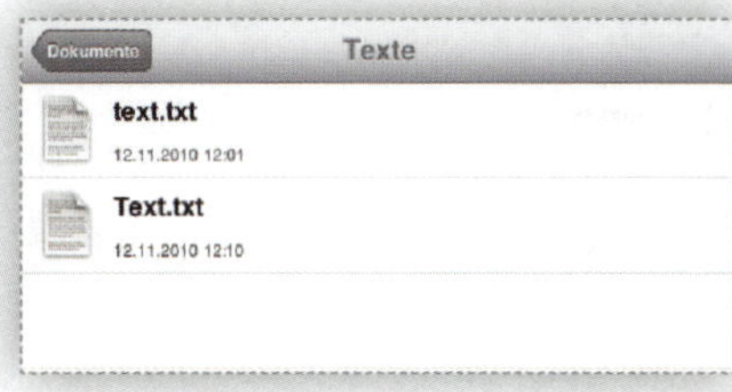

▲ … wird die nächste Hierarchiestufe eingeblendet, versehen mit einem Navigationsschalter.

- Sie können die entsprechende untergeordnete Liste aufrufen, indem Sie einfach auf den Punkt tippen.
- Wollen Sie zurück, steht in der Titelleiste der Liste ein Navigationsschalter zur Verfügung. Der Navigationsschalter ist an der spitzen Form an seinem linken Ende zu erkennen. Er trägt den Namen der übergeordneten Liste.

Listen bearbeiten

Häufig können Listen vom Benutzer bearbeitet werden. Wie Sie dabei vorgehen müssen, unterscheidet sich, je nachdem welche Bearbeitungen die Liste anbietet.

Löschen eines einzelnen Eintrags

Bei den meisten Listen, die vom Benutzer bearbeitet werden können, kann ein einzelnes Objekt gelöscht werden, ohne dass dazu in den Bearbeiten-Modus (siehe unten) gewechselt werden muss.

❶ Wischen Sie mit dem Finger quer über den Listeneintrag, den Sie löschen wollen.

❷ Rechts erscheint eine Schaltfläche **Löschen**. Wenn Sie diese tippen, wird der Eintrag aus der Liste gelöscht.

❸ Mit einem Tipp an eine andere Stelle verschwindet die Schaltfläche wieder, und der Eintrag wird nicht gelöscht.

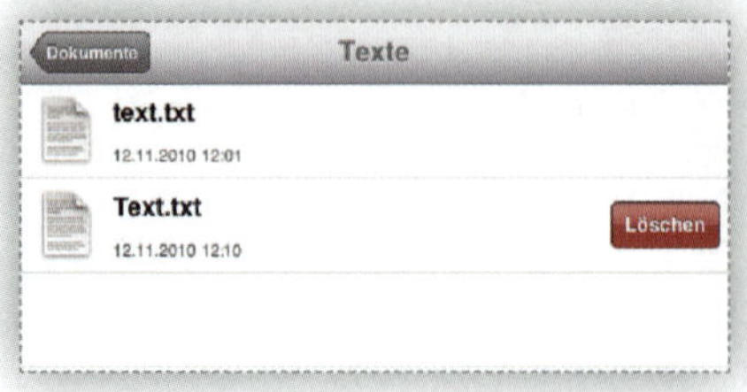

▲ Ein einzelnes Objekt kann mit einem Fingerwischen gelöscht werden.

▲ Bearbeiten einzelner Objekte: Ein Tipp auf die Schaltfläche **Bearbeiten** …

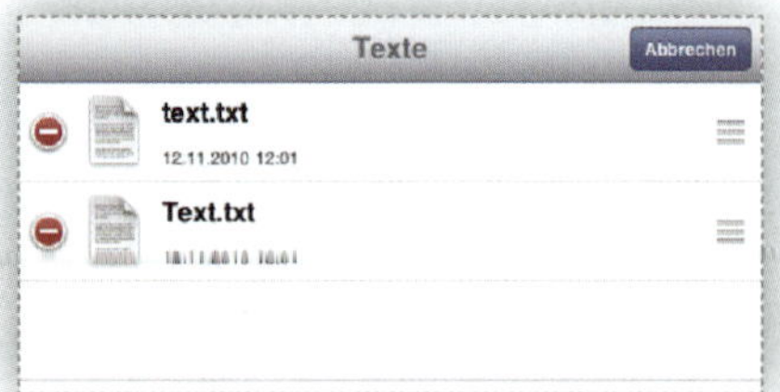

▲ … aktiviert den Bearbeiten-Modus, in dem die Objekte am Griff verschoben werden können …

▲ … oder ein Objekt markiert und gelöscht werden kann.

Der Bearbeiten-Modus

Für alle anderen Bearbeitungen der Liste muss in den Bearbeiten-Modus gewechselt werden.

- In den Bearbeiten-Modus wechseln Sie mit einem Tipp auf die Schaltfläche **Bearbeiten.** Sie befindet sich meistens am Kopf oder am Fuß der Liste. Sie kann sich aber auch an anderer Stelle befinden.
- Der Bearbeiten-Modus wird nach dem Ausführen der Aktion automatisch wieder verlassen. Oder Sie verlassen ihn mit der Schaltflache **Abbrechen**.
- Wenn die App es erlaubt, mehrere Aktionen an ausgewählten Objekten auszuführen, wird der Bearbeiten-Modus mit der Schaltfläche **Fertig** verlassen.

Die Vorgehensweise im Bearbeiten-Modus unterscheidet sich, je nachdem, ob die Objekte in der Liste nur einzeln bearbeitet werden können oder eine Aktion an mehreren Objekten in der Liste gleichzeitig ausgeführt werden kann:

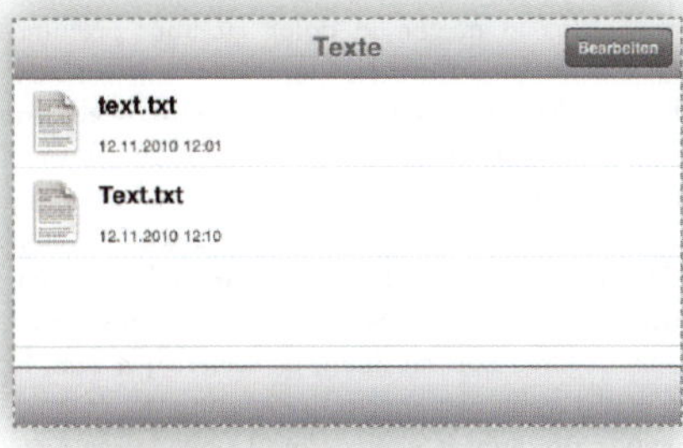

▲ Bearbeiten mehrerer Objekte: In einigen Listen können mit einem Tipp auf **Bearbeiten**...

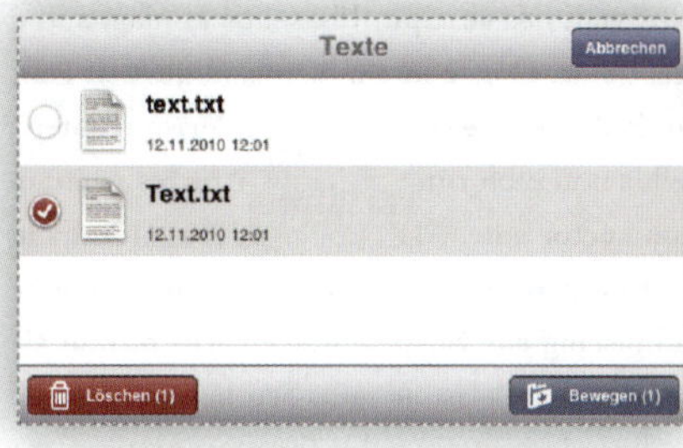

▲ ...mehrere Objekte markiert werden, die sich dann z.B. bewegen oder löschen lassen.

Nur einzelnes Objekt bearbeiten

Einige Listen erlauben nur die Bearbeitung jeweils eines einzelnen Objektes. Hier haben Sie folgende Möglichkeiten der Bearbeitung:

- Einträge löschen: Tippen Sie den Eintrag in der Liste an. Er ist nun markiert, was Sie daran erkennen, dass das Symbol ⊖ gedreht wird (⦶). Ganz rechts erscheint außerdem die Schaltfläche **Löschen**. Mit einem Tipp auf diese können Sie das markierte Objekt aus der Liste löschen.
- Verschieben innerhalb der Liste: Mit dem Griff rechts ≡ lassen sich die Objekte innerhalb der Liste an die gewünschte Position verschieben.
- Umbenennen oder verschieben in eine andere Ebene: Wenn die Objekte in der Liste umbenannt werden können oder sich an eine andere Stelle in einer Listen-Hierarchie verschieben lassen, wird rechts vom Eintrag ein **>** angezeigt. Tippen Sie auf dieses Symbol. Sie können nun in einem Dialog den Namen des Eintrags ändern oder einen Ort auswählen, an den der Eintrag verschoben werden soll.

Mehrere Objekte gleichzeitig bearbeiten

Andere Listen wiederum erlauben die gleichzeitige Bearbeitung mehrerer Objekte.

❶ Für die Bearbeitung markieren: Sobald Sie mit einem Tipp auf die Schaltfläche **Bearbeiten** in den Bearbeiten-Modus gewechselt haben, erscheint bei jedem Eintrag ganz links ein kleiner Kreis.

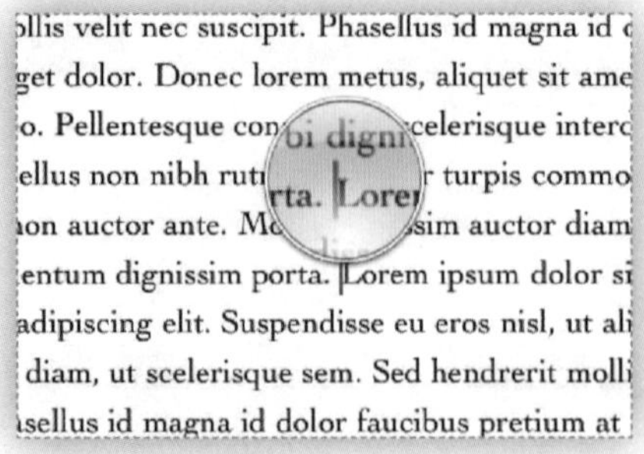

▲ Die Lupe zeigt die genaue Position des Textcursors.

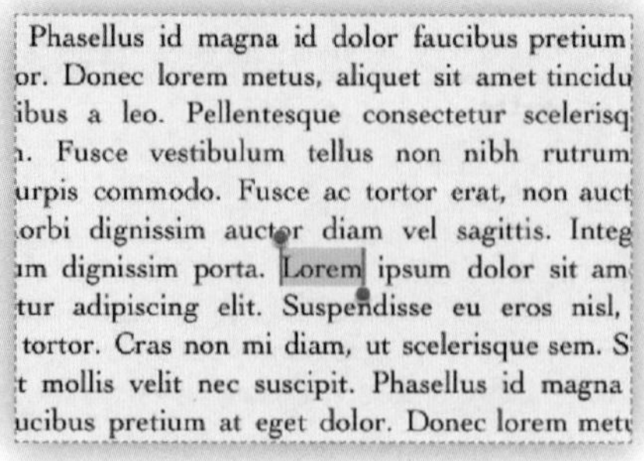

▲ Ein Wort wird markiert.

❷ Sie können jetzt die gewünschten Einträge in der Liste durch Antippen markieren. Dabei wird in den kleinen Kreis eine Markierung gesetzt, beispielsweise ein Häkchen ✔ oder auch nur eine einfache Farbmarkierung.

❸ Erneutes Antippen eines markierten Objekts hebt die Markierung wieder auf.

Nachdem Sie die Objekte markiert haben, tippen Sie, um die gewünschte Aktion an den markierten Objekten auszuführen, eine der Aktions-Schaltflächen. Aktions-Schaltflächen finden sich meist am unteren Ende der Liste.

- Löschen: Tippen Sie die Schaltfläche 🗑 **Löschen** an, werden die Objekte (meist nach einer Abfrage) aus der Liste entfernt.
- Verschieben in eine andere Liste: Wollen Sie die markierten Einträge in einer Liste an einen anderen Ort verschieben, wählen Sie die Schaltfläche **Bewegen.** In einem Dialog können Sie dann den Ort bestimmen, an dem die Objekte einsortiert werden sollen.
- Andere Aktionen: Je nach App können weitere Schaltflächen vorhanden sein, wie **Per E-Mail versenden, Drucken** o.ä.

Listen aktualisieren

Manche Listen, die ihre Inhalte aus dem Internet beziehen, können durch Herunterziehen der Liste über den obersten Punkt hinaus aktualisiert.

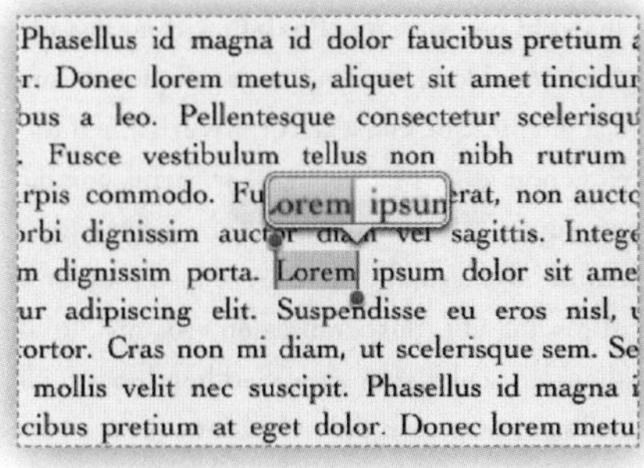

▲ Die Textlupe erleichtert das Verändern der Textmarkierung.

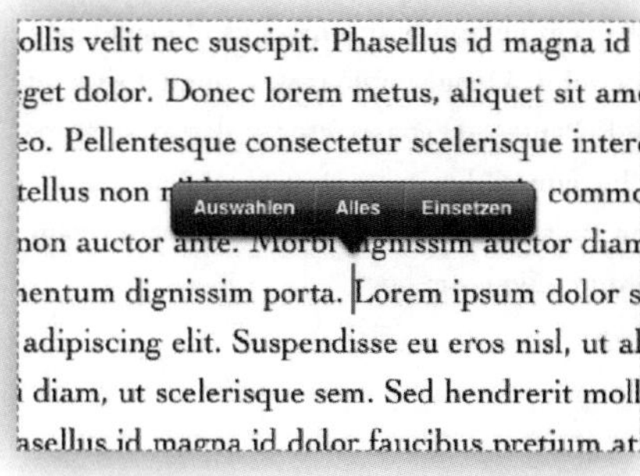

▲ Die im Bearbeiten-Menü angebotenen Optionen sind vom Kontext abhängig.

Text eingeben und bearbeiten

Für die Bearbeitung von Text stellt das iPad mini eine ganze Reihe spezieller Bedienelemente zur Verfügung.

Der Textcursor

Mit einem einfachen Tipp auf den Text wird der Textcursor an der angetippten Stelle in den Text gesetzt und außerdem im unteren Bereich des Bildschirms die Bildschirmtastatur eingeblendet. Hier kann jetzt über die Tastatur weiterer Text eingetippt werden (»Tastatur«, Seite 40).

Falls der Text nicht editierbar ist (beispielsweise Text auf einer Internetseite), wird beim Tippen in den Text weder ein Cursor gesetzt noch die Bildschirmtastatur eingeblendet.

Genaue Platzierung des Textcursors mit der Lupe

Wenn Sie Ihren Finger auf einem Text halten, erscheint eine runde Lupe. Diese stellt den Bereich direkt unter dem Finger vergrößert dar.

Bei editierbarem Text befindet sich in der Mitte der Lupe der Textcursor. Durch Verschieben der Lupe kann die richtige Stelle für das Setzen des Textcursors gefunden werden. Der Textcursor wird erst gesetzt, wenn der Finger den Bildschirm verlässt. Über dem Textcursor erscheint dann außerdem das Bearbeiten-Menü.

Bei nicht editierbaren Texten wie Internet-seiten oder eBooks wird das unter dem Finger liegende Wort markiert, anstatt einen Textcursor zu setzen.

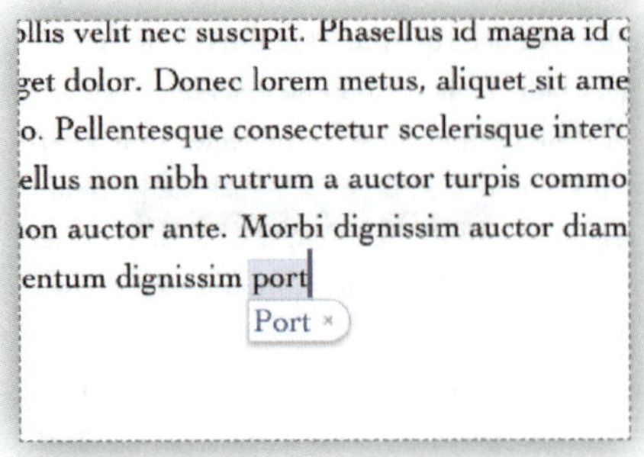

▲ Während der Texteingabe schlägt die automatische Wortergänzung ein Wort aus dem Wörterbuch vor.

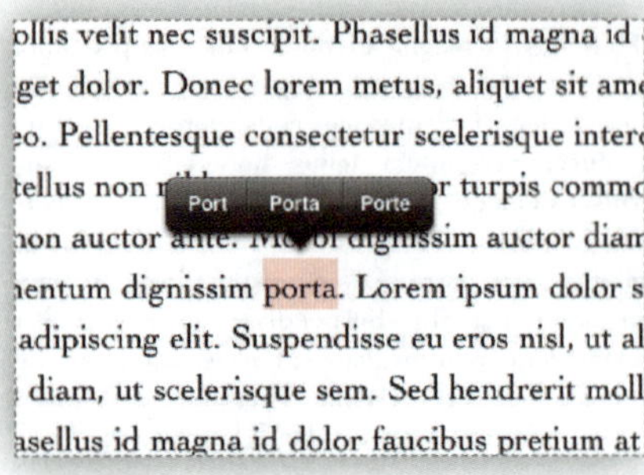

▲ Ein markiertes Wort kann durch Wörter aus dem Wörterbuch ersetzt werden.

Text markieren

Ein Doppeltipp auf einen editierbaren Text markiert ein ganzes Wort. Wenn Sie nach dem zweiten Tipp des Doppeltipps den Finger auf dem Bildschirm halten, können Sie die Textmarkierung vergrößern, indem Sie den Finger nach rechts oder links ziehen. Dabei werden immer ganze Wörter markiert.

Während des Erweiterns der Markierung wird eine Textlupe eingeblendet. Diese Lupe hat jetzt eine eckige Form, sodass sie immer nur einen Ausschnitt der Textzeile vergrößert darstellt, in der sich das ausgewählte Ende der Textmarkierung befindet.

Sobald der Finger den Bildschirm verlässt, öffnet sich das Bearbeiten-Menü. Die Textmarkierung kann dann durch Ziehen an den Punkten oben links und unten rechts in ihrer Größe verändert werden. Auch hierbei wird wieder die eckige Lupe eingeblendet.

Das Bearbeiten-Menü für Text

Für die Textbearbeitung steht das »Bearbeiten-Menü« bereit. Es öffnet sich beim Setzen des Textcursors mit Lupe (d.h., wenn der Finger einen Augenblick länger auf dem Text gehalten wird) oder beim Markieren eines Textes, sobald der Finger den Bildschirm verlässt. Bei editierbaren Texten kann das Bearbeiten-Menü auch durch Antippen des bereits gesetzten Textcursors geöffnet werden.

Je nach Situation und Art des Textes bietet das Bearbeiten-Menü eine oder mehrere Funktionen zur Auswahl. Text kann beispielsweise in die Zwischenablage kopiert oder der Inhalt der Zwischenablage an der Stelle des markierten Textes eingefügt werden. Ist der Textcursor innerhalb eines Wortes

◀ Textfeld für die Suche

gesetzt, lässt sich beispielsweise das ganze Wort oder auch der gesamte Text markieren oder die Funktion für die Wortersetzung wird aufgerufen. Auch bei der Auswahl von Bildern im Text öffnet sich ein Bearbeiten-Menü.

Automatische Textergänzung

Das iPad mini ergänzt Wörter bei der Eingabe. Bei einem fehlerhaft begonnenen Wort erscheint unter dem Text ein Vorschlag für das richtige geschriebene komplette Wort. Sollte der Vorschlag nicht dem gewünschten Wort entsprechen, schreiben Sie einfach weiter, bis der Vorschlag verworfen wird oder tippen Sie auf den Wortvorschlag (bzw. auf das ✕). Drücken Sie die Leertaste oder setzen Sie ein Satzzeichen, wird der Vorschlag automatisch angenommen.

Wenn Sie lieber keine Vorschläge bekommen möchten, können Sie diese Funktion übrigens auch in der Einstellungen-App unter »Allgemein«, »Tastatur« mit der Option »Auto-Korrektur« deaktivieren. Hier können Sie aber auch eigene Kurzbefehle für die Wortergänzung bestimmen.

Textkorrektur

Ist ein einzelnes Wort markiert, so erscheint im Bearbeiten-Menü der Eintrag »Vorschlag…«. Wenn Sie diesen tippen, bietet das iPad mini verschiedene Alternativen zum markierten Wort zur Auswahl. Tippen Sie auf den passenden Vorschlag, um das markierte Wort durch das vorgeschlagene zu ersetzen.

Von der Autokorrektur werden außerdem Wörter, die nicht im Wörterbuch enthalten sind, mit einer rot gepunkteten Unterstreichung versehen.

Widerrufen

Die letzte Texteingabe kann durch Schütteln des iPad mini widerrufen werden. Wird das iPad mini erneut geschüttelt, lässt sich die widerrufene Eingabe wiederherstellen. In beiden Fällen erscheint vor der Ausführung der Aktion ein Dialog.

Alternativ findet sich auf der .?123-Tastatur die Taste »Widerrufen«, mit der die letzte Texteingabe zurückgenommen werden kann und auf der #+=-Tastatur die Taste »Wiederholen«, mit der das Widerrufen rückgängig gemacht werden kann.

▶ Die drei Grundlayouts der Bildschirmtastatur:
oben: »ABC« für die Eingabe von Text,
Mitte: ».?123« für die Eingabe von Ziffern und Sonderzeichen,
unten: »#+=« für die Eingabe zusätzlicher Sonderzeichen.

Das Suchfeld

In vielen Apps im iOS wird ein Suchfeld genutzt. Dieses ist an den abgerundeten Seiten und in der Regel auch am Symbol 🔍 zu erkennen. Meist finden Sie innerhalb des Suchfeldes in hellgrauen Buchstaben eine Angabe, welche Art der Suche hier vorgenommen wird.

Ein Tipp auf das Suchfeld setzt den Textcursor. Eine bereits vorhandene Eingabe kann mit dem Symbol ⊗ rechts im Suchfeld zurückgesetzt werden.

Tastatur

Für die Eingabe von Text stellt das iOS eine Bildschirmtastatur bereit. Dank der Multitouch-Technik lässt diese sich beinahe wie eine echte Tastatur bedienen. Die Tastatur wird eingeblendet, sobald auf ein Textfeld getippt wird.

Je nach Kontext kann die eingeblendete Tastatur unterschiedlich aussehen. Ist z.B. ein Textfeld für die Eingabe von Internetadressen ausgewählt, erscheint eine Tastatur ohne Leertaste. Statt dessen finden sich hier Tasten für die in Internetadressen verwendeten Zeichen »:«, »/« »-« und »_« sowie eine zusätzliche Taste, mit der sich Top Level Domains (».com«) mit einem Tipp bzw. Halten (».de«, ».org« etc.) schreiben lassen. Ist ein Textfeld zur Eingabe

▲ Wenn Sie eine Taste gedrückt halten, werden Ihnen verschiedene Varianten des Zeichens angeboten.

▲ Auf der QWERTZ-Tastatur gelangen Sie mlt einem Wisch des Fingers nach oben direkt zum gebräuchlichen Umlaut.

einer E-Mail-Adresse ausgewählt, landet das @-Zeichen auf der obersten Ebene der Tastatur.

Die Möglichkeiten gehen aber noch viel weiter. Die Bildschirmtastatur kann auch komplett ihre Erscheinung wechseln. Im Tabellenkalkulationsprogramm »Numbers« beispielsweise wird die Tastatur zu einer Zifferntastatur, sobald eine Zelle ausgewählt wird, die für Zahleneingabe definiert ist und zu einer speziellen Datums- und Uhrzeit-Tastatur, wenn die Zelle für Datumsangaben bestimmt ist.

Umlaute schreiben

Auf der deutschen Bildschirmtastatur des iPad mini werden Umlaute mit eigenen Tasten geschrieben. Andere durch diakritische Zeichen veränderte Buchstaben werden geschrieben, indem auf dem Grundbuchstaben gehalten wird. In einem Popover kann dann der gewünschte Buchstabe ausgewählt werden. Bei speziellen Zeichen wie typografische Anführungszeichen, Halbgeviertstrich, Auslassungspunkte oder ähnliche wird hierfür ein verwandtes Sonderzeichen angetippt und gehalten.

Auf der QWERTZ-Tastatur, die keine eigenen Tasten für Umlaute besitzt, können die im deutschen verwendeten Umlaute ä, ö und ü und das ß auch direkt durch Tippen auf den Grundbuchstaben und eine Bewegung des Fingers nach oben aufgerufen werden.

▲ Bei geteilter Tastatur kann mit den Daumen geschrieben werden.

Zahlen und Sonderzeichen

Mit der Taste ».?123« wechselt die Tastatur in einen Modus, in dem Zahlen und Sonderzeichen getippt werden können. Neben den auf der Tastatur abgebildeten Sonderzeichen können Sie mit Halten auf einer Taste auch weitere Sonderzeichen der gleichen Art (z.B. weitere Währungszeichen auf der €-Taste) aufrufen.

Mit der Taste »#+=« wird in eine weitere Tastaturebene gewechselt, in der sich Zeichen finden, die im Bereich der Mathematik oder Programmierung gebräuchlich sind. Die Taste »123« wechselt dann wieder zurück. Ein einzelnes Zeichen aus der Ebene ».?123« können Sie aufrufen, indem Sie die Taste ».?123« halten und dann den Finger, ohne ihn von Bildschirm zu nehmen, auf das gewünschte Zeichen bewegen. Das Zeichen wird aufgerufen und die Tastatur springt automatisch zurück in den normalen Modus.

Tastatur ausblenden, abdocken oder teilen

- Mit der Taste ganz rechts unten lässt sich die Bildschirmtastatur ausblenden, ohne dass die eigentliche Textbearbeitung beendet wird.

◀ Die Liste der internationalen Tastaturen ist lang.

- Durch Bewegen der Tastatur am Griff in der Taste können Sie die Tastatur nach oben schieben. Sie wird dabei verkleinert und in zwei Hälften geteilt, sodass sie mit den beiden Daumen bedient werden kann.
- In einem Popover, das sich durch Halten auf die Taste öffnet, kann die Tastatur auch abgedockt werden. Sie wird dann nach oben geschoben, aber nicht geteilt. Eine geteilte Tastatur kann so zusammengeführt werden, ohne wieder angedockt zu werden.
- Die Tastatur wird durch Schieben der Tastatur am Griff zurück an den Bildschirmrand wieder am unteren Bildschirmrand fixiert. Alternativ kann die Tastatur durch erneutes Halten auf die Taste ganz rechts unten und

▲ Die japanische Kana-Tastatur verwendet ein gänzlich anderes Layout.

Auswahl des Befehls »Tastatur ins Dock« bzw. »Andocken« wieder fixiert werden. Die Funktion kann in der Einstellungen-App unter »Allgemein«, »Tastatur« deaktiviert werden.

Internationale Tastaturen

Auf dem iPad mini können mehrere internationale Tastaturen parallel verwendet werden. Da es bei der Bildschirmtastatur kaum Einschränkungen im Layout gibt, können für spezielle Tastaturen auch eigene Layouts verwirklicht werden.

- Sind mehrere Tastaturen aktiviert, kann mit der Taste 🌐, die dann unten links neben der Leertaste erscheint, zwischen diesen Tastaturen gewechselt werden. Ein Tipp wechselt zur nächsten Tastatur. Dabei wird der Name der Tastatur kurzzeitig auf der Leertaste eingeblendet. Wenn Sie die Taste 🌐 gedrückt halten, können Sie die gewünschte Tastatur aus einem Popover auswählen.
- Die aktiven Tastaturen werden in der Einstellungen-App auf der Seite »Allgemein« unter »Tastatur« ▶ »Internationale Tastaturen« aufgelistet.

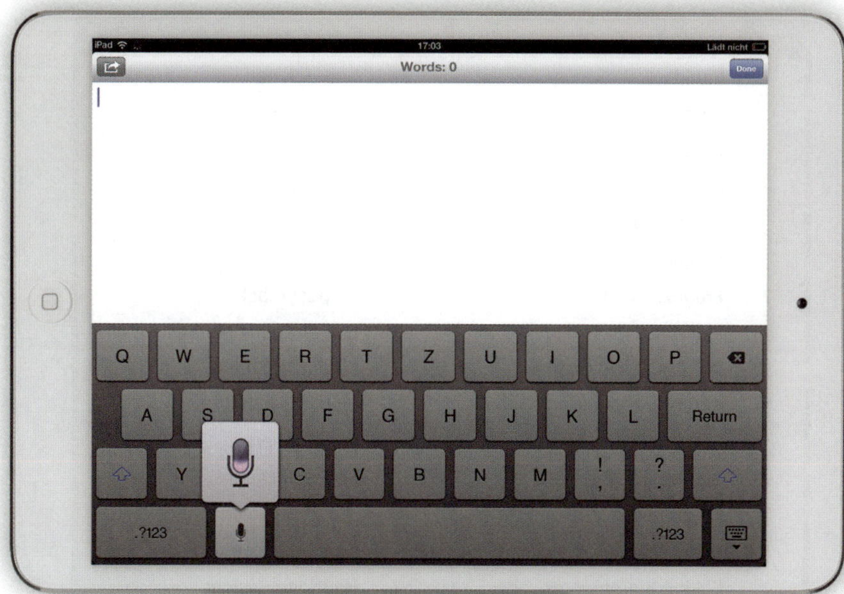

▲ Das iPad ist bereit zum Diktat.

- Mit dem Punkt »Tastatur hinzufügen« können Sie eine weitere Landestastatur auswählen. Die Tastatur wird dann in die Liste der aktiven Tastaturen eingefügt.
- Um weitere Einstellungen für die ausgewählte Tastatur vorzunehmen, tippen Sie auf den Eintrag in der Liste der aktiven Tastaturen. Bei einigen Tastaturen kann die Belegung der Bildschirmtastatur und einer eventuell angeschlossenen Hardwaretastatur einzeln bestimmt werden.
- Mit der Taste **Bearbeiten** lässt sich die Reihenfolge der aktiven Tastaturen ändern oder die Tastaturen wieder aus der Liste der aktiven Tastaturen entfernen.

Externe Tastatur

Alternativ können Sie auch eine Bluetooth-Tastatur verwenden. Diese ist besonders hilfreich, wenn Sie an Ihrem iPad mini lange Texte schreiben wollen. Mehr zu den externen Tastaturen erfahren Sie im Kapitel »Zubehör«. (🕮 »Externe Tastaturen«, Seite 292)

Zeichen diktieren

.	Punkt	&	Und-Zeichen
,	Komma	*	Sternchen
-	Bindestrich	©	Urheberrechtssymbol
–	Gedankenstrich	°	Gradzeichen
:	Doppelpunkt	$	Dollarzeichen
;	Semikolon	€	Eurosymbol
?	Fragezeichen	£	Pfundsymbol
@	Klammeraffe	®	Eingetragene Marke
„	Anführungszeichen unten	§	Paragrafzeichen
“	Anführungszeichen oben	TM	Markensymbol
´	Apostroph	+	Pluszeichen
(	Klammer auf	-	Minuszeichen
)	Klammer zu	#	Nummernzeichen
[	Eckige Klammer auf	:-)	Smiley Gesicht
]	Eckige Klammer zu	:-(	trauriges Gesicht
»	Zitatanfang	;-)	zwinkerndes Gesicht
«	Zitatende	:-D	lachendes Gesicht
%	Prozentzeichen		

Texteingabe mit der Diktierfunktion

Das System des iPad mini besitzt eine eingebaute Diktierfunktion. Bei aktivierter Diktierfunktion lassen sich immer dann, wenn Texte per Tastatur eingegeben werden sollen, die Texte auch per Sprache eingeben. Der A5 Chip des iPad mini besitzt eine besondere Schaltung, die die Spracheingabe filtert. Die Spracheingabe wird jedoch nicht im iPad mini selbst umgewandelt, sondern in einem Apple-Rechenzentrum (vgl. 🕮 »iCloud«, Seite 257). Hierfür werden die Daten über das Internet verschickt. Aus diesem Grund ist die Diktierfunktion bei deaktivierter Internetverbindung nicht verfügbar.

Text diktieren

❶ Tippen Sie die 🎙-Taste auf der Tastatur links neben der Leertaste und beginnen Sie, den Text zu diktieren. Im 🎙-Popover können Sie die Lautstärke Ihrer Spracheingabe kontrollieren.

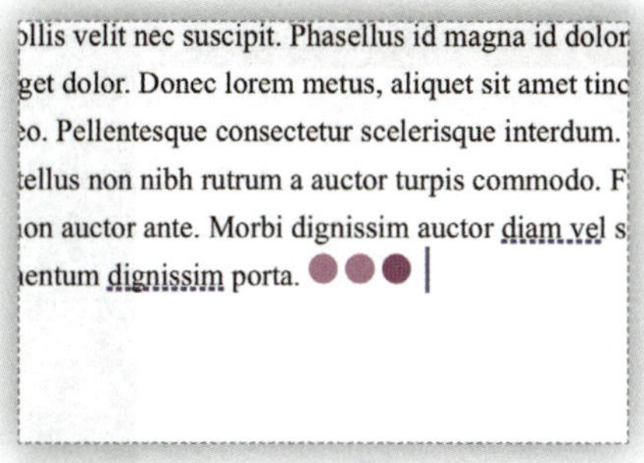

◀ Die Diktierfunktion wandelt gesprochenen Text in geschriebenen Text um.

❷ Wenn Sie das 🎙-Popover antippen, wird der diktierte Text umgewandelt. Während des Umwandlungsprozesses sehen Sie drei blinkende rotviolette Punkte.

❸ Sobald der Umwandlungsprozess abgeschlossen ist, erscheint der Text.

❹ Der eingegebene Text kann jetzt nach Belieben über die Tastatur editiert werden (📖 Text eingeben und bearbeiten«, Seite 37).

❺ Wörter, die die Umwandlungssoftware nicht sicher erkannt hat, werden mit blauen Punkten unterstrichen. Ein Tipp hierauf öffnen ein Menü mit weiteren Vorschlägen.

Satzzeichen, Sonderzeichen, Daten etc.

- Beim Diktieren sprechen Sie Satzzeichen, wie Punkt oder Komma, Klammer auf und Klammer zu mit, ebenso wie auch Formatanweisungen für z.B. eine neue Zeile oder einen neuen Absatz.
- Namen von Sonderzeichen werden in das entsprechende Zeichen umgesetzt, z.B. gesprochen »Klammeraffe« in »@« (siehe Tabelle links).
- Ebenso werden auch Daten und Währungen umgesetzt. Beispielsweise wird gesprochen »drei Euro fünfzig« zu »3,50 €«.
- Sogar Emoticons können Sie eingeben, wie »Smiley Gesicht«, welches zu »:-)« wird.

Mitteilungen

Von einigen Apps, wie zum Beispiel dem Kalender, können zu einem bestimmten, vorgegebenen Zeitpunkt Meldungen ausgegeben werden. Andere Apps, beispielsweise Mail, können eine Meldung ausgeben, wenn sie neue Daten

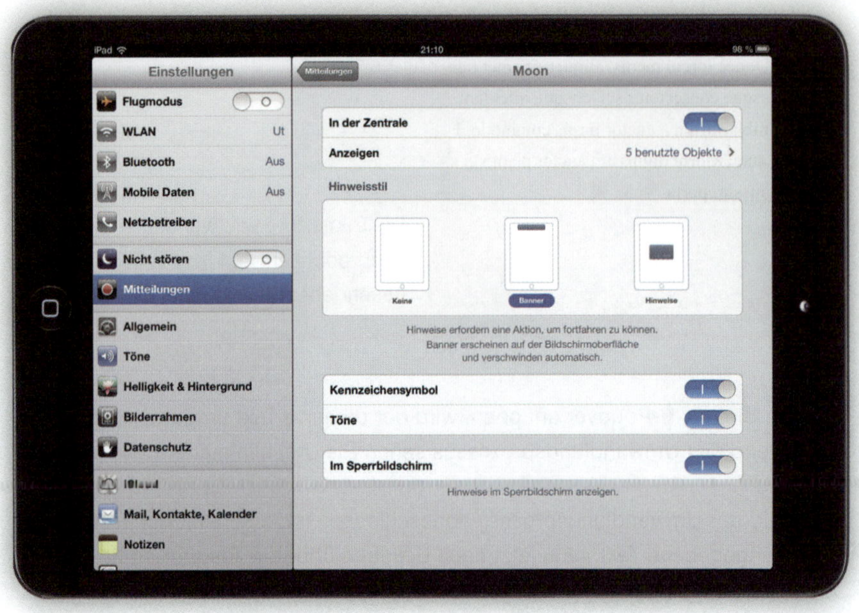

▲ Einstellungen für Mitteilungen einer App

empfangen haben. Dabei ist es allerdings recht unwahrscheinlich, dass sich die App zu dem Zeitpunkt, wenn die Meldung ausgegeben werden soll, gerade im Vordergrund befindet. Deshalb können diese Apps den Benutzer mit Mitteilungen über den Termin oder den Empfang neuer Daten benachrichtigen, ohne selber in den Vordergrund gehen zu müssen.

iOS 5 bietet verschiedene Möglichkeiten, wie Mitteilungen ausgegeben werden. Welche der Möglichkeiten von einer App verwendet werden, können Sie in der Einstellungen-App unter »Mitteilungen« bestimmen. Hier werden alle Apps aufgelistet, die durch Mitteilungen benachrichtigen. Die Einstellungen lassen für jede App einzeln mit einem Tipp auf die jeweilige App in der Liste vornehmen.

- Wird die Meldung als Banner angezeigt, wird sie kurz über der Statusleiste eingeblendet. Sie verschwindet von selbst.
- Eine Meldung, die als Hinweis angezeigt wird, wird in der Mitte des Bildschirms angezeigt und verschwindet erst, wenn einer der Buttons getippt wird.

▲ Mehrere Meldungen auf dem Sperrbildschirm. Durch Verschieben des Mail-Icons wird das iPad entriegelt und direkt die E-Mail angezeigt.

- Ist die Option »Keine« ausgewählt, wird kein Hinweis ausgegeben. Wenn die entsprechenden Optionen aktiviert sind, wird trotzdem der Hinweiston abgespielt, das Kennzeichensymbol eingeblendet bzw. die Meldung trotzdem im Mitteilungszentrum gelistet.
- Ein Kennzeichensymbol wird als rote Plakette in der obersten rechten Ecke des App-Symbol auf dem Home-Bildschirm angezeigt.
- Meldungen in der Zentrale oder im Hinweis oder Banner können eine Vorschau des Inhalts enthalten.
- Töne können in den Einstellungen deaktiviert werden. Die Töne für die integrierten Apps (Mail, Kontakte, Kalender, FaceTime, Nachrichten, Erinnerungen) können alternativ direkt auf der Seite »Töne« eingestellt werden.

Hinweise auf dem Sperrbildschirm

Wenn die Option zur Anzeige eines Hinweises auf dem Sperrbildschirm aktiviert ist, werden die Meldungen auch dann ausgegeben, wenn sich das iPad mini im Ruhezustand befindet. Das iPad mini wird kurz geweckt und zeigt die entsprechende Meldung auf dem Sperrbildschirm. Mit dem Entsperr-Schieber wird direkt zu der App gewechselt, die die Meldung ausgegeben hat und der zur Meldung gehörende Inhalt angezeigt. Auf diese Weise kann beispielsweise eine Nachricht direkt gelesen und beantwortet oder ein Termin angezeigt werden.

Wenn mehrere Hinweise auf dem Sperrbildschirm angezeigt werden, kann in die zum Termin gehörende App gewechselt werden, indem das Symbol einer der Meldungen nach rechts geschoben wird.

Nicht stören

In iOS 6 können Mitteilungen auf den Sperrbildschirm mit der Funktion »Nicht stören« unterdrückt werden. Wurde »Nicht stören« in der Einstellungen-App aktiviert wird der Bildschirm für Meldungen nicht eingeschaltet und es ertönt kein Hinweiston (die Meldungen werden jedoch trotzdem auf den Bildschirm gebracht). Das iPad mini ist dann auch für FaceTime-Anrufe nicht erreichbar. Wenn »Nicht stören« aktiviert ist, erscheint ☾ in der Statusleiste.

Zeitplan

»Nicht stören« kann auch nach Zeitplan automatisch aktiviert werden.

❶ Aktivieren Sie in der Einstellungen-App auf der Seite »Mitteilungen« unter »Nicht stören« die Option »Planmäßig«.
❷ Unter Von/Bis können Sie jetzt die Zeiten bestimmen, zu denen das iPad mini bei gesperrtem Bildschirm keine Meldungen ausgeben soll.

Ausnahmen

Außerdem können hier Ausnahmen für FaceTime-Anrufe bestimmt werden. Hier können Anrufe von einer bestimmten Gruppe durchgelassen werden oder dringende Anrufe, bei denen der Anrufer drei Mal hintereinander versucht anzurufen.

Mitteilungszentrale

Die Mitteilungszentrale enthält eine Liste der aktuellen Mitteilungen. Sie wird geöffnet, indem mit dem Finger vom oberen Bildschirmrand nach unten gewischt wird. Bei ausgeblendeter Statusleiste wischen Sie zwei Mal, beim ersten Mal wird ein Griff eingeblendet, den Sie mit dem zweiten Wisch herunterziehen.

▲ Die Mitteilungszentrale

- Durch Antippen einer der Meldungen in der Mitteilungszentrale wechseln Sie in die entsprechende App zum Inhalt der Meldung.
- Mit dem ⊗ rechts können alle Mitteilungen einer App aus der Mitteilungszentrale gelöscht werden.

Welche Mitteilungen im Mitteilungszentrum erscheinen, bestimmen Sie in der Einstellungen-App auf der Seite »Mitteilungen«. Die aktivierten Apps erscheinen dort in der Liste »In der Mitteilungszentrale«.

- Soll eine App, die sich in der Liste »Nicht im Mitteilungszentrum« befindet, ihre Mitteilungen in der Mitteilungszentrale ausgeben, tippen Sie diese an und aktivieren den Schalter »In der Zentrale«.
- Umgekehrt können auf diese Weise Apps, deren Mitteilungen nicht im Mitteilungszentrum erscheinen sollen, deaktiviert werden.

◄ »Siri, wie ist das Wetter?«

Siri

Siri ist ein Assistent, mit dem bestimmte Aufgaben per Spracheingabe ausgeführt werden können. Hierfür befindet sich im A5 Chip des iPad mini eine besondere Schaltung, die die Spracheingabe filtert. Die künstliche Intelligenz von Siri, mit der die Spracheingaben erkannt werden, befindet jedoch sich nicht im iPad mini selbst, sondern in einem Apple-Rechenzentrum (vgl. 📖 »iCloud«, Seite 257). Da die Daten über das Internet verschickt werden, ist Siri nur verfügbar, wenn eine Internetverbindung besteht.

Die Anweisungen können dabei das Öffnen einer App, das Erstellen einer Notiz o.ä. sein. Siri stellt auf dem iPad mini auch Funktionen bereit, die als integrierte App sonst nur auf dem iPhone verfügbar sind, wie z.B. die Anzeige des aktuellen Wetters.

- Zum Starten von Siri halten Sie die Home-Taste so lange gedrückt, bis sich das Siri-Popover öffnet und der Statuston ertönt.
- Nun können Sie Ihre Anweisung an Siri sprechen. Die Anweisungen an Siri können in natürlicher Sprache gegeben werden.
- Siri wiederholt Ihre Anweisung im Popover und führt die Aktion wenn möglich aus.
- Sollten Sie keine Anweisung sprechen, deaktiviert sich Siri nach kurzer Zeit mit dem entsprechenden Statuston.
- Um weitere Anweisungen an Siri zu geben, tippen Sie zuerst auf das 🎙.
- Zum Beenden von Siri tippen Sie auf eine beliebige Stelle auf dem Bildschirm oder drücken die Home-Taste. Oder verabschieden Sie sich freundlich von Siri.

Das Netzwerk einrichten

Für viele Dienste auf dem iPad mini wird eine Internet-Verbindung benötigt. Um diese nutzen zu können, müssen Sie – je nach Modell des iPad mini – die Verbindung über ein lokales WLAN-Netzwerk einrichten oder zusätzlich als zweite Möglichkeit über das Mobilfunk-Netzwerk.

WLAN

Alle Modelle des iPad mini können über ein Wireless-LAN-Netzwerk mit dem Internet verbunden werden. WLAN (Wireless Local Area Network) bzw. Wi-Fi – bei Apple bis vor Kurzem auch AirPort genannt – ist die kabellose Variante des lokalen Netzwerk-Standards Ethernet. Die Funk-Netzwerk-Verbindung ist für kurze Distanzen, z.B. innerhalb eines Gebäudes, ausgelegt.

- Über WLAN können Sie Ihr iPad mini zuhause über Ihren Internetzugang mit dem Internet verbinden. WLAN ist mittlerweile praktisch mit jedem der DSL-Router möglich, die von den Anbietern von Internetzugängen mitgeliefert werden. Zum Herstellen des WLAN-Netzwerkes können aber auch WLAN-Adapter an ein vorhandenes Netzwerk oder an einen DSL-Router mit Ethernet-Schnittstelle angeschlossen werden.
- Über WLAN kann das iPad mini auch mit anderen Netzwerk-Geräten im lokalen Netzwerk verbunden werden, beispielsweise für den Datenaustausch mit einem PC, zum Drucken oder um Fotos, Musik oder Filme über AirPlay abzuspielen. Mehr hierzu lesen Sie in den Kapiteln »Audio- und Videoausgabe mit AirPlay oder Bluetooth«, **Seite 287**; »Datenaustausch«, **Seite 249**; »AirPrint«, **Seite 279**.
- In Cafés, Hotels oder an öffentlichen Orten finden sich häufig so genannte »Hot Spots« – teils kostenfrei, teils aber auch kommerziell – die dort einen Internet-Zugang über WLAN ermöglichen.

WLAN einrichten

Das WLAN-Netzwerk wird in der Einstellungen-App eingerichtet. Auf der Seite »WLAN« werden unter »Netzwerke anzeigen ...« alle sichtbaren WLAN-Netzwerke angezeigt. Das Symbol stellt dabei die Signalstärke dar. Verschlüsselte Netzwerke sind mit einem versehen.

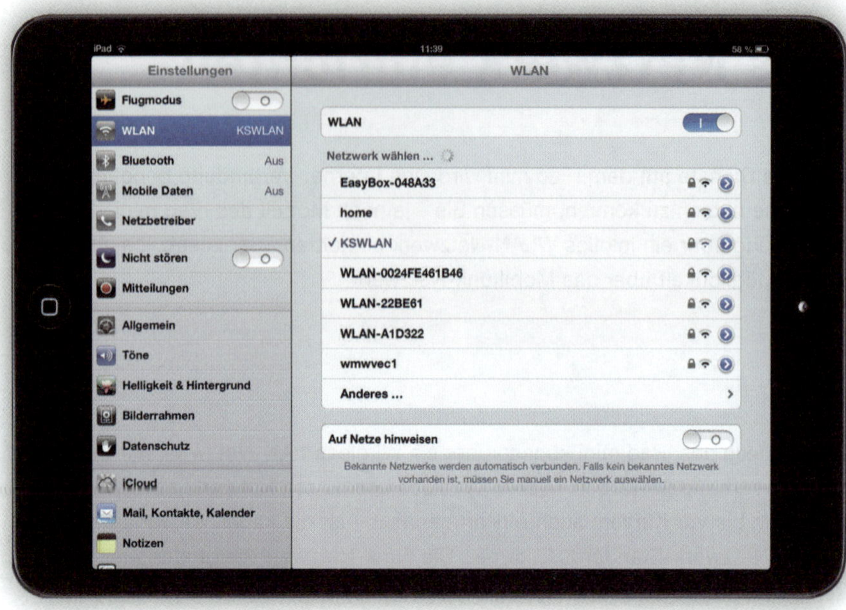

▲ In der Einstellungen-App können Sie das gewünschte WLAN-Netzwerk auswählen.

1. Befindet sich das gewünschte Netzwerk in der Liste, tippen Sie dieses Netzwerk an. Wenn das Netzwerk nicht verschlüsselt ist, ist hiermit die Verbindung hergestellt.
2. Bei einem verschlüsselten Netzwerk geben Sie im nächsten Schritt das Netzwerk-Passwort ein.
3. Tippen Sie die Taste »Verbinden«. Damit ist die Verbindung hergestellt.

Zu kommerziellen Hotspots kann die Verbindung meist ohne Passwort hergestellt werden. Sie leiten dann zu einer Internetseite weiter, in der dann Daten für die Anmeldung oder Bezahlung eingegeben werden müssen.

Mit einem unsichtbaren Netzwerk verbinden

Mit einem unsichtbaren WLAN-Netzwerk verbinden Sie sich, indem Sie auf der Seite »WLAN« den Punkt »Anderes ...« wählen.

1. Geben Sie den Namen des Netzwerks ein.
2. Wenn das Netzwerk eine Verschlüsselung besitzt, tippen Sie auf »Sicherheit« und wählen Sie die Verschlüsselungsmethode aus der Liste aus.

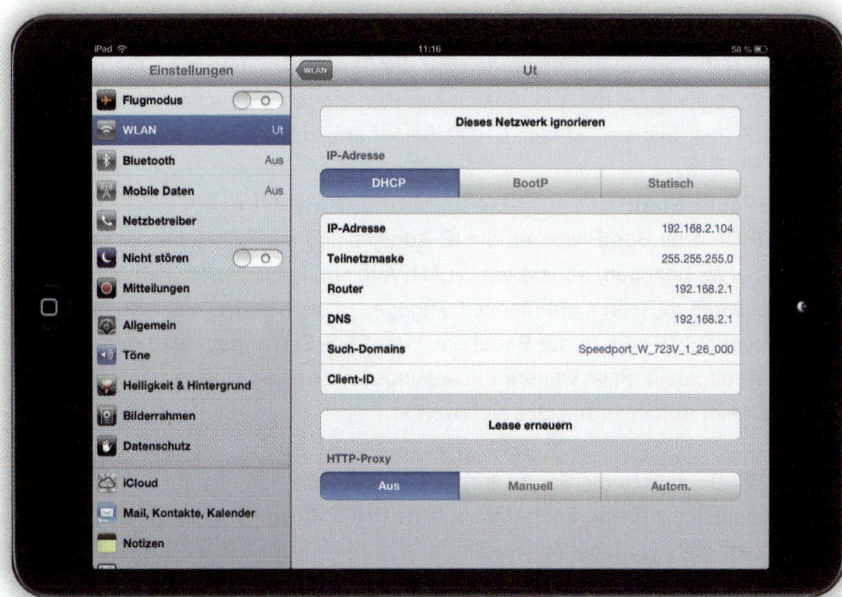

▲ Netzwerk-Einstellungen für WLAN

❸ Wechseln Sie mit der Schaltfläche »Netzwerk« zurück und geben Sie das Passwort ein.
❹ Tippen Sie die Taste »Verbinden«, um die Verbindung herzustellen.

Netzwerk-Einstellungen für WLAN

Nach dem Anlegen eines WLAN-Netzwerks ist die TCP/IP-Verbindung über DHCP vorgegeben. In den meisten Fällen ist dies die richtige Einstellung.

Unter Umständen aber werden für die TCP/IP-Verbindung spezielle Einstellungen benötigt, die Ihnen der Administrator des Netzwerks mitteilen muss. Mit einem Tipp auf ⓢ rechts in der Liste der Netzwerke können Sie für die gewählte Verbindung die Netzwerk-Einstellungen vornehmen. Neben DHCP (Dynamic Host Connection Protocol) kann hier auch die Verbindung über BootP gewählt oder eine manuelle Konfiguration mit statischen IP-Adressen eingerichtet werden.

Wenn Sie keine Einstellung vornehmen, entspricht dies der Einstellung »IP-Adresse automatisch beziehen« und »DNS-Serveradresse automatisch beziehen« unter Windows bzw. »DHCP« unter Mac OS X.

Hier kann außerdem bei Problemen beim Herstellen der Verbindung zu einem WLAN-Netzwerk überprüft werden, ob der Server dem iPad mini überhaupt eine IP zugewiesen hat. Findet sich hier kein Eintrag oder eine Adresse, die mit 169.254. beginnt, ist kein DHCP-Server erreichbar.

DHCP oder BootP

Bei DHCP oder BootP werden die IP-Adresse und die Teilnetzmaske von einem Server bezogen, sobald die WLAN-Verbindung zu diesem hergestellt ist. Diese Daten müssen nicht manuell eingegeben werden. Bei einer Konfiguration über DHCP wird in der Regel auch der DNS-Server dem iPad mini vom Server mitgeteilt. Falls weitere Einstellungen notwendig sind, erfragen Sie diese beim Administrator des Netzwerks:

- DNS (Domain Name Server, bei DHCP optional)
- Eventuell kann eine Suchdomain, eine DHCP-Client-ID oder die Einrichtung eines Proxy vorgegeben werden.

Mit dem Befehl »Lease erneuern« können Sie eine neue IP-Adresse vom DHCP-Server beziehen.

Statische IP

Für die Konfiguration mit einer statischen IP-Adresse benötigen Sie folgende Daten vom Administrator des Netzwerks:

- IP-Adresse
- Teilnetzmaske (unter Windows wird der Begriff »Subnetzmaske« verwendet)
- Router (unter Windows wird der Begriff »Gateway« verwendet)
- DNS (Domain Name Server)
- Eventuell kann auch eine Suchdomain vorgegeben werden und eine Proxy-Konfiguration

»Statisch« auf dem iPad mini entspricht der Einstellung »Folgende IP-Adresse verwenden:« unter Windows und »Manuell« unter Mac OS X.

Automatische Verbindungen

Für die automatische Verbindungsherstellung mit WLAN-Netzwerken stehen im iOS verschiedene Optionen zur Verfügung.

▲ Bei aktivierter Option weist das iPad auf Netzwerke hin.

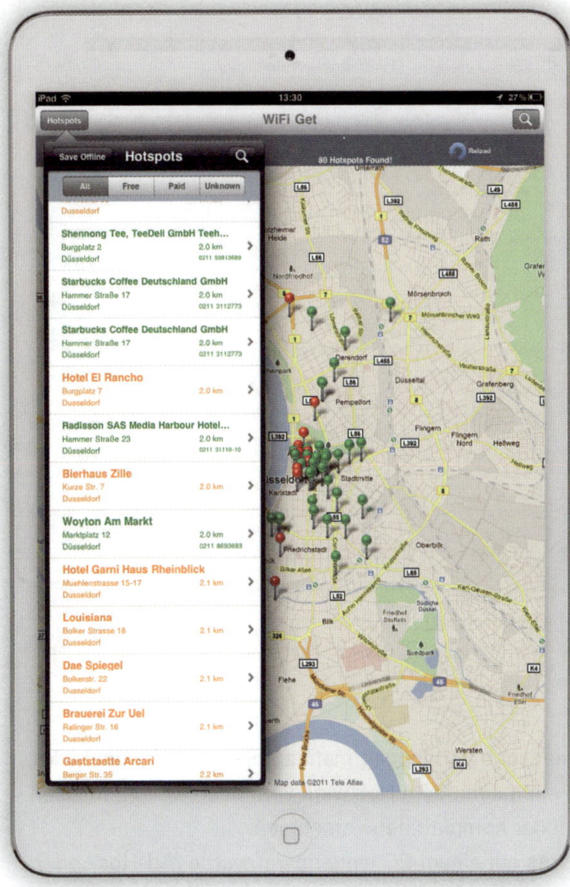

◀ In einer Datenbank verzeichnete WLAN-Hotspots in der Umgebung (hier in der App »WiFi HD free«)

- Das iPad mini verbindet sich automatisch mit bekannten WLAN-Netzen, wenn diese verfügbar sind.
- Ist kein bekanntes Netzwerk verfügbar, erscheint beim Versuch, Daten aus dem Internet zu laden, eine Meldung, dass keine Internet-Verbindung möglich sei.
- Bei aktivierter Option »Auf Netze hinweisen« in der Einstellungen-App unter »WLAN« erscheint statt dessen eine Liste der verfügbaren Netzwerke. Mit einem Tipp auf ein Netzwerk in der Liste kann dieses direkt aktiviert werden.
- In den Netzwerkeinstellungen für ein bestimmtes Netzwerk (in der Einstellungen-App unter »WLAN« mit einem Tipp auf ⦿ für das gewünschte Netzwerk) können Sie bestimmen, dass das gewählte Netzwerk ignoriert und

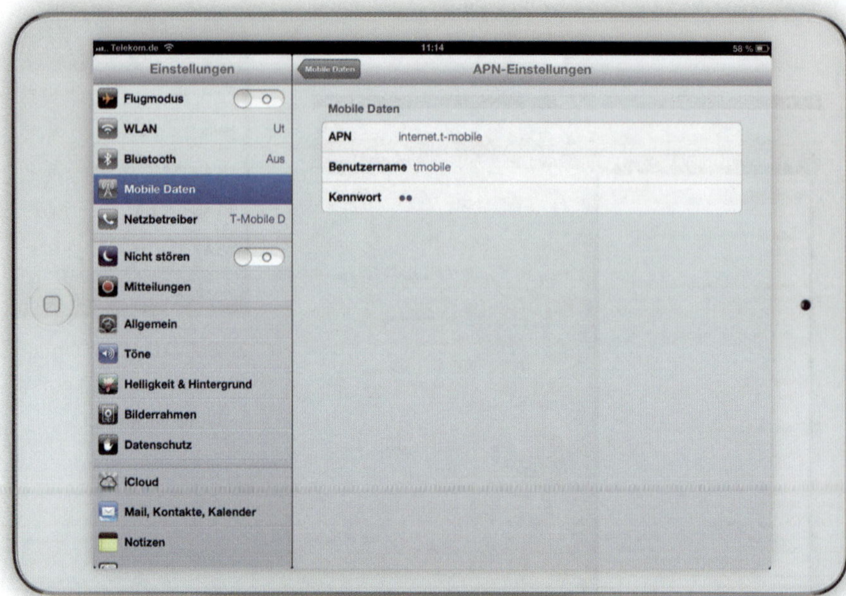

▲ APN-Einstellungen für ein Mobilfunk-Netzwerk

zukünftig keine automatische Verbindung mehr zu diesem aufgebaut wird. Falls Sie später noch einmal mit dem Netzwerk verbinden wollen, müssen Sie die Einrichtung wieder komplett neu vornehmen.

- Bei einem Netzwerk, das auf einem PC eingerichtet wurde (Ad-Hoc- oder Computer-zu-Computer-Netzwerk), können Sie die automatische Verbindung für das ausgewählte Netzwerk temporär aktivieren.

WLAN deaktivieren

Die WLAN-Schnittstelle können Sie in der Einstellungen-App auf der Seite »WLAN« unter dem Punkt »WLAN« bei Bedarf komplett deaktivieren (vgl. 🕮 »Flugmodus«, Seite 61).

Cellular – UMTS und LTE

iPad mini-Modelle mit Cellular-Modul können zusätzlich über ein Mobilfunknetz angebunden werden. Für schnelle Datenverbindungen wird UMTS (Universal Mobile Telecommunications System) bzw. LTE (Long Term

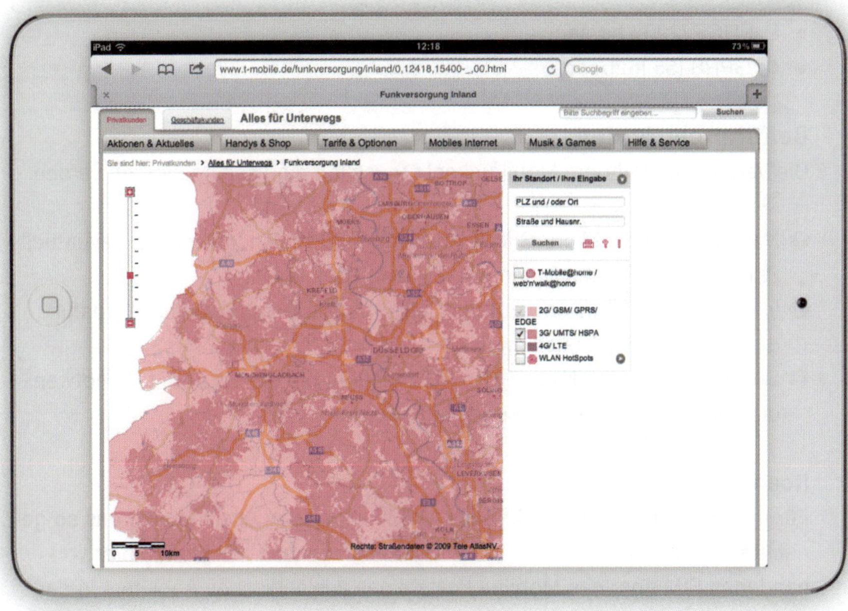

▲ UMTS-Netzabdeckung (am Beispiel von T-Mobile in Deutschland)

Evolution) verwendet. Für die Verbindung benötigen Sie die SIM-Karte eines Mobilfunkanbieters, die separat zu erwerben ist.

Das Mobilfunknetz besteht aus vielen Funkzellen, die über das gesamte Land verteilt sind, sodass theoretisch an jedem Ort eine Internetverbindung möglich ist. Allerdings weisen die UMTS-Netze besonders im ländlichen Raum – je nach Anbieter mehr oder weniger große – Lücken auf. (Auf den Internetseiten der Anbieter finden Sie Karten, die die Netzabdeckung zeigen.) Die Verbindungsgeschwindigkeiten sind außerdem in der Regel geringer, als die von WLAN-Netzwerken bzw. dem dahinter sitzenden Internetzugang über DSL oder Kabel. Ist kein UMTS-Netz verfügbar, wird auf das langsamere GSM-Netz ausgewichen. LTE ist bei den meisten Anbietern nicht verfügbar, da das iPad nur für wenige der verwendeten Frequenzen geeignet ist. Welcher Verbindungstyp aktiv ist, erkennen Sie am Symbol in der Statusleiste (in Klammern die maximal mögliche Verbindungsgeschwindigkeit):

- LTE: LTE (100 Mbit/sec, nur in USA)
- 4G: UMTS (42,2 Mbit/sec mit HSPA+ oder DC-HSDP)
- 3G: UMTS (384 kbit/sec; 7,2 Mbit/sec mit HSDPA)

- E: EDGE (220 kbit/sec)
- o: GPRS (55 kbit/sec)

Cellular einrichten

Die Verbindung mit dem Mobilfunknetz muss nur einmal eingerichtet werden.

❶ Nachdem Sie die Micro-SIM-Karte eingesetzt haben, müssen Sie eventuell Einstellungen für den Datennetz-Zugang vornehmen.

❷ In der Einstellungen-App auf der Seite »Mobile Daten« wählen Sie dafür den Punkt »APN-Einstellungen«.

❸ Dort geben Sie den Namen des APN Ihres Anbieters ein und, falls notwendig, einen Benutzernamen und ein Passwort.

Roaming

Für Internet-Verbindungen über das Mobilfunknetz im Ausland wird das so genannte Roaming verwendet. Mittels Roaming können Sie sich mit Ihrer vorhandenen SIM über das Mobilfunknetz eines ausländischen Anbieters in das Internet einwählen. Da Roaming aber in der Regel mit erheblichen Mehrkosten verbunden ist, kann es in der Einstellungen-App auf der Seite »Mobile Daten« deaktiviert werden.

Oben links in der Statusleiste und in der Einstellungen-App unter dem Punkt »Netzbetreiber« wird der Name des Netzes angezeigt, mit dem das iPad mini aktuell verbunden ist.

Cellular deaktivieren

Die Cellular-Schnittstelle kann in der Einstellungen-App auf der Seite »Mobile Daten« unter dem Punkt »Mobile Daten« ein- und ausgeschaltet werden (vgl. 📖 »Flugmodus«, Seite 61). Außerdem können hier einzelne Dienste bei Internetverbindung über Cellular deaktiviert werden.

VPN

VPN (virtuelles privates Netzwerk) bietet die Möglichkeit, über das Internet auf ein lokales Netzwerk zuzugreifen, als wäre das iPad mini Teil dieses Netzwerks (z.B. ein Firmen- oder Universitätsnetzwerk oder, wenn auf dem DSL-Router eine entsprechende VPN-Server-Software installiert und eingerichtet ist, auf das eigene Netzwerk zu Hause). VPN richten Sie auf dem iPad mini in

▲ Einrichten eines VPN-Tunnels

der Einstellungen-App auf der Seite »Allgemein« unter »VPN« ein. Die dafür notwendigen Daten erfragen Sie bei dem Administrator des VPN-Zugangs.

Flugmodus

Im Flugmodus werden alle Funk-Dienste des iPad mini deaktiviert. Der Flugmodus wird in der Einstellungen-App direkt mit dem obersten Eintrag in der Liste links ein- und ausgeschaltet. Bei aktiviertem Flugmodus können WLAN oder Bluetooth in der jeweiligen Einstellung wieder aktiviert werden.

Persönlicher Hotspot

Je nach Anbieter können Sie Ihre über das Mobilfunknetz hergestellte Internetverbindung an andere Geräte weitergeben. Diesen persönlichen Hotspot legen Sie in der Einstellungen-App auf der Seite »Mobile Daten« an. Die Verbindung kann über WLAN, Bluetooth oder USB-Kabel weiter gegeben werden.

Der Home-Bildschirm

Der Home-Bildschirm des iOS (oder auch SpringBoard.app) ist das erste, was Sie zu sehen bekommen, nachdem Sie das iPad mini eingeschaltet und entriegelt haben. Über den Home-Bildschirm werden die anderen Apps (von engl. application programs, Anwendungsprogramme) gestartet und verwaltet.

Apps aufrufen

Vom Home-Bildschirm aus werden die auf dem iPad mini installierten Apps vom Benutzer gestartet. Nach dem Beenden einer App kommt der Home-Bildschirm automatisch wieder in den Vordergrund.

Starten von Apps und wechseln zwischen Apps und Home-Bildschirm

- Die auf dem Home-Bildschirm angezeigten Apps werden mit einem Tipp gestartet.
- Mit einem Klick auf die Home-Taste oder Zusammenziehen von vier oder fünf Fingern gelangen Sie aus jeder App zurück zum Home-Bildschirm.
- Wollen Sie direkt, ohne den Umweg über den Home-Bildschirm, zwischen zwei Apps wechseln, doppelklicken Sie die Home-Taste, um den App-Switcher aufzurufen (»Der App-Switcher«, Seite 64).

Wechseln zwischen den Home-Bildschirmen

Bei aufgerufenem Home-Bildschirm können Sie zwischen den verschiedenen Home-Bildschirmen wechseln.

- Wechseln Sie zwischen den einzelnen, nebeneinander angeordneten Home-Bildschirmen, indem Sie mit dem Finger nach links oder rechts wischen.

Die Schalter im Home-Bildschirm	
⊗	App löschen
⊖	Aktive App beenden (im App-Switcher)

▲ Mit dem Home-Bildschirm werden die Apps auf dem iPad gestartet und verwaltet.

- Das Symbol 🔍••••• über dem Dock zeigt die Anzahl der insgesamt verfügbaren Home-Bildschirme und die Nummer (Position) des aufgerufenen Home-Bildschirms.
- Um direkt zum ersten Home-Bildschirm zu wechseln, klicken Sie die Home-Taste.
- Ist der erste Home-Bildschirm angezeigt, öffnet ein Klick der Home-Taste den Suchbildschirm. Hier können nicht nur Apps gesucht werden, sondern auch auf dem iPad mini gespeicherte Daten und Inhalte wie Adressen, E-Mails, Musiktitel etc. (📖 »Spotlight-Suche«, Seite 246).

Hintergrundbild für die Home-Bildschirme

Das Hintergrundbild für die Home-Bildschirme wird in der Einstellungen-App unter »Helligkeit & Hintergrund« ausgewählt. Wenn Sie dort auf den Punkt »Hintergrundbild« tippen, können Sie aus verschiedenen vorgegebenen Hintergrundbildern sowie aus Ihrer Foto-Mediathek ein Bild auswählen und als Hintergrund für den Home-Bildschirm bestimmen.

▲ Der App-Switcher zeigt die aktiven Apps.

Der App-Switcher

Bei aktivierter Option »Multitasking-Bedienung« in der Einstellungen-App auf der Seite »Allgemein« lässt sich durch Wischen mit vier oder fünf Fingern nach rechts oder links direkt zwischen den laufenden Apps wechseln. Alternativ bietet der App-Switcher die Möglichkeit, ohne den Umweg über den Home-Bildschirm zwischen den aktiven Apps zu wechseln. Mit dem App-Switcher lassen sich außerdem Apps, die beim Wechsel zum Home-Bildschirm oder zu anderen Apps noch aktiv bleiben, endgültig beenden.

Direkter Wechsel zwischen Apps

Der App-Switcher wird – unabhängig davon, welche App gerade läuft – mit einem Doppelklick auf die Home-Taste oder durch Wischen mit vier oder fünf Fingern nach oben geöffnet. Der Inhalt der App bzw. des Home-Bildschirms wird nach oben geschoben und der App-Switcher freigegeben. In ihm werden alle geöffneten Apps angezeigt – mit Ausnahme der App, die sich bei seiner Aktivierung im Vordergrund befand.

▲ Im App-Switcher können die aktiven Apps beendet werden.

▲ Links im App-Switcher finden sich die Steuerelemente.

- Sollten mehr als sechs bzw. sieben Apps geöffnet sein, können Sie die weiteren Apps erreichen, indem Sie die App-Symbole nach links wegschieben.
- Um zu einer anderen App zu wechseln, tippen Sie deren Symbol an. Wollen Sie den App-Switcher beenden, ohne die App zu wechseln, tippen Sie auf eine andere Stelle auf dem Bildschirm.
- Links im App-Switcher erreichen Sie die Bedienelemente für die Musikwiedergabe. Hier können Sie die Musik-App aufrufen oder die App, die zuletzt Audio wiedergegeben hat. Außerdem lassen sich hier die Lautstärke und die Bildschirmhelligkeit einstellen sowie – je nach Einstellung für den Seitenschalter – die automatische Rotation des Bildschirms bzw. die Systemtöne abschalten (🕮 »Seitenschalter«, Seite 10).

▶ Im Wackelmodus lassen sich die Apps auf dem Home-Bildschirm verschieben.

Apps beenden

Mit dem App-Switcher können außerdem die angezeigten Apps beendet werden.

❶ Halten Sie auf einem App-Symbol, bis die Symbole zu wackeln beginnen.
❷ Mit einem Tipp auf ⊖ können Sie jetzt die gewünschten Apps beenden.
❸ Den Wackelmodus beenden Sie durch Tippen auf eine andere Stelle des Bildschirms oder durch Drücken der Home-Taste.

▲ Ein neuer Home-Bildschirm wird angelegt, indem eine App nach ganz rechts gezogen wird.

Apps verwalten

Im iOS können mehrere Home-Bildschirme angelegt werden. So können Sie Ihre installierten Apps sinnvoll sortieren. Für die sechs besonders häufig verwendeten Apps steht außerdem das Dock zur Verfügung. Auf die im Dock abgelegten Apps haben Sie von jedem Home-Bildschirm aus Zugriff.

Apps verschieben

Die installierten Apps können an eine andere Position innerhalb eines Home-Bildschirms, von einem Home-Bildschirm zu einem anderen und in das Dock verschoben werden.

- Halten Sie auf der App. Nach kurzer Zeit fangen die Symbole an zu wackeln.
- Sobald die Apps wackeln, lassen sie sich mit dem Finger bewegen. Hierbei wird die Position, in die die App bewegt wird, automatisch freigemacht und

die anderen Apps auf diesem Home-Bildschirm werden entsprechend verschoben.

- Zum Verschieben einer App auf einen anderen Home-Bildschirm ziehen Sie die App an den rechten bzw. linken Rand des Bildschirms. Das iPad mini schiebt dann den nächst liegenden Home-Bildschirm unter die App auf das Display.
- Um eine App in das Dock zu verschieben, ziehen Sie diese auf die gewünschte Position im Dock. Sollten bereits alle sechs Positionen belegt sein, müssen Sie zuerst eine andere App aus dem Dock auf einen der Home-Bildschirme bewegen.
- Um den Wackelmodus zu beenden, klicken Sie die Home-Taste.

Neuer Home-Bildschirm

Im iOS lassen sich bis zu elf Home-Bildschirme anlegen. Zum Anlegen eines zusätzlichen Home-Bildschirms erscheint im Wackelmodus beim Sortieren der Apps immer ein Home-Bildschirm mehr, als aktuell verwendet wird. Sobald eine App auf den letzten, leeren, ganz rechts liegenden Home-Bildschirm gezogen wird, wird ein neuer Home-Bildschirm angelegt, der dann auch im normalen Modus erreichbar ist.

Apps löschen

Wackelnde Apps können einfach durch Antippen des Symbols ⊗ gelöscht werden. Bevor die App tatsächlich gelöscht wird, erfolgt eine Abfrage. Wenn Sie eine App löschen wollen, die sich in einem Ordner befindet, können Sie den Wackelmodus bei geöffnetem Ordner aktivieren. Sie können aber auch im Wackelmodus Ordner öffnen. Die vorinstallierten Apps von Apple lassen sich nicht löschen.

Beim Löschen einer App werden alle von dieser App verwalteten Dateien (Dokumente, Einstellungsdateien etc.) mit gelöscht.

Falls Sie eine gelöschte App doch wieder auf dem iPad mini verwenden wollen, können Sie diese im App Store kostenlos erneut laden. Sie finden sie unter »Gekaufte Artikel« (🕮 »Stores«, Seite 269).

Apps installieren

Apps werden direkt aus der App-Store-App an eine freie Stelle auf einem der Home-Bildschirme installiert und mit einer blauen Banderole markiert. Nach der Installation können Sie die Apps an die gewünschte Stelle bewegen (🕮 »Stores«, Seite 269).

▲ Für einige, aber nicht für alle installierten Apps werden die Einstellungen in der Einstellungen-App vorgenommen.

Einstellungen von Apps

Einstellungen für Apps lassen sich meist direkt in der App vornehmen. Die Einstellungen für die integrierten Apps wie Mail, Safari etc. werden jedoch in der Einstellungen-App festgelegt. Auch für Apps von anderen Anbietern besteht diese Möglichkeit.

In der Einstellungen-App finden Sie links eine Liste der Apps, deren Einstellungen dort gemacht werden können. In den oberen Teilen sind die Einstellungen für das System und die integrierten Apps von Apple aufgelistet. Ganz unten werden alle installierten Apps aufgelistet, für die Einstellungen in der Einstellungen-App vorgenommen werden können. Mit einem Tipp auf den jeweiligen Eintrag werden auf der rechten Seite die Einträge für die möglichen Einstellungen eingeblendet.

Wird die App gelöscht, wird automatisch auch der Eintrag aus der Einstellungen-App entfernt.

▲ Ein geöffneter Ordner auf dem Home-Bildschirm

Ordner

Auf dem Home-Bildschirm lassen sich die Apps auch in Ordner einsortieren. Mit einem Tipp auf einen solchen Ordner teilt sich der Hintergrund und gibt den Inhalt des Ordners frei. Die im Ordner abgelegten Apps können dann ganz normal mit einem Tipp gestartet werden. Die Apps können innerhalb des Ordners in eine beliebige Reihenfolge sortiert werden.

Ordner anlegen

Ordner werden ebenfalls im Wackelmodus angelegt.

❶ Ziehen Sie zum Anlegen eines Ordners im Wackelmodus eine App auf eine weitere App, die in denselben Ordner gelegt werden soll. Das untere Symbol verändert nun sein Aussehen.
❷ Jetzt können Sie das App-Symbol wieder loslassen.
❸ Der neue Ordner öffnet sich und im Textfeld können Sie den vorgegebenen Namen ändern. Der so angelegte neue Ordner enthält zwei Apps – die, die Sie bewegt haben, und die, auf die Sie die App bewegt haben.

▲ Im Wackelmodus können Sie den Ordner umbenennen und die Apps im Ordner verschieben.

❹ Um weitere Apps hinzuzufügen, schließen Sie den Ordner mit einem Tipp an eine beliebige andere Stelle auf dem Bildschirm. Ziehen Sie dann das Symbol der App, die Sie in den Ordner legen wollen, einfach auf den Ordner.

Ordner bearbeiten

Wenn Sie den Namen eines Ordners ändern oder Apps aus einem Ordner heraus bewegen wollen, aktivieren Sie den Wackelmodus und tippen auf das Symbol des Ordners.

- Im Textfeld können Sie den Namen ändern.
- Ordner können im Wackelmodus an eine andere Stelle auf dem Home-Bildschirm, einen anderen Home-Bildschirm oder ins Dock bewegt werden.
- Um eine App aus dem Ordner zu entfernen, ziehen Sie die App einfach aus dem Ordner heraus an eine andere Stelle auf dem Home-Bildschirm.
- Um einen Ordner zu löschen, bewegen Sie alle Apps aus dem Ordner heraus oder löschen alle Apps. Sobald die letzte App entfernt ist, wird auch der Ordner vom Home-Bildschirm entfernt.

Teil 2: Die integrierten Apps

Mit Safari im Internet surfen

Zum Surfen im Internet ist auf dem iPad mini der Apple-Internetbrowser Safari installiert. Trotz desselben Namens unterscheidet sich Mobile-Safari im iOS in der Bedienung und im Funktionsumfang von Safari für Mac OS X und Windows.

Surfen mit Safari

Nach dem Start von Safari wird immer die zuletzt besuchte Seite aufgerufen. Wenn Sie vor dem Beenden von Safari alle Seiten geschlossen hatten, erscheint eine leere, weiße Seite.

Adresse eingeben

Um eine Internetadresse einzugeben, tippen Sie das Textfeld in der oberen Leiste an. Die Tastatur wird eingeblendet und Sie können die Adresse der Seite eingeben, die Sie besuchen wollen. Dabei muss das Protokoll (http://) nicht eingegeben werden.

Während der Eingabe werden in einem Popover Vorschläge für Seiten aus den Lesezeichen und dem Verlauf eingeblendet, deren Adresse oder Titel die eingegebenen Buchstaben enthalten. Wenn Sie einen der Einträge antippen, wird die entsprechende Seite aufgerufen. Alternativ geben Sie die vollständige

Die Schalter in Safari

◀	zurück zur zuletzt besuchten Seite
▶	eine Seite vorwärts im Verlauf
+	neuen Tab öffnen
✕	Tab schließen
	Lesezeichenliste einblenden
	Action-Menü (Lesezeichen anlegen etc.)
	iCloud-Tabs anzeigen

▲ Anzeige einer Internetseite in Safari auf dem iPad mini

Adresse ein und tippen anschließend die Taste »Öffnen«, um eine Verbindung zu dieser Seite aufzubauen. Innerhalb des Adresseingabefeldes wird der Fortschritt des Seitenaufbaus angezeigt. Sobald die Seite fertig geladen ist, wird die Schaltfläche ✕ (Laden abbrechen) zu ↻ (Neu laden).

Links verfolgen

Auf vielen Internetseiten finden sich Verweise zu anderen Internetseiten, so genannte »Links«. Wenn es vom Programmierer der Internetseite nicht anders festgelegt wurde, wird ein Link im Text als blaues, unterstrichenes Wort dargestellt. Links können sich aber auch unter Grafiken verbergen. Wenn Sie auf

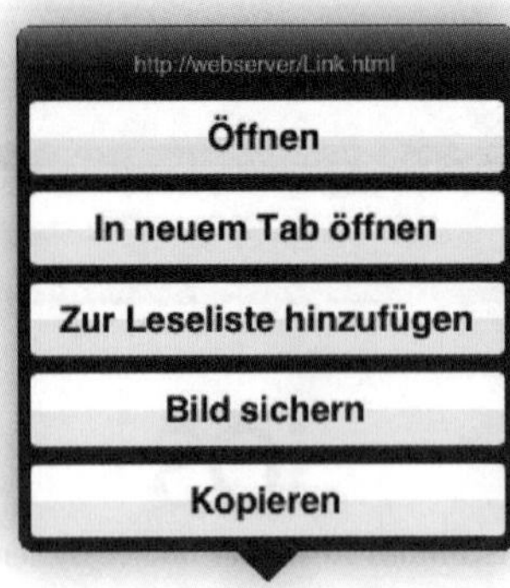

▶ Im Titel des Popovers wird das Ziel des Links angezeigt. Entscheiden Sie hier, wie Sie mit dem Link verfahren wollen.

einen Link tippen, wird eine Verbindung zur verlinkten Adresse aufgebaut und im Browser erscheint der Inhalt der neuen Seite. Abhängig davon, wie der Link programmiert ist, wird dabei eventuell auch ein neuer Browser oder das Blatt zum Erstellen einer E-Mail geöffnet. (🕮 »Mehrere Seiten (Tabs)«, Seite 80; 🕮 »Mail«, Seite 92)

Wohin verweist ein Link?
Häufig ist es sinnvoll zu wissen, wohin ein Link verweist, bevor er tatsächlich verfolgt wird. Im iOS halten Sie hierfür auf den Link. Es öffnet sich ein Popover, in dessen Titel die Internetadresse angegeben wird, zu der dieser Link führt. Über die Optionen des Popovers können Sie bestimmen, wie Sie weiter verfahren wollen.

Vor und zurück

Neben dem Eingabefeld für die Adresse finden Sie mehrere Schalter. ◀ führt zu der zuletzt besuchten Seite zurück. Mit ▶ können Sie dann wieder vorwärts wandern.

Wenn Sie auf den Schaltern halten, wird ein Popover mit den in diesem Tab besuchten Seiten angezeigt.

Scrollen in Frames

Internetseiten können so genannte »Frames« enthalten – das sind Seiten, die sich innerhalb einer Seite befinden – oder auch mehrzeilige Texteingabefelder. Der Inhalt dieser Bereiche kann größer sein, als der vorgesehene Ausschnitt in der eigentlichen Internetseite. In diesem Fall können Sie den Inhalt eines Frames oder eines Textfeldes innerhalb der Seite bewegen, indem Sie ihn mit zwei Fingern ziehen oder schnippen.

◀ Der Reader zeigt Artikel auf Internetseiten in einem besser lesbaren Format an.

Reader

Bei Internetseiten mit längeren Artikeln wird in die Adressleiste die Reader-Schaltfläche eingeblendet. Wenn Sie diese tippen, wird der Inhalt der Seite zum einfacheren Lesen umformatiert und in einem Blatt dargestellt. Mehrseitige Artikel werden dabei zusammengefasst. Mit einem Tipp auf AA ganz oben links auf der Seite können Sie die Schrift verkleinern oder vergrößern.

Anzeigbare Dokumententypen

Mit Safari auf dem iPad mini können keine Dateien aus dem Internet heruntergeladen werden. Einige der im Internet häufig anzutreffenden Dateitypen werden jedoch direkt in Safari angezeigt. Neben Internetseiten

(.htm, .html) und Bildern der Dateiformate .jpg, .tiff und .gif werden auch PDF-Dateien angezeigt. Außerdem lassen sich einfache (.txt) und formatierte Text-Dateien (.rtf), Dokumente aus Microsoft Word und Pages (.doc und .docx, sowie .pages), Präsentationen aus Keynote (.key) und Microsoft PowerPoint (.ppt und .pptx) sowie Tabellen aus Numbers (.numbers) und Microsoft Excel (.xls und .xlsx) direkt anzeigen.

Wenn Sie auf Ihrem iPad mini Apps installiert haben, die Dateien weiterer Dateitypen anzeigen können, bietet Safari die Option, die Datei in einer dieser Apps zu öffnen.

Java- und Flash-Applets werden vom iOS nicht unterstützt. Weder JavaVM noch Flash-Player sind für iOS erhältlich. Deswegen können auf diesen Technologien basierende Seiten auf dem iPad mini nicht angezeigt werden.

RSS

Safari für das iPad mini kann im Gegensatz zu der Version für Mac OS X und Windows keine RSS-Listen erstellen. RSS-Lesezeichen, die aus Safari für den PC importiert wurden, werden nicht geöffnet.

Mehrere Seiten (Tabs)

Safari bietet die Möglichkeit, in mehreren Seiten zu surfen. Hierfür tippen Sie auf das **+** am rechten Ende der oberen Leiste. In der Leiste wird rechts ein Tab hinzugefügt und es öffnet sich ein neuer, leerer Browser. Das Suchfeld für die Internetsuche ist aktiviert und ein Popover mit den letzten Sucheinträgen geöffnet. Außerdem wird die Tastatur eingeblendet. Zum Suchen im Internet müssen Sie jetzt nur den gewünschten Begriff antippen oder eingeben (🕮 »Im Internet suchen«, Seite 83). Wenn Sie nicht suchen, sondern eine Adresse eingeben wollen, tippen Sie zuerst links auf das Textfeld.

- Mit einem Tipp auf den jeweiligen Tab können Sie zwischen den Seiten wechseln.
- Die geöffneten Seiten lassen mit dem Schließfeld **×** links im jeweiligen Tab schließen.
- Die Reihenfolge der Tabs kann durch Ziehen eines Tabs geändert werden.

Link auf neuer Seite öffnen

Wenn Sie auf einen Link halten, öffnet sich ein Popover, aus dem Sie dann den Punkt »In neuem Tab öffnen« wählen können.

iCloud Tabs

Wenn iCloud aktiviert ist, werden Informationen über die geöffneten Tabs über iCloud mit anderen iOS-6-Geräten oder PCs unter OS X Mountain Lion ausgetauscht. Im -Popover werden die auf anderen Geräten geöffneten Tabs aufgelistet und können mit einem Tipp auf Ihrem iPad mini geöffnet werden.

Lesezeichen

Mit werden die Lesezeichen eingeblendet. (Wenn im Popover statt der Lesezeichen der Verlauf oder die Leseliste angezeigt wird, tippen Sie unten auf ; »Der Verlauf«, Seite 83; »Leseliste«, Seite 83.) Die zuerst eingeblendete Spalte zeigt die Ordner an, in denen die Lesezeichen sortiert sind. Mit einem Tipp wird dann der Inhalt des ausgewählten Ordners angezeigt. Unsortierte Lesezeichen erscheinen in der ersten Spalte unterhalb der Ordner aufgelistet.

Lesezeichen hinzufügen

Sie können eigene Lesezeichen hinfügen, indem Sie, während die gewünschte Seite angezeigt wird, neben dem Eingabefeld für die Adresse den Schalter antippen und dann in der Auswahl den Punkt »Lesezeichen« auswählen. Im darauf folgenden Dialog lässt sich ein Name für das Lesezeichen angegeben sowie der Ordner bestimmen, in den es einsortiert werden soll.

Lesezeichen sortieren

Die Lesezeichen können beliebig in Ordner und Unterordner sortiert werden.

- Tippen Sie dafür im geöffneten Lesezeichen-Popover auf **Bearbeiten**. Nun lassen sich die Lesezeichen und Ordner der jeweils ausgewählten Ebene umsortieren, umbenennen oder löschen.
- Mit dem Griff rechts können Sie die Objekte an die gewünschte Stelle innerhalb der Liste verschieben.
- Wollen Sie ein Lesezeichen oder einen Ordner an einen anderen Ort verschieben, tippen Sie auf den Eintrag in der Liste. In einem Dialog können Sie dann den Ordner bestimmen, in den das Lesezeichen bzw. der Ordner einsortiert werden soll. Außerdem kann mit **Neuer Ordner** ein neuer Ordner angelegt werden.
- Wenn Sie auf ⊖ tippen, können Sie mit **Löschen** das Lesezeichen oder den Ordner löschen.

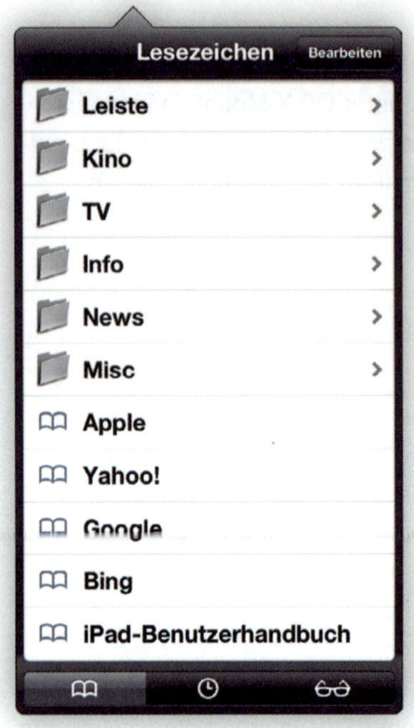

▲ Im Lesezeichen-Popover finden sich auch der Verlauf und die Leseliste.

▲ In der Leseliste können Seiten zum späteren Lesen vermerkt werden.

Wenn Sie lediglich ein einzelnes Lesezeichen löschen wollen, müssen Sie dafür nicht in den Bearbeitungsmodus wechseln. Wischen Sie einfach mit dem Finger über das Lesezeichen, dann können Sie es mit **Löschen** aus der Lesezeichenliste entfernen.

Die Lesezeichenleiste

Häufig verwendete Lesezeichen können Sie in die Lesezeichenleiste einsortieren. Die Lesezeichenleiste wird, sobald Sie in das Adress- oder Suchfeld tippen, unterhalb der Adressleiste eingeblendet. Alternativ lässt sich In der Einstellungen-App auf der Seite »Safari« festlegen, dass die Lesezeichenleiste immer eingeblendet bleibt.

Leseliste

Der Schalter unten im -Popover blendet die Leseliste ein. Hier können Sie Seiten speichern, die Sie noch lesen wollen, aber für die Sie kein Lesezeichen anlegen wollen. Mit + wird die aktuell geöffnete Seite in die Leseliste eingefügt. Alternativ wählen Sie den Punkt »Zur Leseliste hinzufügen« im -Popover. In der Leseliste gespeicherte Seiten können später ohne Internetverbindung angezeigt werden.

Lesezeichen synchronisieren

Die Lesezeichen auf dem iPad mini können über iTunes oder iCloud mit denen auf dem PC oder auf anderen iOS-Geräten synchronisiert werden (»iCloud«, Seite 257).

Lesezeichen als WebClip auf den Home-Bildschirm

Alternativ können Sie auch Lesezeichen als WebClip auf den Home-Bildschirm ablegen, indem Sie nach dem Antippen von den Punkt »Zum Home-Bildschirm« wählen. Der Link wird dann zwischen den Apps als Symbol auf dem Home-Bildschirm angelegt. Ein Tipp auf diesen Link öffnet die Seite in einem neuen Browser. WebClips können genauso wie Apps an eine beliebige Stelle auf dem Home-Bildschirm verschoben werden (»Der Home-Bildschirm«, Seite 62).

Der Verlauf

Safari führt Buch über die zuletzt besuchten Seiten. Diese werden im -Popover mit dem Schalter aufgerufen. Sie werden nach Datum des letzten Besuchs sortiert aufgelistet. Ist der Verlauf im Popover aufgerufen, kann die Liste mit **Verlauf löschen** geleert werden. Alternativ lässt sich der Verlauf auch in der Einstellungen-App unter »Safari« löschen.

Im Internet suchen

In der Adressleiste findet sich rechts das Suchfeld für die Internetsuche. Die hier eingegebenen Texte werden direkt an eine Suchmaschine im Internet weitergegeben. In der Einstellungen-App unter »Safari« können Sie bestimmen, welche Suchmaschine hier bedient wird. Zur Auswahl stehen Google <www.google.de>, Yahoo! <seach.yahoo.com> und Microsofts Bing <www.bing.com>.

► Bei der Eingabe eines Suchbegriffs zeigt das Popover Vorschläge für die Internetsuche sowie einen Eintrag für die Textsuche auf der geöffneten Seite.

Die Suchmaschinen katalogisieren die Texte der verschiedensten Internetseiten mithilfe von Programmen, den Robots. Dabei werden die Ergebnisse nach unterschiedlichen Kriterien bewertet. So unterscheiden sich die Ergebnislisten je nachdem, welche Suchmaschine ausgewählt wurde. Die Suchmaschinen sind natürlich auch direkt unter ihrer jeweiligen Internetadresse erreichbar.

Safari gibt die Anfrage an die Suchmaschine ohne Angabe der bevorzugten Sprache weiter. Wenn Sie nur in Seiten auf Deutsch suchen wollen, klicken Sie in Google oder Bing auf den Schalter »Seiten auf Deutsch« bzw. »Nur Deutsch«. Unter »Einstellungen« rechts neben dem Suchfeld auf der Google- bzw. Bing-Seite können Sie auch eine permanente Spracheinstellung vornehmen, die dann als Cookie gespeichert wird.

Für die erweiterte Suche – mehrere Suchbegriffe logisch verknüpft, Einschränkungen auf oder Ausschluss bestimmter Seiten oder Domains o.ä. – steht bei Google und Bing eine weitere Seite mit einer Eingabemaske zur Verfügung. Optionen der erweiterten Suche können auch bei der Sucheingabe mit entsprechenden Zeichen angegeben werden. Wortgruppen werden beispielsweise in Anführungszeichen (»«) gesetzt, der Text »site:xxx« beschränkt die Suche auf die Domain »xxx«. Eine Anleitung für Google finden Sie z.B. unter <http://support.google.com/websearch/?hl=de>.

Textsuche

Zusätzlich zur allgemeinen Internetsuche können Sie einen Text auch innerhalb der geladenen Seite suchen.

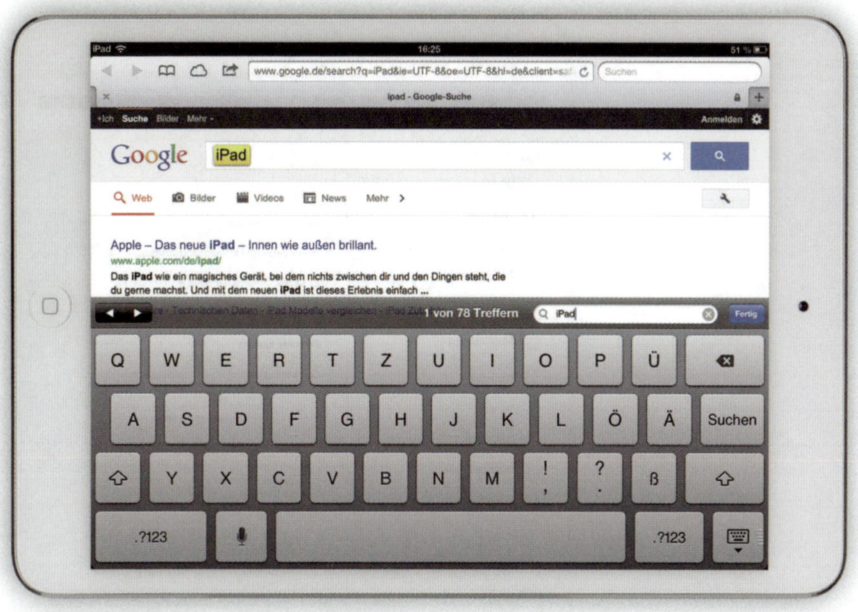

▲ Textsuche in der Internet-Suchseite

❶ Wenn Sie einen Text auf der geladenen Seite finden wollen, tippen Sie einmal auf das Suchfeld rechts in der Adressleiste.
❷ Geben Sie den gesuchten Text in das Suchfeld »Auf der Seite suchen« direkt oberhalb der Tastatur ein.
❸ Die erste Textstelle mit dem gesuchten Text wird schon während der Texteingabe auf der Internetseite gelb markiert.
❹ Wenn Sie den zu suchenden Text fertig eingegeben haben, können Sie die Tastatur ausblenden.
❺ Mit ► und ◄ wechseln Sie zur nächsten oder vorherigen Textstelle.
❻ Mit **Fertig** verlassen Sie den Modus zur Textsuche.

Am unteren Ende des Menüs für die Internetsuche finden Sie unter »Auf dieser Seite (X Treffer)« den Eintrag »„xxx“ suchen«. Mit diesem können Sie ebenfalls die Textsuche starten.

▶ Die Einstellungen für Safari werden in der Einstellungen-App vorgenommen.

Einstellungen

Die Einstellungen für Safari werden in der Einstellungen-App unter »Safari« vorgenommen.

- **Cookies:** Mit Cookies legen Internetserver Informationen im permanenten Speicher ab, die beim nächsten Besuch abgefragt werden. So kann ein Server beispielsweise über Ihre Vorlieben auf seinen Seiten Buch führen. Wenn Ihnen das (zu Recht) unangenehm ist, können Sie in der Einstellungen-App unter »Safari« mit der Einstellung unter »Cookies erlauben«

bestimmen, dass keine oder nur bestimmte Cookies akzeptiert werden. Einige Seiten funktionieren jedoch nicht ohne Cookies. Ein Kompromiss zwischen Privatsphäre und Komfort ist die Option »Von besuchten Seiten«.

- **Cache:** Der Internetbrowser legt von allen Dateien, die er aus dem Internet erhalten hat, eine Kopie im Flash-Speicher des iPads an. Auf diesen so genannten »Cache« kann dann schneller zugegriffen werden, wenn die Seite erneut aufgerufen wird.
- Cookies und Cache können in der Einstellungen-App unter »Safari« mit dem Befehl »Cookies und Daten löschen« gelöscht werden.
- Ist »Privates Surfen« aktiviert, werden weder ein Verlauf, noch ein Cache oder Cookies angelegt. In Safari erkennen Sie den aktivierten Modus an der dunkelgrauen Werkzeugleiste (📖 »Verlauf«, Seite 83).
- **JavaScript:** Viele Autoren von Internetseiten verwenden JavaScript, um ihre Seiten interaktiver zu gestalten. Mit JavaScript sind z.B. Schaltflächen möglich, die ihr Aussehen verändern, wenn der Anwender mit der Maus über sie fährt. (Auf dem iPad mini kann diese Funktion allerdings nicht genutzt werden.) Es können jedoch auch so unangenehme Dinge passieren wie sich selbsttätig öffnende Werbefenster. Manche Seiten lassen sich ohne JavaScript nicht betrachten.
- In der Einstellungen-App unter »Safari« kann JavaScript ein- und ausgeschaltet werden. Selbstständig aufpoppende Browser können Sie mit der Option »Pop-Ups unterdrücken« verhindern.
- **Automatisch ausfüllen:** Safari kann Formulare auf Webseiten automatisch ausfüllen. Sie brauchen dann Ihren Namen, Adresse etc. nicht mehr selbst eingeben. In der Einstellungen-App können Sie die dafür verwendeten Kontakt-Informationen auswählen. Außerdem können Sie bestimmen, dass Safari eingegebene Namen und Passwörter speichert und beim nächsten Besuch einer Seite automatisch für die erneute Anmeldung einsetzt (📖 »Kontakte«, Seite 112).
- **Betrugswarnung:** Im Internet tauchen immer wieder Seiten auf, die vorgeben eine andere, seriöse Seite zu sein, um Informationen, wie z.B. Passwörter oder Bankdaten von Benutzern zu erschleichen. Wenn die Option »Betrugswarnung« aktiviert ist, greift Safari auf eine Google-Datenbank zu, in der diese Seiten gespeichert sind. Bei dem Versuch, eine solche »Phishing«-Seite aufzurufen, zeigt Safari dann eine Warnung an.
  Auch bei aktivierter Betrugswarnung sollten Sie weiterhin Ihren gesunden Menschenverstand benutzen und im Zweifel zweimal überlegen, bevor Sie Ihre Daten auf Internetseiten eingeben.

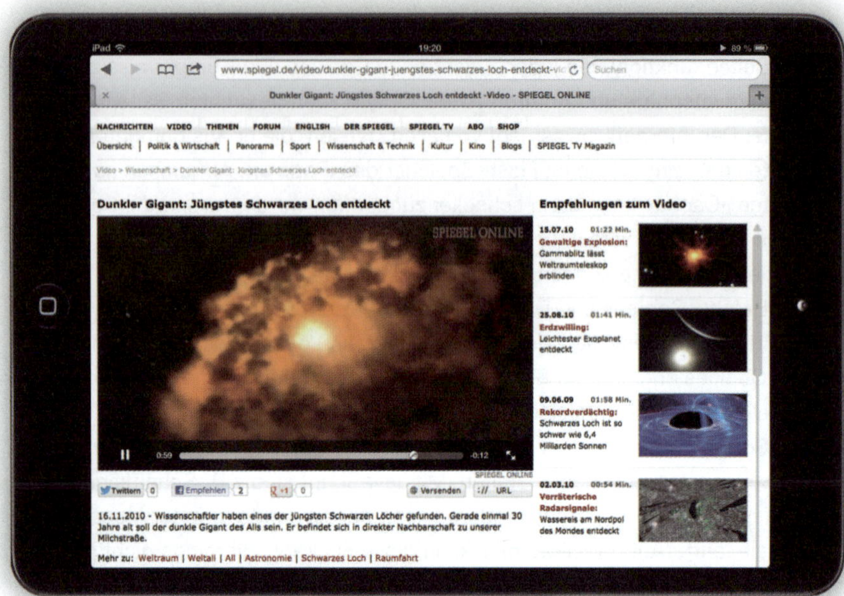

▲ Das über HTML5 in eine Internetseite eingebettete Video wird direkt in Safari abgespielt.

Eingebettete Videos

In Internetseiten können Videos eingebettet sein. Diese werden direkt in Safari abgespielt. Video-Portale stellen alternativ auch spezielle Apps zum Suchen und Abspielen ihrer Videos zur Verfügung.

Eingebette Videos abspielen

Für eingebettete Videos stellt das iOS zwei unterschiedliche Ansichten zur Verfügung. Die Videos können innerhalb des Layouts der Internetseite abgespielt werden, es kann aber auch in den Vollbildmodus gewechselt werden.

Das Video wird beim Laden der Seite innerhalb des Seitenlayouts angezeigt. Mit einem Tipp auf das ▶ in der Mitte des Vorschaubildes wird das Video gestartet. Nach dem Laden wird zur Steuerung lediglich unten eine Zeitleiste angezeigt.

- Mit ❚❚ können Sie die Wiedergabe anhalten und mit ▶ dann wieder fortsetzen.
- Durch Verschieben des Reglers in der Zeitleiste können Sie sich im Video vor und zurück bewegen.
- Tippen Sie auf ⤡ am rechten Ende der Zeitleiste unten, wird in die Vollbildansicht gewechselt, ohne dass das Video gestoppt wird.

In der Vollbildansicht wandert die Zeitleiste nach oben in die Werkzeugleiste und zusätzliche Steuerelemente werden eingeblendet. Die Steuerung entspricht hier der Bedienung in der App Videos; 📖 »Videos« Seite 197.

- In den Steuerelementen unten können Sie mit ⏮ und ⏭ zum Anfang bzw. Ende des Videos springen.
- Der Schieberegler unter den Steuerelementen passt die Lautstärke an.
- Die Schaltfläche ⊡ rechts oder ein Doppeltipp in das Video skaliert ein Video im Breitbildformat auf Bildschirmgröße, sodass oben und unten keine schwarzen Balken mehr erscheinen. Allerdings werden dabei Teile des Bildes an den Seiten abgeschnitten.
- Mit den zwei zueinander zeigenden Pfeilen ⤢ wird die Vollbild-Ansicht verlassen und das Video innerhalb des Seitenlayouts angezeigt und gestoppt.
- Alternativ können Sie auch mit der Schaltfläche **Fertig** in der Werkzeugleiste zurück auf die Internetseite wechseln.

Ausgabe auf dem Fernseher

Die eingebetteten Videos können über AirPlay oder Kabel auf einen Fernseher ausgegeben werden. Mehr hierzu erfahren Sie im Abschnitt 📖 »Ausgabe auf dem Fernseher«, Seite 290.

Adobe Flash (technischer Hintergrund)

Häufig werden Videos über Adobe Flash in Internetseiten eingebettet. Im Internetbrowser auf dem PC werden diese über das Adobe Flash-Plugin abgespielt. Auf dem iPad mini erscheint statt eines Videos in der Internetseite ein freies Feld, evtl. mit dem Hinweis, dass der Flash-Player installiert werden müsse. Für iOS ist jedoch kein Flash-Plugin verfügbar. Über Adobe Flash eingebundene Videos können unter iOS nicht abgespielt werden. Viele Seiten bieten aber mittlerweile alternativ über den neuen Internetstandard HTML5 in die Seite eingebettete H.264-Videos an, die auf dem iPad mini abgespielt werden können. Der Server liefert diese anstelle der Flash-Videos, wenn er die

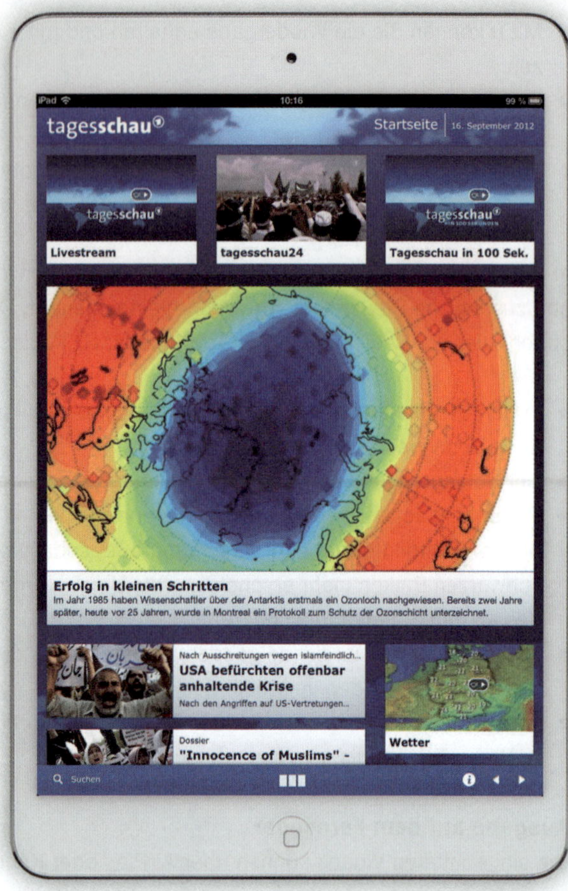

▶ Die Tagesschau-App zeigt die Inhalte der Seite »tagesschau.de« in einer für das iPad angepassten Form an.

Kennung von Safari unter iOS erhält. (Beide Formate werden als Alternative angeboten, da sich der Standard HTML5 derzeit noch in der Entwurfsphase befindet und nicht von allen Internetbrowsern auf dem PC unterstützt wird.)

▲ Ein alternativer Browser stellt den Quelltext einer Seite dar (hier iSource)

Andere Browser

Im App-Store sind verschiedene andere Internetbrowser als Alternative zu Safari erhältlich. Diese basieren auf derselben Technik wie Safari, der WebKit-Engine. Sie besitzen aber zum Teil zusätzliche Funktionen, wie beispielsweise die Möglichkeit, Dateien zu speichern, ganze Internetseiten herunter zu laden und als Archiv zu speichern oder den Quellcode der Internetseite anzuzeigen. Außerdem sind Apps erhältlich, die die Inhalte einer bestimmten Seite in einer für das iPad mini angepassten Form anzeigen.

Safari kann nicht deinstalliert werden und bleibt in jedem Falle der Standard-Browser, der sich öffnet, wenn von einem anderen Programm aus eine Internetseite aufgerufen wird.

Mail – E-Mails auf dem iPad mini

E-Mails bieten die Möglichkeit der Kommunikation über das Internet, bei der Nachrichten direkt von einem Absender zu einem Empfänger geschickt werden. Auf dem iPad mini ist hierfür das E-Mail-Programm Mail installiert. Die E-Mail-Funktion ist dabei jedoch so in das System integriert, dass die E-Mail-Dienste in allen Apps verwendet werden können. So kann beispielsweise in Safari direkt eine E-Mail an eine in einer Webseite verlinkte Adresse gesendet werden. Oder wenn Sie Bilder per E-Mail versenden wollen, können Sie das direkt in der App Fotos machen. Die so versendeten E-Mails befinden sich dann genauso in den entsprechenden Postfächern von Mail, als wenn sie aus dem E-Mail-Programm versendet worden wären.

Mail kann mit Accounts nach den Standards POP und IMAP arbeiten. Außerdem lassen sich Accounts für den im Unternehmensbereich verbreiteten Microsoft Exchange Server einrichten.

Account einrichten

Mit dem iPad mini können Sie mehrere E-Mail-Accounts verwalten. Die Accounts lassen sich direkt auf dem iPad mini einrichten.

Die Schalter in Mail	
	E-Mail in einen anderen Mailordner bewegen
	E-Mail löschen
	E-Mail beantworten, weiterleiten, drucken
	Neue E-Mail erstellen
▲	**Nächste E-Mail anzeigen (neuer)**
▼	**Vorherige E-Mail anzeigen (älter)**
	E-Mails empfangen

▲ Einrichten eines E-Mail-Accounts in der Einstellungen-App

Account einrichten

E-Mail-Accounts werden in der Einstellungen-App eingerichtet.

❶ Tippen Sie in der Liste links zuerst auf »Mail, Kontakte, Kalender«. Im rechten Teil werden dann unter der Überschrift »Accounts« die vorhandenen Mail-Accounts aufgelistet.
❷ Einen neuen Account legen Sie mit dem Punkt »Account hinzufügen…« an.
❸ Sollten Sie einen der vorgegebenen Provider verwenden, tippen Sie diesen an. Sie müssen dann nur noch ihre persönlichen Daten (Name, E-Mail-Adresse und Passwort) eintragen, die Server-Konfiguration ist hier schon vorgegeben.
❹ Für die Einrichtung eines Exchange-Accounts tippen Sie auf »Microsoft Exchange«. Dort tragen Sie Ihre E-Mail-Adresse auf dem Exchange-Server sowie Ihren Benutzernamen und das Kennwort und, falls nötig, eine Domain ein und eventuell noch die Adresse des Exchange-Servers.
❺ Zum Einrichten eines Accounts eines jeden beliebigen anderen Anbieters klicken Sie auf »Andere« und dann auf »Mail-Account hinzufügen«.
❻ Geben Sie nun zuerst Ihre persönlichen Account-Daten ein.

▲ Auswahl der zu synchronisierenden Datentypen beim Einrichten eines Yahoo!-Accounts

❼ In einem zweiten Schritt wählen Sie den Account-Typ und geben dann die Server-Daten ein. Die für die Konfiguration des E-Mail-Accounts erforderlichen Daten erhalten Sie von Ihrem Internetprovider.

Viele Provider bieten Anleitungen für die Einrichtung des angebotenen E-Mail-Accounts auf dem iPhone. Die Einrichtung auf dem iPad mini ist identisch.

Weitere Dienste aktivieren

Bei IMAP-Accounts können neben den E-Mails auch die Notizen der App Notizen auf den Server des Anbieters geladen werden. Einige Anbieter bieten außerdem zusammen mit dem E-Mail-Account weitere Dienste auf dem Server wie Kontakte oder Kalender an. Bei den vorgegebenen Anbietern und bei Microsoft Exchange können diese Dienste am Ende der Einrichtung des Accounts aktiviert werden. Die einzelnen Dienste lassen sich außerdem nachträglich aktivieren und deaktivieren, indem der Account in der Einstellungen-App unter »Mail, Kontakte, Kalender« mit einem Tipp geöffnet wird.

Die Bedienung der jeweiligen Dienste auf dem iPad mini wird in den Kapiteln 📖 »Notizen« (Seite 156), 📖 »Kontakte« (Seite 112), 📖 »Kalender« (Seite 136) und 📖 »Erinnerungen« (Seite 148) beschrieben.

iCloud

Apples Dienst iCloud bietet eine ganze Anzahl von Diensten an. Die Einrichtung und die Besonderheiten werden in einem extra Kapitel beschrieben (📖 »iCloud«, Seite 257).

IMAP-Ordner zuordnen

Damit bei einem IMAP-Account die E-Mails immer an denselben Orten landen – unabhängig davon, ob sie auf dem iPad mini oder mit dem Webinterface des Providers erstellt wurden – können Sie bei der Einrichtung eines IMAP-Accounts unter »Erweitert« die auf dem iPad mini vorgegebenen Postfächer »Entwürfe«, »Gesendet« und »Gelöscht« (Papierkorb) den passenden Ordnern auf dem IMAP-Server zuordnen.

Diese Zuteilungen sollten Sie ebenfalls in Ihrem E-Mail-Programm auf dem PC unter Mac OS X oder Windows definieren, da sonst von dort gesendete E-Mails eventuell nicht auf dem iPad mini erscheinen.

E-Mails empfangen

Wenn Sie die App Mail aktivieren, wird direkt eine Verbindung zum Internet aufgebaut und die E-Mail-Accounts werden abgefragt. Außerdem können Sie E-Mails empfangen, indem Sie den Inhalt der E-Mail-Liste nach unten ziehen, bis das Symbol ↻ überdehnt wurde und abreißt. In der Hochformat-Ansicht findet sich die Liste im Popover, das sich per Tipp auf den Schalter oben links (in der Regel **Eingang** oder **Alle**) öffnet. Die empfangenen E-Mails finden Sie im Postfach-Ordner »Eingang« bzw. »Alle«. Im rechten Teil des Fensters wird die links in der Liste bzw. im Popover ausgewählte E-Mail angezeigt.

Automatischer Empfang von E-Mails

In der Einstellungen-App auf der Seite »Mail, Kontakte, Kalender« kann unter dem Punkt »Datenabgleich« ein Zeitplan für den automatischen Empfang von E-Mails eingestellt werden. E-Mails werden dann auch empfangen, wenn sich das iPad mini im Ruhezustand befindet.

Push Mail

Verschiedene E-Mail-Anbieter bieten zusätzlich einen Push-Dienst für E-Mails. Dabei schiebt der Server die E-Mails automatisch, sobald er sie erhält, auf das iPad mini. In der Einstellungen-App auf der Seite »Mail, Kontakte, Kalender« kann der Push-Dienst unter dem Punkt »Datenabgleich« eingeschaltet werden. Die Funktion muss gleichzeitig auch auf dem Server aktiviert sein. Dies geschieht im allgemeinen über das Webinterface des Anbieters. Die Funktion arbeitet allerdings derzeit nur mit iCloud und Yahoo! sowie Microsoft Exchange-Servern zusammen.

Wenn Sie mehrere E-Mail-Accounts eingerichtet haben, können Sie über »Erweitert« für jeden einzelnen Account festlegen, ob die E-Mails per Push-Mail, im von Ihnen für das automatische Laden eingestellten Intervall oder nur manuell abgerufen werden sollen.

E-Mails lesen

Die Postfächer

In der Querformat-Ansicht werden in Mail in der linken Spalte die Postfächer Ihres E-Mail-Accounts angezeigt. In der Hochformat-Ansicht finden Sie die Liste der Postfächer in einem Popover, das mit dem Schalter oben links oder durch Wischen über den Bildschirm von links nach rechts geöffnet wird.

Wenn Sie mehrere E-Mail-Accounts eingerichtet haben, sind zuoberst in der Liste unter »Posteingänge« die Posteingangsfächer aller E-Mail-Accounts aufgelistet. Mit dem Eintrag »Alle« werden die E-Mails aus den Posteingangsfächern aller E-Mail-Accounts zusammengefasst angezeigt. Darunter finden sich die Posteingangsfächer der einzelnen Accounts. Wenn Sie auf einen dieser Einträge tippen, werden nur die E-Mails im Posteingang des jeweiligen Accounts angezeigt.

Im Bereich darunter werden die Accounts aufgelistet. Per Tipp auf einen Account werden dann die Postfächer des Accounts angezeigt. Hier können Sie auch auf Ihre gesendeten E-Mails oder auf Entwürfe zugreifen.

Besitzen Sie nur einen Account, entfällt die Liste der Posteingänge und Accounts. Die Postfächer des Accounts werden direkt angezeigt.

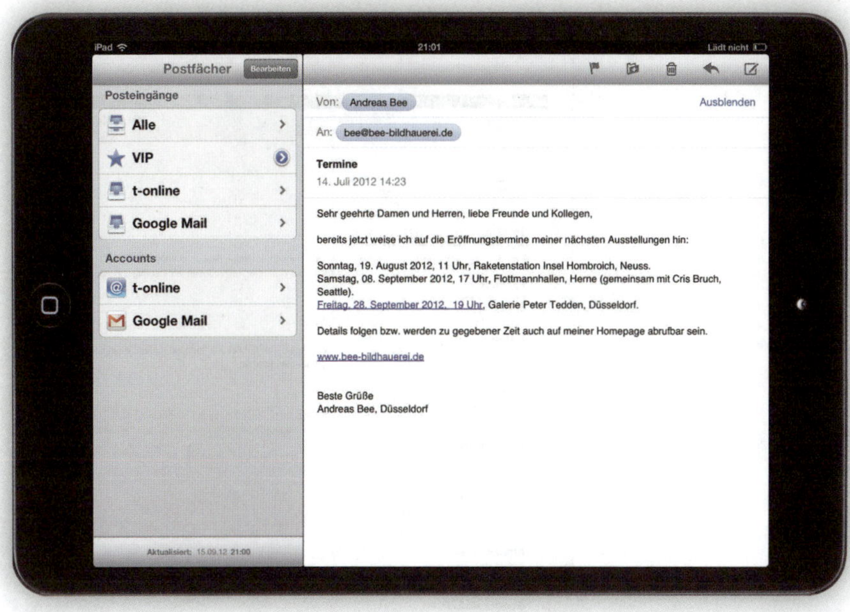

▲ In der Querformat-Ansicht wird links eine Liste mit den Postfächern bzw. dem Inhalt der Postfächer angezeigt.

Postfächer bei POP und IMAP

Bei Verwendung eines POP-Accounts zeigt Mail für das iPad mini nur die Standard-Postfächer an (»Eingang«, »Gesendet« und »Papierkorb« sowie eventuell »Entwürfe« und »Ausgang«). Weitere Postfächer lassen sich nicht anlegen. Wenn Sie einen IMAP-Account verwenden, werden zusätzlich die Postfächer, die Sie auf dem iPad mini oder auch auf dem PC oder über das Webinterface angelegt haben, in der Liste links bzw. im Popover unterhalb der Standard-Postfächer aufgelistet (🕮 »Postfächer verwalten«, Seite 108).

Bei Verwendung von IMAP können auch Notizen, die in einem Mail-Programm auf dem PC erstellt werden, mit den Notizen des iPads synchronisiert werden. Die Synchronisation wird im letzten Schritt bei der Einrichtung des Accounts aktiviert (🕮 »Notizen auf dem iPad mini«, Seite 156).

Darstellung der E-Mails

Mit einem Tipp auf die gewünschte E-Mail in der Liste links bzw. im Popover wird die E-Mail geöffnet. In der Hochformat-Ansicht kann außerdem mit ▲ und ▼ zur vorherigen bzw. nächsten E-Mail geblättert werden, ohne dass das Popover geöffnet werden muss.

▶ In der Hochformat-Ansicht werden die Postfächer bzw. der Inhalt der Postfächer über die E-Mail eingeblendet.

Der Inhalt der E-Mail wird dann im rechten Teil des Fensters angezeigt. Oben finden sich Informationen zum Absender und Empfänger. Darunter werden der Betreff und das Datum der Mail angezeigt. In dem großen Bereich darunter wird der Inhalt der Mail eingeblendet.

Data Detectors

Für die Darstellung von E-Mails macht Mail Gebrauch von den so genannten »Data Detectors«. Diese filtern Daten wie Telefonnummern, Adressen, E-Mail-Adressen oder Internet-Adressen aus dem Text, heben sie blau und unterstrichen hervor und belegen sie mit einer Aktion.

- Ein Tipp auf eine E-Mail-Adresse öffnet das Blatt zum Erstellen einer neuen E-Mail. Halten auf einer E-Mail-Adresse öffnet ein Popover, mit dem sie ins Adressbuch eingefügt werden kann.
- Internet-Adressen werden mit einem Tipp in Safari geöffnet.
- Halten auf die Internet-Adresse öffnet ein Popover, in dem Sie die Seite zum späteren Lesen zur Leseliste hinzufügen können.
- Ein Tipp auf eine Adresse zeigt diese in Karten. Tippen und Halten öffnet ein Popover. Die Adresse kann dann ins Adressbuch eingefügt werden.
- Ein Tipp auf eine Telefonnummer zeigt ein Popover, mit dem diese in das Adressbuch eingefügt werden kann.
- Mit einem Tipp auf ein Datum oder eine Uhrzeit kann ein neues Ereignis angelegt und in den Kalender eingefügt werden.

HTML-E-Mails

Mail in iOS zeigt HTML-E-Mails mit allen Textformatierungen und grafischen Elementen an. (HTML ist das Format von Internetseiten; vgl. 🕮 »Mit Safari im Internet surfen«, Seite 76) Die eventuell vorhandene alternative reine Textansicht kann hier nicht angezeigt werden.

E-Mail-Verläufe

Zusammengehörende E-Mails werden standardmäßig im Posteingang zusammengefasst angezeigt. Dabei wird in der Übersicht nur die neueste E-Mail eines Verlaufs angezeigt und rechts mit einer Zahl markiert. Diese Zahl zeigt an, wie viele E-Mails zum Verlauf gehören. Ein Tipp auf die E-Mail zeigt alle E-Mails des Verlaufs. Die Sortierung nach Verlauf kann in der Einstellungen-App auf der Seite »Mail, Kontakte, Kalender« deaktiviert werden (»Nach E-Mail-Verlauf«).

Verschiedene Einstellungen für die Darstellung

In der Einstellungen-App können unter »Mail, Kontakte, Kalender« im Bereich »Mail« verschiedene Einstellungen für die Darstellung der E-Mails vorgenommen werden:

- **Anzeigen:** Damit für die Anzeige von E-Mails auf einem IMAP-Account das Netzwerk nicht zu stark belastet wird, kann hier die Anzahl der automatisch geladenen E-Mails eingestellt werden. Sind mehr E-Mails auf dem Server vorhanden, können Sie diese nachladen, indem Sie in Mail am unteren Ende der E-Mail-Liste auf den Eintrag »Weitere E-Mails laden« tippen.

▶ HTML-Mails werden komplett gerendert dargestellt.

- **Vorschau:** In der Liste der E-Mails wird neben dem Betreff und dem Absender auch eine Vorschau des Inhalts der E-Mails angezeigt. Hier können Sie die Anzahl an Textzeilen dieser Vorschau bestimmen oder die Vorschau ganz deaktivieren.
- **An/Kopie anzeigen:** Ist diese Option aktiviert, wird in der Liste neben dem Betreff ein zusätzliches Label eingeblendet, das angibt, ob die E-Mail an Sie gerichtet ist oder ob es sich um eine Kopie einer E-Mail handelt, die an einen anderen Empfänger geschickt wurde.

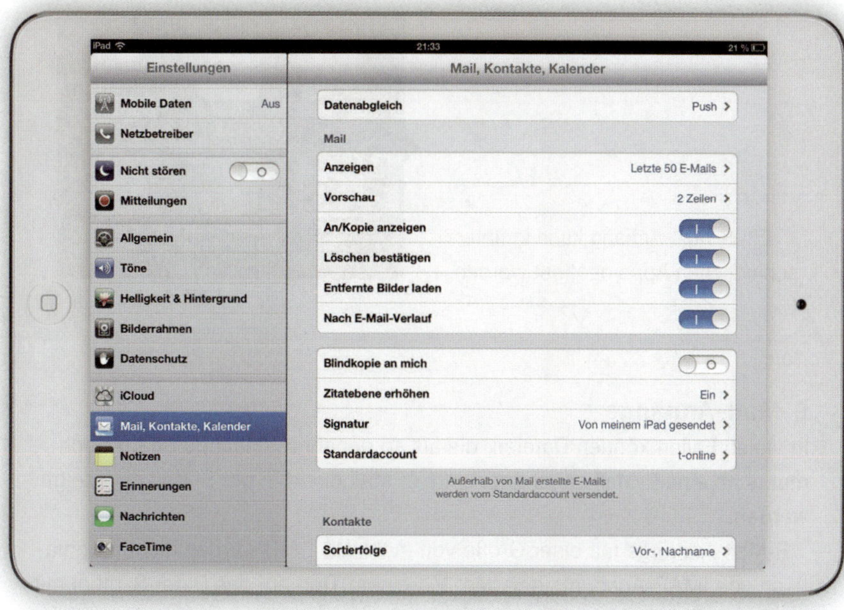

▲ Die Einstellungen für die Darstellung der E-Mails werden in der Einstellungen-App vorgenommen.

- **Löschen bestätigen:** Hier können Sie die Abfrage, die vor dem Löschen einer E-Mail erscheint, deaktivieren.
- **Entfernte Bilder laden:** HTML-E-Mails können Bilder enthalten, die nicht in die E-Mail integriert sind, sondern von einem http-Server geladen werden. Mit dieser Option können Sie bestimmen, dass solche Bilder nicht geladen werden (📖 »HTML-E-Mails«, Seite 99).
- **E-Mail-Verlauf:** Hier wird die Sortierung zusammengehörender E-Mails in einen Verlauf aktiviert bzw. deaktiviert (📖 »E-Mail-Verläufe«, Seite 99).

In E-Mails suchen

Mail auf dem iPad mini bietet die Möglichkeit, innerhalb eines Postfachs nach E-Mails mit bestimmten Inhalten zu suchen. Hierfür tippen Sie bei geöffnetem Postfach am oberen Ende der Liste auf das Suchfeld 🔍 und geben den gesuchten Begriff ein. Mit den Schaltern darunter können Sie bestimmen, ob im gesamten Text der E-Mail gesucht wird oder nur im Betreff, beim Absender oder beim Empfänger. In der E-Mail-Liste werden dann nur die E-Mails angezeigt, die den gesuchten Text enthalten.

▶ Ein E-Mail-Anhang kann in unterschiedlichen Apps geöffnet werden.

E-Mail-Anhänge

In vielen Fällen können Dateien, die als so genannte Anhänge oder Attachments an eine E-Mail angehängt sind, in Mail direkt in der E-Mail angezeigt werden.

E-Mail-Anhänge mit einer Größe von mehr als 1 MB werden nicht automatisch von IMAP-Accounts geladen. Mit einem Tipp auf das Datei-Symbol mit Pfeil kann die Datei aber nachgeladen werden.

- **Bilddateien:** Angehängte Bilddateien werden direkt in der E-Mail angezeigt. Wenn Sie auf einem Bild halten, kann dieses mit dem Befehl »Sichern in „Aufnahmen"« in die Foto-Mediathek eingefügt werden. Sie finden es dann in der App Fotos im Album »Gesicherte Fotos« (📖 »Fotos«, Seite 175).
- **PDFs:** Auch einseitige PDFs werden direkt in der E-Mail angezeigt. Halten öffnet ein Popover, mit dem Sie die PDF in der Übersicht oder in einer anderen geeigneten App öffnen können.
- **Von Übersicht unterstützte Dateiformate:** Andere Dokumente werden als Symbol dargestellt. Wenn die Übersichtsfunktion des iOS das Dokument darstellen kann, wird es mit einem Tipp auf das Symbol in der Übersichtsansicht angezeigt. Wenn Sie in der Übersichtsansicht auf ↗ tippen, wird ein Popover eingeblendet. Mit den Befehlen »In „App X“ öffnen« und »Öffnen in ...« (falls mehrere geeignete Apps installiert sind) können Sie das Dokument in einer geeigneten App öffnen. Mit **Fertig** verlassen Sie die Übersichtsansicht.
- **Nicht von Übersicht unterstützte Dateiformate:** Bei Anhängen, die nicht mit der Übersichtsfunktion des iOS darstellbar sind, erscheint beim Tipp auf das Symbol ein Popover. Mit dem Menüpunkt »In „App X“ öffnen« können Sie den Anhang in einer geeigneten App öffnen. Sind mehrere

geeignete Apps auf dem iPad mini installiert, erscheint ein weiterer Menüpunkt »Öffnen in ...«. Tippen Sie auf diesen, so können Sie eine App auswählen. Dieses Popover können Sie auch bei Dateien öffnen, die mit der Übersichtsfunktion darstellbar sind, indem Sie im E-Mail-Fenster auf dem Symbol des Dokuments halten.

- **vCard:** Mail kann außerdem vCard-Visitenkarten (.vcf) darstellen. Die Visitenkarten werden in einem Popover übersichtlich strukturiert dargestellt und können direkt in das Adressbuch eingefügt werden (📖 »Kontakte«, Seite 112)

Unterstützte Dateitypen bei Anhängen

Die Übersichtsfunktion des iOS kann Dokumente folgender Typen darstellen: Neben Internetseiten (.htm, .html) und Bildern der Formate .jpg, .tiff und .gif werden auch PDF-Dateien angezeigt. Außerdem lassen sich einfache (.txt) und formatierte Text-Dateien (.rtf), Dokumente aus Microsoft Word und Pages (.doc und .docx, sowie .pages), Präsentationen aus Keynote (.key) und Microsoft PowerPoint (.ppt und .pptx) sowie Tabellen aus Numbers (.numbers) und Microsoft Excel (.xls und .xlsx) und Visitenkarten (.vcf) anzeigen.

E-Mails versenden

Gehen Sie wie folgt vor, wenn Sie eine neue E-Mail erstellen und versenden wollen.

1. Tippen Sie in der Werkzeugleiste der App Mail auf ✎.
2. In der Zeile »An« geben Sie zuerst den Namen und die E-Mail-Adresse des Empfängers ein. Ist der Empfänger in der Kontakt-Datenbank angelegt (📖 »Kontakte«, Seite 112), brauchen Sie nur die ersten Buchstaben seines Vor- oder Nachnamens oder eines Teils der E-Mail-Adresse zu tippen und können dann den Kontakt aus dem Menü auswählen. Alternativ tippen Sie rechts in der Zeile »An« auf ⊕ und wählen den Empfänger direkt aus der Kontakt-Datenbank aus. Wenn Sie eine E-Mail an mehrere Empfänger verschicken wollen, geben Sie die Adressen nacheinander ein, wobei Sie die Eingabe jeder Adresse mit der Return-Taste abschließen.
3. In die Zeile »Betreff« geben Sie einen Titel für Ihre Mail an. Den Betreff bekommt der Empfänger in der Liste seiner empfangenen E-Mails zu sehen, er sollte also Auskunft über den Inhalt geben und möglichst nicht leer sein.
4. In das große Textfeld unten schreiben Sie den eigentlichen E-Mail-Text.

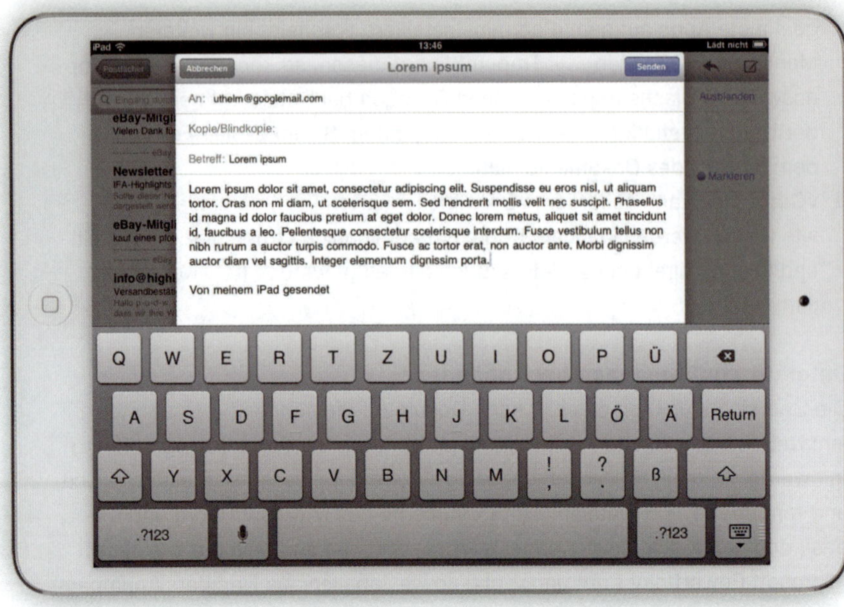

▲ In Mail wird eine neue E-Mail erstellt.

❺ Wenn auf Ihrem iPad mini mehrere Accounts eingerichtet sind, kann beim Erstellen einer neuen E-Mail bestimmt werden, von welchem Account die Mail verschickt werden soll (📖 »Account für das Senden auswählen«, Seite 104).

❻ Klicken Sie auf die Schaltfläche »Senden«. Das iPad mini baut eine Verbindung zum Internet auf und versendet die E-Mail. Wenn keine Verbindung zum SMTP-Server aufgebaut werden kann, wird die E-Mail im »Ausgang« gesichert.

Account für das Senden auswählen

Wenn Sie auf Ihrem iPad mini mehrere E-Mail-Accounts eingerichtet haben, können Sie auswählen, von welchem Account aus Sie Ihre E-Mail versenden wollen.

❶ Tippen Sie zuerst in die Zeile »Kopie/Blindkopie, Von«. Es werden weitere Zeilen eingeblendet.

❷ Tippen Sie hier auf »Account«.

❸ In einem Popover können Sie jetzt den Account auswählen, über den Sie die E-Mail versenden wollen. Vorausgewählt ist in der Mail-App der Account, dessen Postfach zuletzt ausgewählt war. Für E-Mails, die in anderen Programmen erstellt werden, kann in der Einstellungen-App ein Standard-Account bestimmt werden.

Zitate im E-Mail-Text

Für Zitate können Sie markierten Text mit dem Bearbeiten-Menü in eine höhere oder niedrigere Zitatebene verschieben.

Signatur

Die Signatur, die automatisch am Ende eines E-Mail-Textes eingesetzt wird, können Sie in der Einstellungen-App unter »Mail, Kontakte, Kalender« für alle Accounts oder für jeden Account einzeln ändern.

Entwürfe

Wenn Sie auf die Schaltfläche »Abbrechen« klicken, können Sie eine begonnene E-Mail mit dem Befehl »Entwurf sichern« abspeichern. Die E-Mail wird im Postfach »Entwürfe« gesichert. Die hier abgelegten E-Mails können geöffnet und weiter bearbeitet werden. Hierfür tippen Sie einfach in den Text einer E-Mail im Postfach »Entwürfe«. Durch Halten auf wird der Inhalt aller Entwurf-Postfächer in einem Popover angezeigt. Der gewünschte Entwurf kann mit einem Tipp geöffnet werden.

Dateien als E-Mail-Anhänge versenden

Mithilfe von E-Mails können nicht nur Nachrichten, sondern auch Dateien, die so genannten »Attachments« oder Anhänge, an einen Empfänger verschickt werden. E-Mails mit Anhängen werden auf dem iPad mini allerdings nicht aus der Mail-App versendet, sondern direkt aus der App, die die zu versendende Datei erstellt oder gespeichert hat.

- Zum Versenden einer Datei per E-Mail tippen Sie in der jeweiligen App auf und wählen dann den Befehl »Mail«. Es öffnet sich das aus der Mail-App bekannte Blatt, in dem Sie eine neue E-Mail erstellen können. Im Text der E-Mail ist die ausgewählte Datei schon eingefügt.
- Für das Versenden von Bildern und Videos können diese über das Bearbeiten-Menü in die E-Mail eingefügt werden, Bilder alternativ auch per Copy & Paste.

▲ Ein Foto wird direkt aus der App Fotos versendet. Die zu versendenden Bilder können auf drei verschiedene Größen reduziert werden.

- Wenn Bilder in eine E-Mail eingefügt wurden, lassen sich diese mit einem Tipp in die Zeile »Kopie/Blindkopie« verkleinern. Es stehen vier Größen zur Verfügung.

Mail für das iPad mini versendet Dateianhänge in der Kodierung »Base64«.

E-Mails verwalten

In Mail können Sie E-Mails in die verschiedenen Postfächer einsortieren oder löschen.

- Wenn Sie mehrere E-Mails verschieben oder löschen wollen, tippen Sie in der Werkzeugleiste bzw. im Postfach-Popover auf **Bearbeiten** und markieren die gewünschten E-Mails. Danach tippen Sie auf **Bewegen (X)** und wählen dann mit einem weiteren Tipp das Postfach aus, in das die E-Mails verschoben werden sollen. X gibt dabei die Anzahl der ausgewählten E-Mails an.

▲ Mehrere E-Mails wurden zum Bewegen ausgewählt.

- Um die ausgewählten E-Mails zu löschen, tippen Sie auf **Löschen (X)**.
- Mit **Markieren (X)** können Sie die ausgewählten E-Mails als ungelesen markieren oder mit einem Etikett versehen.
- Wollen Sie nur eine E-Mail aus der Liste löschen, brauchen Sie nicht in den Bearbeiten-Modus zu wechseln. Markieren Sie einfach die E-Mail in der Liste, indem Sie mit dem Finger quer wischen und tippen Sie dann auf **Löschen**. (Bei einem Google-Mailaccount wird die E-Mail statt dessen archiviert. Hier können Sie im Bearbeiten-Modus löschen.)
- Wollen Sie nur die geöffnete E-Mail bewegen, tippen Sie in der Werkzeugleiste auf und dann auf das Postfach, in das die E-Mail verschoben werden soll.
- Um die E-Mail als ungelesen zu markieren oder mit einem Etikett zu versehen, tippen Sie auf .

Beim Löschen wird die E-Mail erst in das Postfach »Papierkorb« verschoben und nach einiger Zeit automatisch gelöscht.

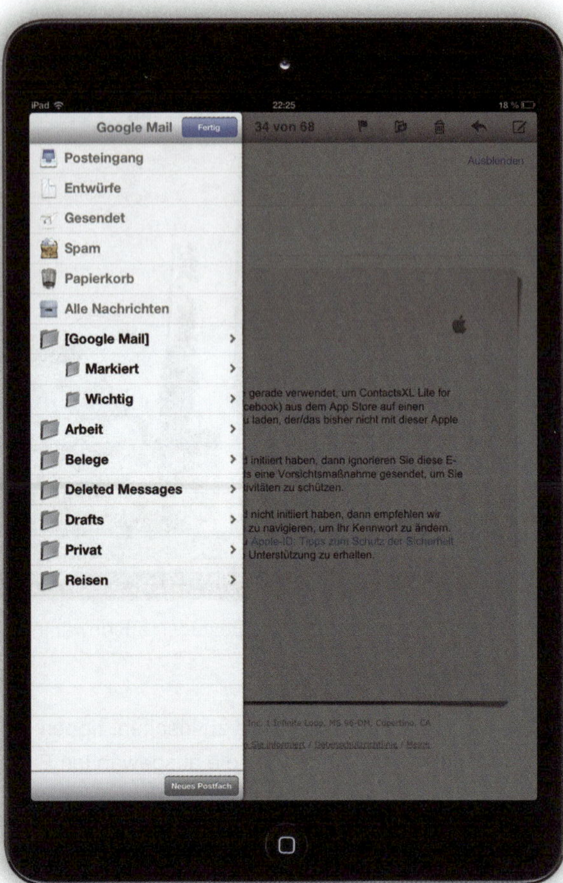

▶ Bearbeiten der Postfächer

Postfächer verwalten

Seit iOS 5 lassen sich auf dem iPad mini IMAP-Postfächer anlegen, umbenennen und löschen. Wechseln Sie zum Verwalten der Postfächer in der Liste links bzw. im Popover mit dem Schalter **Postfächer** in die Postfach-Ansicht. Wenn Sie mehrere E-Mail-Accounts eingerichtet haben, wählen Sie unter »Accounts« den gewünschten E-Mail-Account aus. Mit einem Tipp auf **Bearbeiten** können nun die Postfächer verwaltet werden.

- Zum Anlegen eines neuen Postfachs tippen Sie auf **Neues Postfach**. Geben Sie dem Postfach einen Namen und wählen Sie den Ort aus, an dem das Postfach angelegt werden soll.
- Um ein Postfach zu bearbeiten, tippen Sie dieses an. Jetzt können Sie den Namen des Postfachs ändern, einen anderen Ort für das Postfach auswählen oder das Postfach löschen.

Mit einem Tipp auf **Sichern** werden die Änderungen übernommen. Den Bearbeiten-Modus verlassen Sie mit **Fertig**.

VIP Postfach

Im VIP-Postfach können E-Mails von besonders wichtigen Personen automatisch gesammelt werden.

❶ Zum Hinzufügen eines Absenders tippen Sie in der Liste der Postfächer neben »VIP« auf ⦔.
❷ Wenn Sie auf den Punkt »VIP hinzufügen ...« tippen, wird Ihre Kontaktdatenbank eingeblendet, aus der Sie dann einen Kontakt auswählen können.
❸ Mit **Bearbeiten** können Kontakte wieder aus der Liste entfernt werden.

Mails von Personen, die sich in der VIP-Liste befinden, werden in den normalen E-Mail-Listen mit einem ☆ markiert.

Für die Benachrichtigung beim Empfang von VIP-Mails können in der Einstellungen-App auf der Seite »Mitteilungen« unter »Mail« spezielle Einstellungen vorgenommen werden, die unabhängig von den Einstellungen für alle anderen Mails sind.

E-Mails synchronisieren

E-Mails können nicht direkt zwischen dem PC und dem iPad mini synchronisiert werden. Die Synchronisation von E-Mails muss über den E-Mail-Server des Providers stattfinden.

- Wenn Sie Ihre E-Mails synchron halten wollen, bietet es sich an, IMAP als E-Mail-Protokoll zu verwenden. Bei diesem Protokoll bleiben alle E-Mails auf dem Server des Providers. Die verschiedenen Clients synchronisieren ihre Datenbanken mit der des Servers. Gesendete E-Mails können hier ebenfalls in den Ausgangsordner auf dem Server gesichert werden. So erscheinen auf dem PC, auf dem iPad mini und auf dem Webinterface des Providers immer die identischen E-Mails.

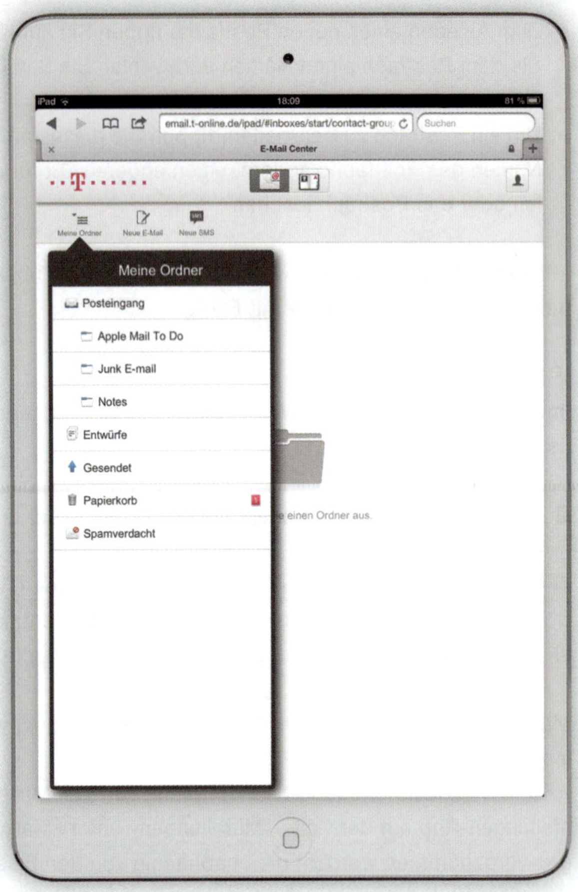

► Die Postfächer eines IMAP-Accounts im Webinterface des Anbieters

- iCloud verwendet ebenfalls IMAP für die Synchronisation der E-Mails.
- Wenn Sie an einen Exchange Server angebunden sind, werden die E-Mails nach demselben Prinzip wie bei IMAP, jedoch über das Microsoft-Exchange-Protokoll, synchron gehalten.

Wenn Sie POP als E-Mail-Protokoll verwenden, gestaltet es sich schwierig, die E-Mails synchron zu halten. Das POP-Protokoll bietet keine Funktionalität für die Synchronisierung der E-Mails auf unterschiedlichen Clients.

- Damit das iPad mini auch die E-Mails empfängt, die vom PC empfangen wurden, müssen Sie in Ihrem E-Mail-Programm auf dem PC einstellen, dass die E-Mails nicht automatisch direkt nach dem Empfang gelöscht werden.
- E-Mails sollten aber trotzdem nach einer gewissen Zeit nach dem Empfang vom Server gelöscht werden, damit die Kapazität des Servers nicht erschöpft wird – E-Mails, die auf den Clients gelöscht werden, werden bei POP nicht automatisch auch auf dem Server gelöscht. Im E-Mail-Programm Mail unter Mac OS X z.B. findet sich diese Einstellung unter »Erweitert« in den Einstellungen für den jeweiligen Account.
- Gesendete E-Mails können mit der Option »Blindkopie an mich« dem PC zugänglich gemacht werden. Diese Option können Sie in der Einstellungen-App unter »Mail, Kontakte, Kalender« aktivieren. Umgekehrt finden sich ähnliche Optionen in den E-Mail-Programmen für Mac OS X oder Windows. Die E-Mails müssen dann nach Empfang der Blindkopie per Hand in den Ordner für gesendete E-Mails einsortiert werden.

Kontakte – die Adressverwaltung für's iPad mini

Für die Verwaltung von persönlichen oder geschäftlichen Kontakten ist im iOS die App Kontakte integriert. Hier können Personen oder Firmen ihre E-Mail-Adressen, Adressen und Telefonnummern etc. zugeordnet werden. Die App Kontakte verwendet eine lokale, auf dem iPad mini gespeicherte Adressdatenbank. Sie kann aber gleichzeitig auch auf Adressdatenbanken auf CardDAV- und Exchange-Servern zugreifen und Adressen von LDAP-Datenbanken sowie von Facebook und Twitter anzeigen. Die lokale Adressdatenbank kann über iTunes oder iCloud mit dem PC unter Mac OS X oder Windows synchronisiert werden.

Auf die in der App Kontakte verwalteten Adressen können alle anderen Apps auf dem iPad mini zugreifen, bei manchen ist diese Funktion jedoch nicht integriert.

Kontakte über das Netzwerk synchronisieren

Die Adressdatenbank des iPads kann über das Netzwerk mit mehreren Online-Adressdatenbanken synchronisiert werden.

Synchronisieren mit CardDAV

Für die Synchronisation des iPad mini-Adressbuchs mit Adressen, die auf einem CardDAV-Server liegen, müssen Sie auf dem iPad mini einen CardDAV-Account einrichten. In der Einstellungen-App wählen Sie unter »Mail, Kontakte, Kalender« den Punkt »Account hinzufügen«.

Die Schalter in Kontakte	
+	Neuen Kontakt anlegen
👤	Kontakte zusammenfassen

▲ Ein CardDAV-Account wird in der Einstellungen-App eingerichtet.

1. Tippen Sie in der Liste der Accountanbieter auf »Andere« und wählen Sie dann auf der folgenden Seite »CardDAV-Account hinzufügen«.
2. Hier geben Sie die URL der Adressdatenbank sowie Ihren Benutzernamen und das Kennwort ein und tippen dann auf **Weiter**.
3. In den erweiterten Einstellungen können Sie, falls nötig, den Server-Port bestimmen und die Verschlüsselung deaktivieren.
4. Nachdem Sie die Einrichtung abgeschlossen haben, werden die Adressen vom CardDAV-Server in der App Kontakte angezeigt. Für sie wird in der Ansicht **Gruppen** ein neuer Bereich unter dem Namen angelegt, den Sie bei der Einrichtung des Accounts unter »Beschreibung« eingegeben haben.

Die über CardDAV importierten Adressen können editiert werden und es lassen sich neue Adressen auf dem Server anlegen, die dann auch im Webinterface des Anbieters erscheinen (📖 »Neuen Kontakt erstellen«, Seite 117).

Synchronisieren mit Microsoft Exchange oder Yahoo!

Für den Zugriff auf eine Adressdatenbank eines auf Microsoft-Exchange-Server basieren Dienstes wird auf dem iPad mini ein gemeinsamer Account für Adressen, E-Mails und Kalender dieses Dienstes eingerichtet. Wenn Sie auch

Ihre Adressen mit einem solchen Dienst synchronisieren wollen, müssen Sie nur bei der Einrichtung des Accounts in der Einstellungen-App die entsprechende Option aktivieren. Mehr zur Einrichtung lesen Sie im Kapitel »Mail«, Seite 92.

Die auf diese Weise auf das iPad mini importierten Adressen werden in der App Kontakte zusammen mit den Adressen anderer Accounts und den auf dem iPad mini gespeicherten Adressen angezeigt. Auch hier erscheint in der Ansicht **Gruppen** ein neuer Bereich unter dem Namen, den Sie bei der Einrichtung des Accounts unter »Beschreibung« eingegeben haben.

LDAP-Kontakte abonnieren

Mit dem iPad mini können Sie auch auf online bereitgestellte LDAP-Kontaktdatenbanken zugreifen. Diese werden wie folgt eingerichtet:

1. In der Einstellungen-App wählen Sie unter »Mail, Kontakte, Kalender« den Punkt »Account hinzufügen«.
2. Tippen Sie in der Liste der Accountanbieter auf »Andere« und wählen Sie dann auf der folgenden Seite »LDAP-Account hinzufügen«.
3. Im folgenden Dialog geben Sie die Server-URL ein und, falls nötig, einen Benutzernamen und ein Passwort.
4. Tippen Sie dann auf **Weiter**. Im nächsten Schritt können Sie die Verschlüsselung aktivieren und einen Suchbereich definieren.
5. Nachdem Sie die Einrichtung mit **Fertig** abgeschlossen haben, werden die Kontakte aus der abonnierten Kontaktdatenbank in der App Kontakte angezeigt.

Für jedes Kontaktabonnement eines LDAP-Servers wird in der Ansicht **Gruppen** ein neuer Bereich angelegt. Der Bereich erhält den Namen, den Sie beim Einrichten des Accounts unter »Beschreibung« eingetragen haben. LDAP-Kontakte werden nicht auf dem iPad mini gespeichert. Sie sind also nur sichtbar, wenn eine Verbindung zum Netzwerk besteht.

Soziale Netzwerke

Die Kontakte aus Facebook oder Twitter können ebenfalls mit der App Kontakte synchronisiert werden. Hierfür melden Sie in der Einstellungen-App auf der Seite »Twitter« bzw. »Facebook« Ihren Twitter-bzw. Facebook-Account an und aktivieren die Benutzung durch die die App Kontakte (»Soziale Netzwerke«, Seite 266).

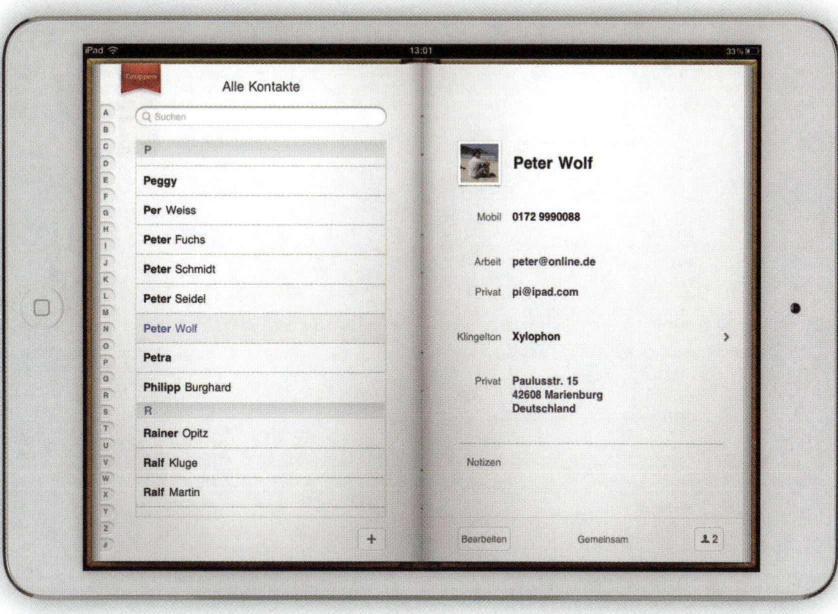

▲ Anzeige einer Adresse in der App Kontakte

Synchronisieren mit iCloud

Apples Dienst iCloud synchronisiert die lokale Adressdatenbank auf dem iPad mini mit anderen iOS-Geräten oder mit PCs unter Mac OS X oder Windows. Im Gegensatz zu den anderen Accounts erscheinen die Kontakte in der Gruppenansicht nicht als gesonderte Quelle. Die Einrichtung und die Besonderheiten werden in einem eigenen Kapitel beschrieben: »iCloud«, Seite 257.

Kontakte anzeigen

In der App Kontakte werden alle auf dem iPad mini verfügbaren Kontakte gemeinsam in einem einzigen Adressbuch angezeigt – egal aus welcher Quelle sie stammen.

Blättern in den Kontakten

Über die Adressenliste auf der linken Seite des Adressbuchs der App Kontakte können Sie in den auf Ihrem iPad mini verfügbaren Kontakten blättern. In dieser Adressenliste werden nur der Vor- und Nachname bzw. der Firmenname

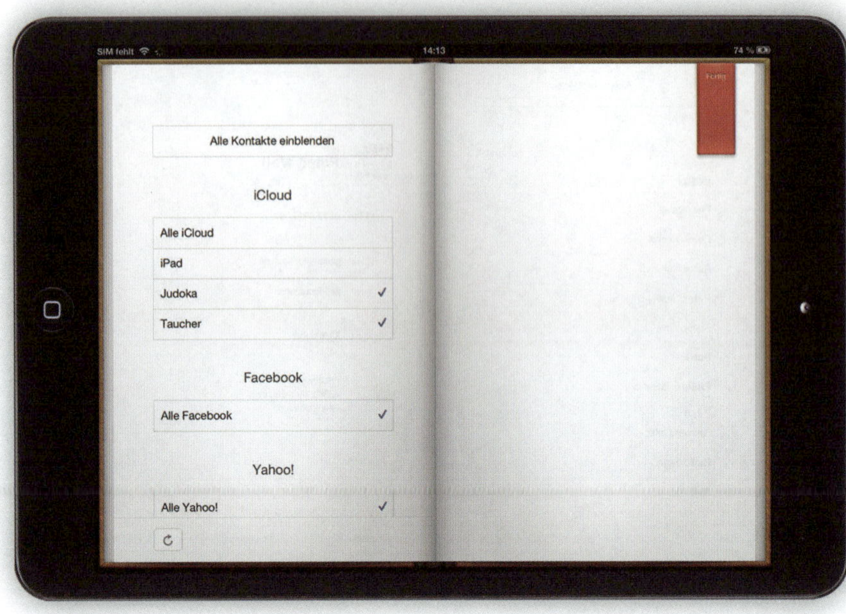

▲ Liste der Quellen und Gruppen

eines Kontakts angezeigt. Die Sortierung der Liste lässt sich in der Einstellungen-App auf der Seite »Mail, Kontakte, Kalender« unter »Kontakte« einstellen.

- Durch vertikales Wischen wird die Adressenliste nach unten und oben bewegt.
- Um direkt zu einem bestimmten Anfangsbuchstaben zu gelangen, tippen Sie in der ganz links angezeigten Alphabetleiste auf den gewünschten Buchstaben.
- Mit einem Tipp auf einen Eintrag in der Adressenliste auf der linken Seite des Adressbuchs werden auf der rechten Seite die zum Kontakt gehörenden Daten angezeigt. Der ausgewählte Eintrag erscheint in der Adressenliste blau hervorgehoben.

Gruppen oder Quellen auswählen

Die in der Adressdatenbank Ihres iPads verwalteten Adressen können aus unterschiedlichen Quellen stammen und in Gruppen sortiert sein. Dann können Sie sich in der Adressenliste auch nur die Adressen aus einer einzelnen Gruppe oder Quelle anzeigen lassen. Mit einem Tipp auf **Gruppen** (das rote

Lesezeichen) öffnet sich eine Ansicht, in der die Gruppen nach Quelle sortiert angezeigt werden. Die Adressen aus den hier aktivierten Gruppen und Quellen werden in der Adressliste angezeigt.

- Mit einem Tipp auf einen Eintrag wird die gewünschte Gruppe ausgewählt.
- Bei jeder Quelle finden Sie den Eintrag »Alle X«. Ist dieser Eintrag aktiviert, werden alle Kontakte der jeweiligen Quelle angezeigt, inklusive der Kontakte, die keiner Gruppe angehören.
- Sind mehrere Quellen vorhanden, erscheint oberhalb der ersten Quelle der Schalter »Alle Kontakte einblenden«. Dieser aktiviert alle Quellen und Gruppen. In der Adressenliste werden alle auf dem iPad mini verfügbaren Kontakte in alphabetischer Reihenfolge angezeigt, unabhängig davon, aus welcher Quelle sie stammen. Auf der linken Seite des Adressbuchs erscheint oberhalb der Adressenliste »Alle Kontakte« als Überschrift.

Ein Tipp auf **Fertig** (das Bändchen rechts oben) wechselt von der Gruppenliste wieder zurück zur Adressenliste.

Kontakte suchen

Wenn Sie nach einem Namen suchen wollen, geben Sie diesen einfach in das Suchfeld 🔍 ein. Sofort werden in der Liste alle Einträge aufgelistet, in deren Vor-, Nach- oder Firmenname ein Begriff mit der entsprechenden Buchstabenfolge beginnt. Auch eine Suche unter anderen Kriterien (beispielsweise die Suche nach der Person, zu der eine bestimmte Telefonnummer gehört oder alle Personen in einer Stadt) ist möglich.

Suche über den Home-Bildschirm

Auch mit der Suche im Home-Bildschirm werden Kontakte gefunden (📖 »Spotlight-Suche«, Seite 246).

Kontakte bearbeiten

Neuen Kontakt erstellen

Um in der App Kontakte einen neuen Kontakt zu erstellen, tippen Sie auf der linken Seite auf **+**. Eine neue Seite blättert sich auf, in die Sie die Daten für Ihren neuen Kontakt eintragen können.

▲ Kontaktdaten können aus dem E-Mail-Text übernommen werden.

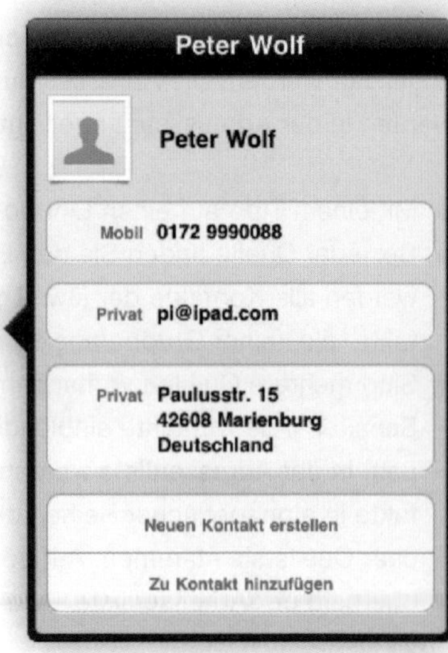

▶ Die Kontaktinformationen einer vCard werden in Mail in einem Popover angezeigt und können direkt in das Adressbuch eingefügt werden.

- Sobald Sie Daten in ein Feld eines bestimmten Datentyps eingetragen haben, erscheint darunter ein neues Feld, in das Sie einen Satz weiterer Daten des gleichen Datentyps eintragen können.
- Für die Eingabe einer Adresse tippen Sie auf »Neue Adresse hinzufügen«. Nach Eingabe der Daten in das Adressfeld erscheint darunter erneut der Punkt »Neue Adresse hinzufügen«, mit dem Sie eine weitere Adresse eingeben können.
- Den Feldnamen (Etikett) ändern Sie mit einem Tipp auf das Feld links. Hier lassen sich mit dem Punkt »Eigenes Etikett hinzufügen« auch zusätzliche Feldnamen definieren.
- Mit einem Tipp auf »Feld hinzufügen« können Sie noch weitere, vordefinierte Felder zum Kontakt hinzufügen.
- Wenn Sie auf das Feld »Foto hinzufügen« tippen, können Sie ein Bild für den Kontakteintrag aufnehmen oder aus der Foto-Mediathek auswählen (🕮 »Fotos«, Seite 175). Dieses Bild wird dann beispielsweise auch bei allen E-Mails angezeigt, die Sie von der betreffenden Person erhalten.

Geburtsdaten für den Geburtstagskalender

Das Feld »Geburtstag«, das über »Feld hinzufügen« aus der Liste der zusätzlichen vordefinierten Felder ausgewählt werden muss, bietet die Grundlage für den vom iOS automatisch angelegten Geburtstagskalender. Dieser zeigt für alle Personen, deren Geburtstag in die Kontaktdatenbank eingetragen ist, den Geburtstag als ganztägiges Ereignis.

Account für neue Kontakte bestimmen

In der Einstellungen-App können Sie bestimmen, in welche Kontaktdatenbank ein auf dem iPad mini neu erstellter Kontakt eingefügt wird. Falls mehrere Quellen vorhanden sind, erscheint auf der Seite »Mail, Kontakte, Kalender« unter »Kalender« der Punkt »Standardaccount«, mit dem Sie einen der Accounts auswählen können.

Neuen Kontakt aus einer E-Mail erstellen

In Mail erkennen die Data Detectors Textfragmente, die bestimmte Daten darstellen können und heben diese hervor. Mit einem Tipp auf eine so hervorgehobene Textstelle können Sie direkt in Mail einen neuen Kontakt erstellen. Auch aus vCards (.vcf), die Sie als E-Mail-Anhang erhalten haben, können Sie direkt in Mail einen neuen Kontrakt erstellen (📖 »Mail«, Seite 92).

Kontakte bearbeiten

Die auf dem iPad mini gespeicherten Kontaktinformationen lassen sich in der App Kontakte bearbeiten. Tippen Sie dafür unten auf der Seite mit den Kontaktdaten auf den Schalter **Bearbeiten**. Sie gelangen so in den Bearbeiten-Modus.

- Wie beim Erstellen eines neuen Kontakts haben Sie jetzt die Möglichkeit, weitere Felder mit Daten zu füllen.
- Zum Löschen eines einzelnen Feldes tippen Sie auf ⊖ und wählen »Löschen«.
- Einzelne Felder (außer dem Namen) können auch gelöscht werden, ohne dass in den Bearbeiten-Modus gewechselt wird. Wischen Sie dafür horizontal mit dem Finger über das Feld. Jetzt können Sie es mit dem Schalter **Löschen** löschen.

Kontakte ergänzen in Mail

Vorhandene Kontakte können um Daten ergänzt werden, die in einer E-Mail mit Hilfe der Data Detectors hervorgehoben wurden.

❶ Wenn Sie in einer E-Mail auf hervorgehobene Daten halten, öffnet sich ein Popover.

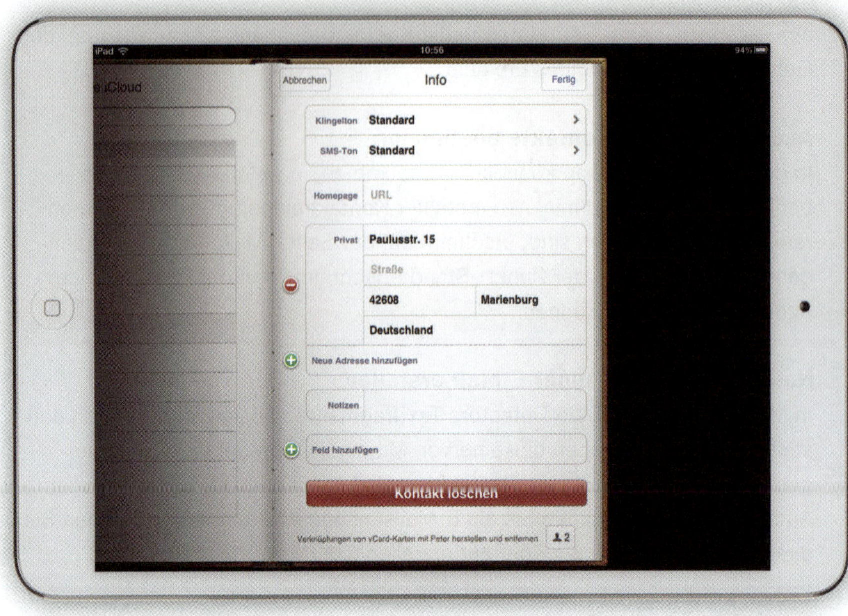

▲ Ein Kontakt wird bearbeitet.

❷ Wählen Sie hier »Zu Kontakten« und dann die Option »Zu Kontakt hinzufügen«.
❸ Es wird eine Liste der Kontakte in der Adressdatenbank des iPads eingeblendet.
❹ Sobald Sie in dieser Liste einen Kontakt auswählen, werden die Daten das Feld eingefügt, das zum Datentyp gehört.
❺ Die neu hinzugefügten Daten werden blau hervorgehoben und können direkt im Popover bearbeitet werden. Sollte das Programm nicht das richtige Feld gewählt haben, können Sie auch die Zuordnung ändern.

Auch die Daten aus vCard-E-Mailanhängen können direkt aus der App Mail zu einem Eintrag in der Adressdatenbank hinzugefügt werden. Hierbei werden alle zusätzlichen oder geänderten Kontaktinformationen in die vorgesehenen Felder eingefügt (📖 »Mail«, Seite 92).

Kontakt löschen

Im Bearbeiten-Modus findet sich unterhalb der Eingabefelder die Schaltfläche »Kontakt löschen«, mit der Sie den jeweiligen Kontakt aus der Adressdatenbank des iPads löschen können. Bei der nächsten Synchronisation wird er

dann auch aus der synchronisierten Kontaktdatenbank auf dem PC oder im Internet gelöscht.

Notizen zu Kontakt hinzufügen

Um eine Notiz zu einem Kontakt hinzuzufügen, brauchen Sie nicht in den Bearbeiten-Modus zu wechseln. Hierfür tippen Sie einfach unter der Linie in den Bereich »Notizen«.

Kontakte verknüpfen

Zusammengehörende Kontakte aus unterschiedlichen Quellen lassen sich in der App Kontakte miteinander verknüpfen. Unter bestimmten Voraussetzungen (beispielsweise ein lokaler Kontakt und ein Facebook-Kontakt gleichen Namens) werden Kontakte auch automatisch verknüpft. Auf diese Weise wird, wenn »Alle Kontakte« in der Ansicht »Gruppen« ausgewählt wurde, nur noch ein Kontakt in der Liste angezeigt, der die Daten aus mehreren Kontakteinträgen enthält.

1. Wählen Sie einen der zu verknüpfenden Kontakte aus und wechseln Sie mit einem Tipp auf **Bearbeiten** in den Bearbeiten-Modus. Die gemeinsame Karte wird mit dem Namen dieses Kontaktes versehen.
2. Tippen Sie auf **+**. Es öffnet sich ein Popover, in dem alle Kontakte angezeigt werden.
3. Wählen Sie aus der Liste den zweiten Kontakt aus, der verknüpft werden soll. Um bei langen Adresslisten die Suche zu vereinfachen, können Sie in das Suchfeld einen Suchbegriff eingeben oder sich mit **Gruppen** nur bestimmte Gruppen oder Quellen im Popover anzeigen lassen.
4. Die Kontaktinformationen des ausgewählten Kontakts werden im Popover angezeigt. Tippen Sie jetzt auf **Verknüpfen**.
5. Mit einem Tipp auf **X** können Sie weitere Verknüpfungen vornehmen oder die Verknüpfung bearbeiten. Dabei gibt X die Anzahl der miteinander verknüpften Kontakte an.

Kontaktverknüpfungen bearbeiten

Bei einem verknüpften Kontakt können Sie mit einem Tipp auf **X** ein Popover öffnen, in dem die verknüpften Kontakte und ihre Quelle bzw. die Gruppenzugehörigkeit angezeigt werden. Hier können Sie auch die Verknüpfungen ändern oder löschen.

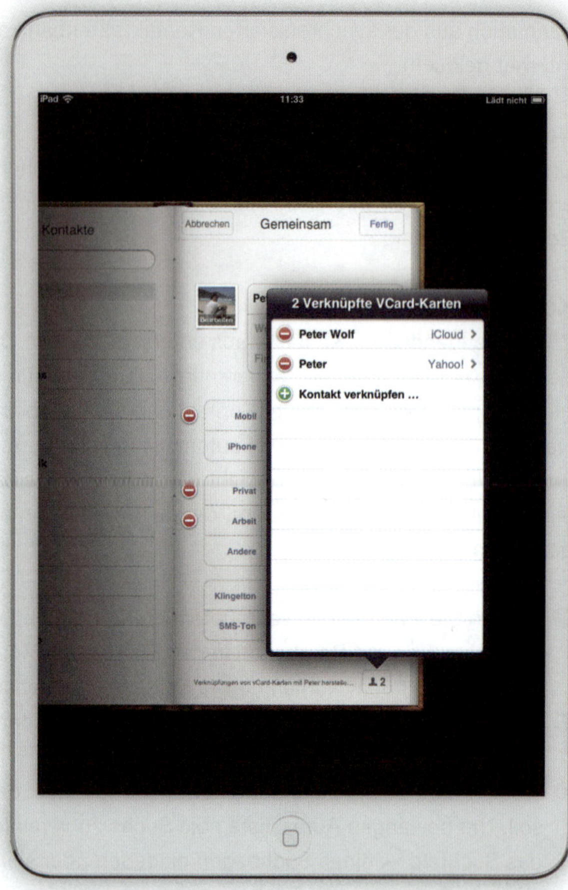

▶ Kontakte können miteinander verknüpft werden.

- Die Verknüpfung mit einem Kontakt löschen Sie, indem Sie in der Liste horizontal über den Eintrag wischen und dann **Trennen** tippen.
- Den Namen für die gemeinsame Karte, die unter »Alle Kontakte« angezeigt wird, ändern Sie, indem Sie zuerst auf den gewünschten Namen tippen und dann auf »Namen für gem. Karte benutzen«.

Gruppen für Kontakte bearbeiten

Die App Kontakte kann die Adressdaten auf dem iPad mini in Kontaktgruppen sortiert anzeigen. In der App Kontakte können zwar keine neuen Gruppen angelegt werden, es werden aber im App Store verschiedene Apps angeboten,

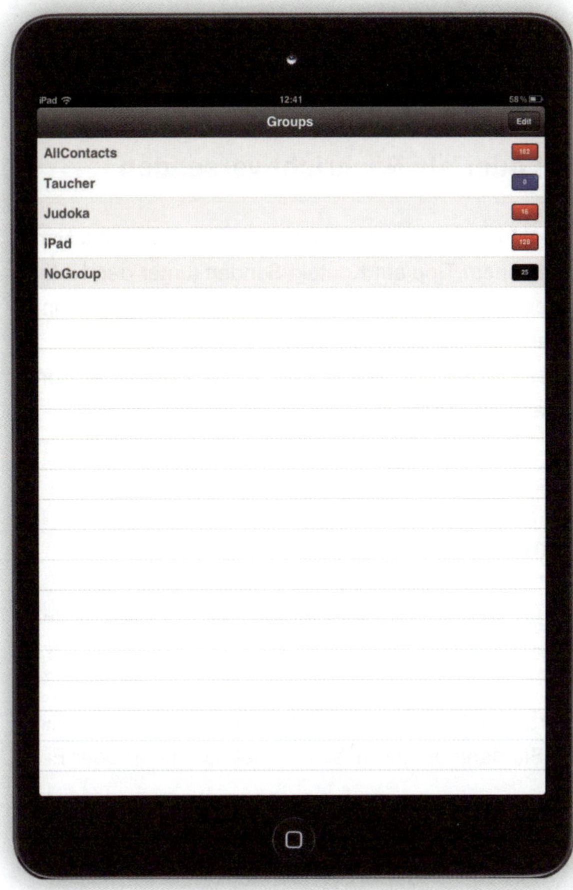

◄ Zum Bearbeiten der Kontakt-Gruppen auf dem iPad mini muss eine andere App verwendet werden (hier: »Grouping Lite«).

mit denen sich in der lokalen Adressdatenbank Gruppen anlegen und Kontakte in die Gruppen einsortieren lassen.

Auch auf einem PC erzeugte Gruppen und die Zuordnungen der Kontakte in diese Gruppen werden bei einer Synchronisation über iCloud oder über iTunes in die lokale Adressdatenbank des iPads übernommen.

Neuen Kontakt in eine Gruppe einfügen

Beim Anlegen eines neuen Kontakts in der App Kontakte können Sie den neuen Kontakt gezielt in eine Gruppe einfügen. Hierfür muss beim Erstellen des Kontakts eine einzelne Gruppe ausgewählt sein. Der neue Kontakt wird dann automatisch als Mitglied dieser Gruppe angelegt (🕮 »Gruppen oder Quellen auswählen«, Seite 116).

Kontakte per E-Mail oder als Nachricht versenden

Kontaktinformationen können aus der App Kontakte per E-Mail oder als Nachricht versendet werden. Mit einem Tipp auf **Kontakt Senden** (unter den Notizen) öffnet sich ein Popover, in dem Sie auswählen können, ob Sie den Kontakt per E-Mail oder als Nachricht verschicken wollen. Je nach gewählter Option öffnet sich ein neues E-Mail- oder Nachrichten-Blatt, in dem der Kontakt bereits als vCard-Anhang eingefügt ist (🕮 »Mail«, Seite 92; 🕮 »Nachrichten«, Seite 131).

FaceTime-Anrufe und Nachrichten

Aus der App Kontakte heraus können Sie die Personen direkt über FaceTime anrufen oder eine iMessage-Nachricht schicken.

- Für einen FaceTime-Anruf tippen Sie auf **FaceTime** (unter den Notizen). In einem Popover wählen Sie dann die gewünschte Telefonnummer oder E-Mail-Adresse aus.
- Wollen Sie der Person eine iMessage-Nachricht schicken, tippen Sie auf **Nachricht senden**. Auch hier wählen Sie eine Telefonnummer oder E-Mail-Adresse aus einem Popover aus.
- Für eingehende FaceTime-Anrufe und iMessage-Nachrichten lassen sich den einzelnen Kontakten unterschiedliche Klingeltöne bzw. SMS-Töne zuweisen. Nachdem für einen Kontakt einmal im Bearbeiten-Modus ein anderer Klingelton bzw. SMS-Ton als »Standard« ausgewählt wurde, können der Klingelton bzw. der SMS-Ton auch geändert werden, ohne den Bearbeiten-Modus aufzurufen (🕮 »FaceTime«, Seite 126; 🕮 »Nachrichten«, Seite 131).

Zugriff auf die Kontakte aus anderen Apps

Die in der Kontaktdatenbank des iPad mini gespeicherten Kontakte stehen jeder App zur Verfügung.

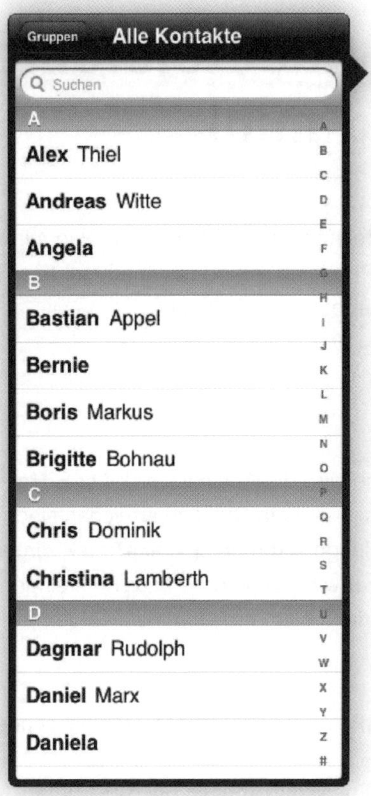

◀ Zugriff auf die Kontakte aus einer anderen App

- In vielen Apps kann auf die Kontakte lesend zugegriffen werden. In den Apps Mail oder Nachrichten beispielsweise lässt sich in einem Popover, das mit einem Tipp auf das ⊕ im Textfeld für die Eingabe der Adresse geöffnet wird, eine Adresse aus der Kontaktdatenbank auswählen. Im Popover kann genauso wie in der App Kontakte in den Kontakten geblättert und nach Namen gesucht werden. Mit einem Tipp auf **Gruppen** lässt sich auch eine Gruppe oder Quelle bestimmen, aus der die angezeigten Adressen stammen.
- In anderen Apps wie beispielsweise Alternativen zur App Kontakte aus dem App-Store kann aber auch schreibend zugegriffen werden.

FaceTime – Videotelefonie mit dem iPad mini

Mit FaceTime können Sie Videotelefonate zwischen Ihrem iPad mini und einem anderen iPad mini, einem iPhone oder iPod touch führen. FaceTime steht außerdem ab Mac OS X Snow Leopard zur Verfügung.

FaceTime einrichten

Für die Einrichtung von FaceTime wird die Apple ID mit einer E-Mail-Adresse verknüpft, unter der Sie auf dem jeweiligen Gerät zu erreichen sind. Die Einstellungen werden in der Einstellungen-App unter »FaceTime« vorgenommen. Wenn die FaceTime-App gestartet wird, ohne dass FaceTime eingerichtet ist, können die Einstellungen auch direkt hier vorgenommen werden (📖 »Apple-ID«, Seite 15).

❶ Geben Sie im ersten Schritt Ihre Apple-ID und das dazu passende Passwort ein.
❷ Falls Sie noch keine Apple-ID besitzen, können Sie diese unter »Neuen Account erstellen« einrichten.
❸ Tippen Sie auf »Anmelden« und geben Sie im nächsten Schritt die E-Mail-Adresse ein, unter der Sie für FaceTime-Anrufe zu erreichen sind.

Die Schalter in FaceTime	
	Anruf annehmen
	Anruf ablehnen
	Anruf beenden
	Mikrofon stumm schalten
	Kamera wechseln

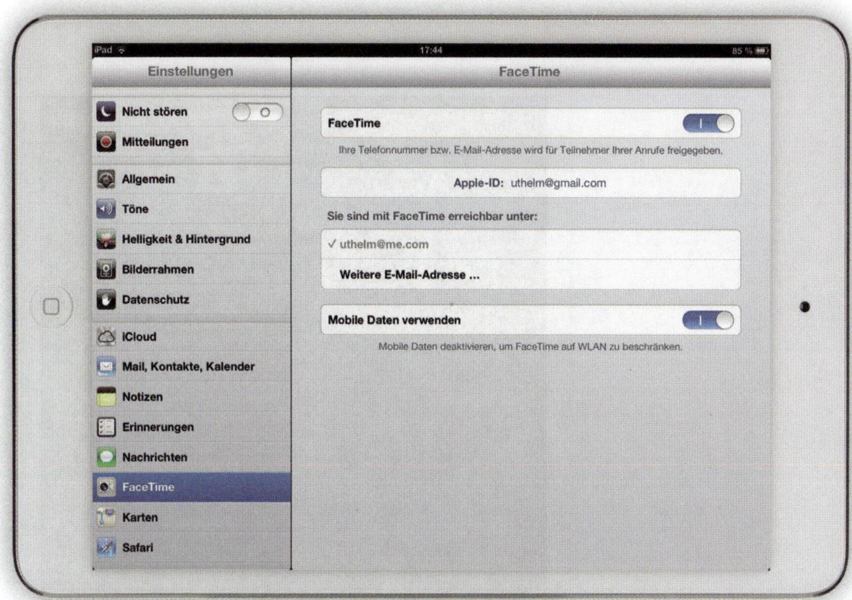

▲ Einstellungen für FaceTime

❹ Zum Verifizieren der E-Mail-Adresse sendet Apple eine E-Mail an diese Adresse. Die E-Mail enthält einen Link zu einer Internetseite, auf der Sie erneut Ihre Apple-ID und das Passwort eingeben.

❺ Nun können Sie über FaceTime telefonieren.

Mit FaceTime anrufen

Nach dem Start der FaceTime-App wird auf der rechten Seite eine Liste eingeblendet. Diese kann in drei Ansichten angezeigt werden.

In der Ansicht »Kontakte« wird die Adressdatenbank des iPads eingeblendet (🕮 »Kontakte«, Seite 112). Telefonnummern und E-Mail-Adressen, mit denen bereits FaceTime-Verbindungen aufgebaut wurden, erscheinen mit einem blauen ■◂ markiert.

❶ Wenn Sie auf einen der Kontakte tippen, werden die Details zu diesem Kontakt angezeigt.

❷ Die Verbindung wird mit einem Tipp auf eine der E-Mail-Adressen oder Telefonnummern aufgebaut.

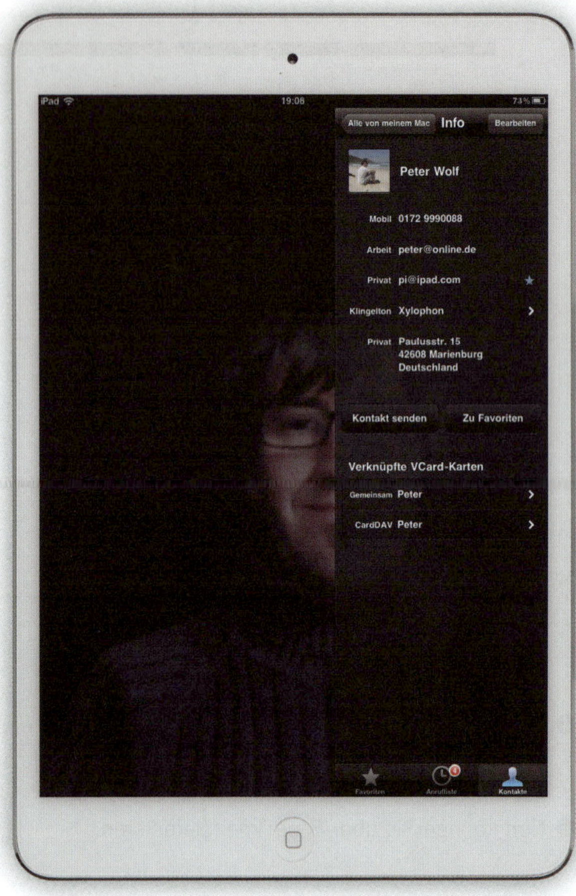

▶ Für den Verbindungsaufbau wird eine E-Mail-Adresse oder Telefonnummer aus dem Adressbuch ausgewählt.

Die Adressdatenbank kann direkt in der FaceTime-App bearbeitet werden. Ein anderes iPad mini, ein iPod-Touch und ein PC unter Mac OS X sind über die E-Mail-Adresse erreichbar, zu einem iPhone bauen Sie die Verbindung über die Mobilfunknummer auf. Das iPhone muss sich dabei aber in einem WLAN-Netzwerk befinden.

In der Ansicht »Favoriten« werden die in FaceTime oder in der App Kontakte erstellten Favoriten angezeigt. Favoriten können in der Ansicht »Kontakte« und in der Ansicht »Anrufe« (nachdem Sie die Anrufdetails aufgerufen haben) mit **Zu Favoriten** angelegt werden. In einem Popover wählen Sie dann die Telefonnummer oder E-Mail-Adresse aus, unter der der Kontakt über FaceTime

◂ In einem Popover können Sie eine E-Mail-Adresse oder eine Telefonnummer als Favorit festlegen.

zu erreichen ist. Favoriten können mit **Bearbeiten** wieder aus der Liste gelöscht oder in der Reihenfolge verschoben werden.

In der Ansicht »Anrufliste« wird eine Liste der Anrufe angezeigt. Bei der Auswahl **Alle** sind die verpassten Anrufe an der roten Farbe zu erkennen, unter **Verpasst** werden nur diese angezeigt. Wenn Sie auf ⊙ tippen, werden die Details des Kontaktes zusammen mit einer Statistik der bisher mit diesem Kontakt geführten Anrufe eingeblendet. Mit **Löschen** kann die Anrufliste gelöscht werden.

Eingehende Anrufe

Wenn Sie eine E-Mail-Adresse mit FaceTime verknüpft haben, können Sie auch über FaceTime angerufen werden. Ist der Anrufer in Kontakte angelegt, wird sein Vor- und Nachname eingeblendet, wie Sie ihn in die Adressdatenbank eingetragen haben. Bei noch nicht in der App Kontakte verwalteten Anrufern wird die für FaceTime verwendete E-Mail-Adresse bzw. die Telefonnummer eingeblendet.

- Die Verbindung bauen Sie auf, in dem Sie auf **Annehmen** tippen.
- Mit **Ablehnen** können Sie den Anrufer abweisen. Der Anrufer bekommt dann eine Meldung zu sehen, dass Sie für FaceTime nicht verfügbar sind.
- FaceTime-Anrufe können auch angenommen werden, wenn sich das iPad mini im Ruhezustand befindet. Zum Annehmen des Anrufs schieben Sie den Schalter »Annehmen«, der anstelle des Entsperr-Schiebers angezeigt wird, nach rechts. Den Anruf ablehnen können Sie, indem Sie die Sperr-Taste zweimal drücken.
- Haben Sie einen Anruf verpasst, wird dieser auf dem Sperrbildschirm gemeldet und im Symbol von FaceTime auf dem Home-Bildschirm angezeigt.

▲ Verpasste FaceTime-Anrufe werden auf dem Sperrbildschirm gemeldet.

Beim Telefonieren

Während des Telefonats bekommen Sie das Bild der Gegenstelle in Vollbild zu sehen. Ihr eigenes Bild wird in einer Ecke des Displays eingeblendet. Das Bild können Sie in eine der anderen Ecken des Bildschirms verschieben.

- Um den Anruf zu beenden, tippen Sie auf **Beenden**. Wenn die Gegenstelle den Anruf beendet, brauchen Sie nichts weiter zu tun.
- Mit schalten Sie das Mikrofon aus, sodass die Gegenstelle keinen Ton empfängt. Das Video wird jedoch weiter übertragen. Das eigene Bild wird abgeblendet und mit versehen.
- Mit können Sie zwischen der Frontkamera und der rückwärtigen Kamera wechseln.

Nachrichten – Textmitteilungen mit iMessage

Mit der App Nachrichten können Sie Textnachrichten über Apples Dienst iMessage an andere iOS-Geräte ab iOS 5 (und PCs unter OS X Mountain Lion) versenden. Neben Texten können die Nachrichten auch Fotos und Videos sowie Adressdaten enthalten. Die App Nachrichten wird auf dem iPhone auch für SMS und MMS verwendet. Diese Dienste können auf dem iPad mini jedoch nicht genutzt werden.

iMessage einrichten

Für die Einrichtung von iMessage wird die Apple ID mit einer E-Mail-Adresse verknüpft, unter der die Nachrichten verschickt und empfangen werden. Die Einstellungen dafür werden in der Einstellungen-App unter »Nachrichten« vorgenommen. Wenn die Nachrichten-App gestartet wird, ohne dass iMessage eingerichtet ist, können die Einstellungen auch direkt hier vorgenommen werden (📖 »Apple-ID«, Seite 15).

❶ Geben Sie im ersten Schritt Ihre Apple-ID und das dazu passende Passwort ein.
❷ Falls Sie noch keine Apple-ID besitzen, können Sie diese unter »Neuen Account erstellen« einrichten.
❸ Tippen Sie auf »Anmelden« und geben Sie im nächsten Schritt die E-Mail-Adresse ein, unter der die iMessage-Nachrichten empfangen und versendet werden sollen.
❹ Zum Verifizieren der E-Mail-Adresse sendet Apple eine E-Mail an diese Adresse. Die E-Mail enthält einen Link zu einer Internetseite, auf der Sie erneut Ihre Apple-ID und das Passwort eingeben.
❺ Nun können Sie über iMessage Nachrichten senden und empfangen.

Nachrichten lesen

In der Liste links werden die Nachrichten nach Empfänger sortiert angezeigt. Rechts sehen Sie die Konversation mit dem in der Liste links ausgewählten Empfänger. Die eigenen Nachrichten finden sich hier in den rechten Sprechblasen, die empfangenen Nachrichten in den linken Sprechblasen.

Konversationen, die mehrere Stunden auseinander liegen, werden voneinander getrennt. Oberhalb der einzelnen Abschnitte der Konversation werden Datum und Uhrzeit des Beginns des darunter liegenden Abschnitts der Konversation angezeigt.

Nachricht schreiben

1. Um eine Nachricht an einen neuen Empfänger zu schreiben, tippen Sie auf ☑. Wollen Sie eine Nachricht an einen Empfänger schreiben, mit dem Sie schon eine Konversation geführt haben, wählen Sie diesen in der Liste links aus.
2. Im Textfeld »An:« geben Sie eine Adresse ein. Es öffnet sich ein Popover, in dem die E-Mail-Adressen in der Adressdatenbank des iPads aufgelistet werden. Adressen, mit denen bereits über iMessage kommuniziert wurde, sind mit einer blauen 💬 markiert. Mit einem Tipp auf eine der Adressen können Sie diese auswählen. Andernfalls beenden Sie die Eingabe mit der Return-Taste. Die eingegebene Adresse wird sofort überprüft. Eine Adresse, mit der keine Nachrichten ausgetauscht werden können, weil sie bei iMessage nicht angemeldet ist, wird mit einem roten ! markiert.
3. Mit einem Tipp auf das ⊕ am rechten Ende der Eingabefeldes öffnen Sie ein Popover, in dem Sie eine Adresse aus der Adressdatenbank des iPads heraussuchen können (📖 »Kontakte«, Seite 112).
4. In das Textfeld unten geben Sie den Nachrichtentext ein. Mit der Return-Taste können Sie auch mehrzeilige Texte schreiben.
5. Wollen Sie ein Foto oder Video verschicken oder eine Aufnahme machen, tippen Sie auf 📷. In einem Popover können Sie entscheiden, ob Sie ein Foto oder Video aus der Foto-Mediathek auswählen oder neu aufnehmen wollen.
6. Mit einem Tipp auf **Senden** wird die Nachricht abgeschickt. Sie erscheint in der Konversation in einer neuen Sprechblase oben rechts.

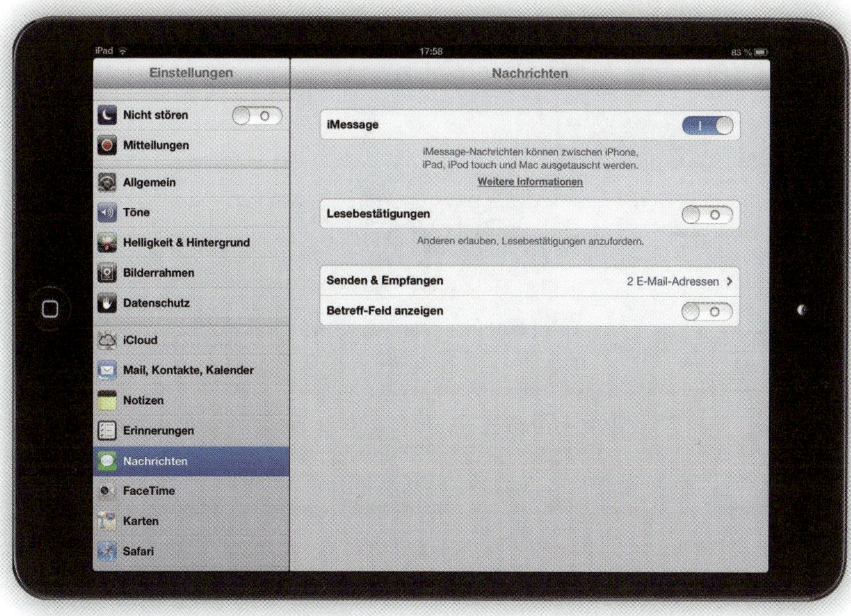

▲ Einstellungen für Nachrichten

Sobald die Nachricht vom Empfänger empfangen wurde, bestätigt iMessage den Empfang der Nachricht.

Betreffzeile

In der Einstellungen-App können Sie die Betreffzeile aktivieren. Diese wird in der Sprechblase durch eine Linie getrennt über dem Nachrichtentext angezeigt.

Texte aus Nachrichten verwenden

Die Texte aus Nachrichten können direkt in den Sprechblasen markiert und mit »Kopieren« in die Zwischenablage kopiert werden. Wenn Sie die Texte einer oder mehrerer Nachrichten für eine neue Nachricht verwenden wollen, tippen Sie auf und markieren die gewünschten Nachrichten in der Liste. Tippen Sie dann auf **Weiterleiten (X)**. Der Text aus den markierten Nachrichten wird in das Textfeld einer neuen Nachricht eingefügt. Sie brauchen nur noch den Empfänger einzugeben.

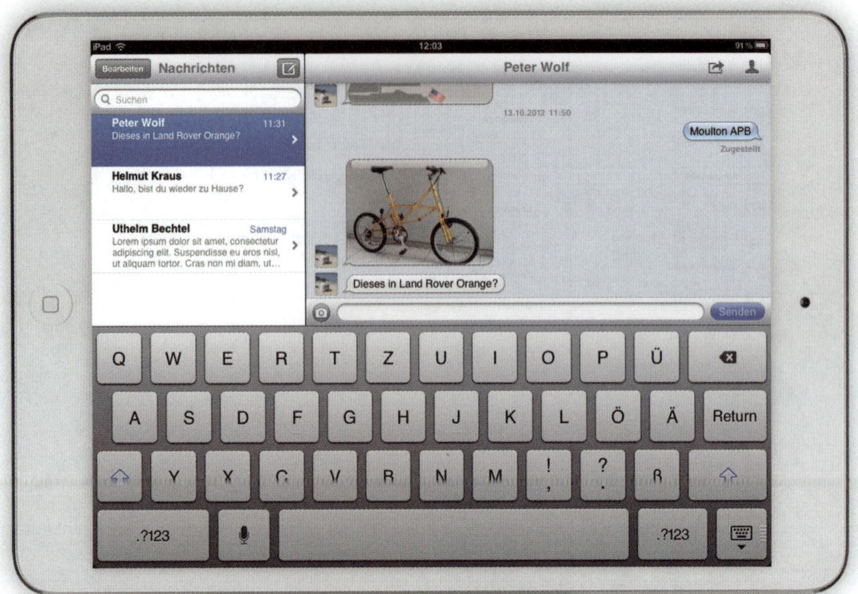

▲ Konversation mit einem Empfänger in der App Nachrichten

Nachrichten löschen

In der App Nachrichten können Sie einzelne Nachrichten oder alle Nachrichten eines Empfängers gemeinsam löschen.

- Um einzelne Nachrichten zu löschen, tippen Sie auf ↗ und markieren die einzelnen Nachrichten in der Liste. Tippen Sie auf **Löschen (X)**. Mit **Abbrechen** verlassen Sie den Bearbeiten-Modus, ohne dass Nachrichten gelöscht werden.
- Wenn Sie alle Nachrichten eines Empfängers löschen wollen, wischen Sie mit dem Finger horizontal über den Eintrag in der Liste links und tippen dann **Löschen**. Alternativ tippen Sie auf **Bearbeiten**, aktivieren mit einem Tipp auf ⊖ den Eintrag des gewünschten Empfängers in der Liste und tippen dann **Löschen**. Mit **Fertig** verlassen Sie den Bearbeiten-Modus.

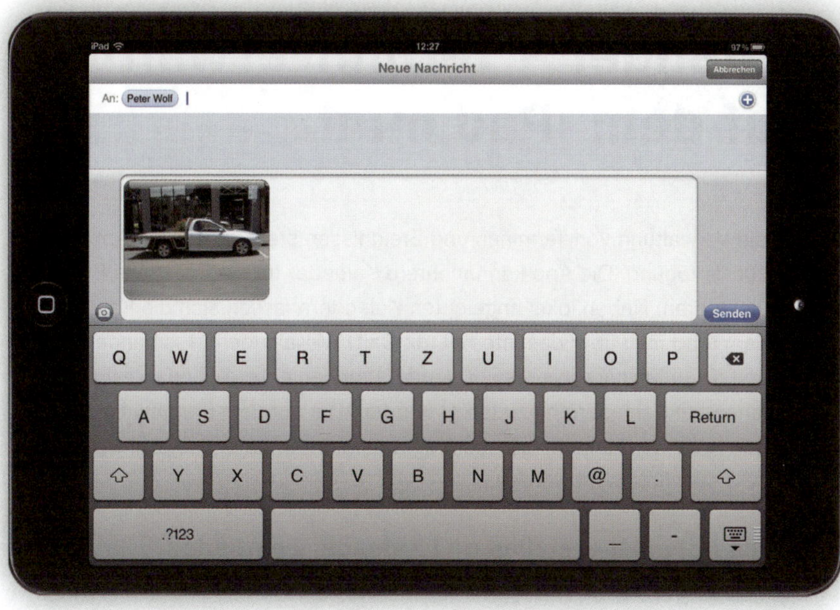

▲ In der App Fotos wird ein Foto als Nachricht verschickt.

Kontakte, Bilder und Videos als Nachricht verschicken

Kontaktdaten und Bilder können direkt aus den Apps Kontakte bzw. Fotos verschickt werden.

- In der App Kontakte wählen Sie den entsprechenden Kontakt aus und tippen auf **Kontakt senden**. Im Popover wählen Sie den Eintrag »Nachricht«.
- In der App Fotos wählen Sie bei einem geöffneten Foto oder Video im Popover den Befehl »Nachricht«. Um mehrere Bilder auf einmal zu verschicken tippen, Sie zuerst auf , markieren die gewünschten Bilder und tippen dann auf **Senden**. Im Popover wählen Sie ›Nachricht«.

Es öffnet sich ein Blatt, in dem Sie direkt in der jeweiligen App den Empfänger und den Nachrichtentext eingeben können.

Kalender – Terminverwaltung auf dem iPad mini

Für die Verwaltung von Terminen und Ereignissen steht im iOS die App Kalender zur Verfügung. Die App kann mehrere Kalender für verschiedene Bereiche parallel führen. Neben lokal angelegten Kalendern lassen sich die Kalender auf dem iPad mini über das Internet mit CalDAV-Kalendern, Exchange-Servern und mit iCloud synchronisieren. Kalenderabonnements können direkt zu den bestehenden Kalendern hinzugefügt werden. Die auf dem iPad mini gespeicherten Kalender können außerdem mit bestimmten Kalenderprogrammen auf dem PC synchronisiert werden.

Neuen Kalender erstellen und Kalender bearbeiten

Kalender können direkt auf dem iPad mini erstellt werden. Außerdem lassen sich der Name und die Farbe vorhandener Kalender ändern.

- Zum Erstellen eines neuen Kalenders tippen Sie im Popover **Kalender** links in der oberen Leiste auf **Bearbeiten** und wählen in der Liste der lokalen Kalender (je nach Art der Synchronisation unter »Auf meinem iPad mini«, »iCloud« oder »Von meinem Mac«) den Punkt »Hinzufügen«. In einem Textfeld können Sie dem neuen Kalender einen Namen geben und in der Liste darunter eine Farbe für den Kalender auswählen. Mit **Fertig** verlassen Sie den Bearbeiten-Modus.
- Wenn Sie den Namen oder die Farbe eines vorhandenen Kalenders ändern oder einen Kalender löschen wollen, tippen Sie bei dem gewünschten Kalender in der Liste rechts auf ⊙. Jetzt können Sie dem Kalender einen neuen Namen geben oder eine andere Farbe zuteilen oder den Kalender löschen.
- iCloud-Kalender können können außerdem für einzelne Personen oder jedermann freigegeben werden (📖 »Kalender freigeben«, Seite 147)

Die Schalter in Kalender	
+	**Neues Ereignis anlegen**

▲ Abonnieren eines Kalenders in Safari

Kalender abonnieren

Mit dem iPad mini können Sie zusätzlich online bereitgestellte Kalender im Format iCalendar (.ics) abonnieren. Gehen Sie wie folgt vor, wenn Sie einen Kalender auf Ihrem iPad mini abonnieren wollen.

1. Wählen Sie zuerst in der Einstellungen-App unter »Mail, Kontakte, Kalender« den Punkt »Account hinzufügen«.
2. Tippen Sie auf »Andere« und wählen Sie dann in der folgenden Seite »Kalenderabo hinzufügen«.
3. Hier geben Sie die URL des Kalenders ein und tippen dann auf **Weiter**.
4. Im nächsten Schritt können Sie, falls nötig, einen Benutzernamen und Passwort eingeben und noch weitere Einstellungen vornehmen.
5. Unter »Beschreibung« geben Sie einen Namen ein, unter dem der Kalender auf Ihrem iPad mini erscheinen soll.
6. Wenn Sie die Einrichtung mit **Fertig** abgeschlossen haben, werden die Ereignisse des abonnierten Kalenders in der App Kalender angezeigt.

▲ Einrichten eines CalDAV-Accounts

Kalenderabo aus E-Mail oder Webseite
Kalenderabonnements können Sie außerdem direkt aus Mail oder Safari anlegen. Ein Tipp auf eine empfangene Kalenderabo-Datei (.ics) oder einen Link zu einem Kalenderabonnement öffnet ein Popover, mit dem Sie den Kalender hinzufügen können.

In der Einstellungen-App finden Sie den Kalender dann unter »Kalenderabonnements«. Dort können Sie, wenn nötig, im Feld »Beschreibung« den Namen des Kalenders ändern.

Kalender synchronisieren

Synchronisieren mit CalDAV-Kalendern

Die Kalender-App auf dem iPad mini kann online mit Kalendern synchronisiert werden, die auf einem CalDAV-Server gespeichert sind.

❶ In der Einstellungen-App wählen Sie dafür unter »Mail, Kontakte, Kalender« den Punkt »Account hinzufügen«.

❷ Tippen Sie auf »Andere« und wählen Sie dann in der folgenden Seite »CalDAV-Account hinzufügen«.

❸ Hier geben Sie die URL des Kalenders sowie Ihren Benutzernamen und das Kennwort ein. Geben Sie unter »Beschreibung« einen beliebigen Namen ein. Dieser erscheint später in der Liste der Kalender als Quelle für die über diesen Account synchronisierten Kalender. Tippen Sie dann auf **Weiter**.

❹ Falls nötig, können Sie unter »Erweiterte Einstellungen« zusätzliche Einstellungen vornehmen, beispielsweise die Adresse für einen bestimmten Kalender auf dem Server eingeben.

❺ Wenn Sie die Einrichtung mit **Fertig** abgeschlossen haben, werden die Ereignisse des CalDAV-Kalenders in Kalender angezeigt.

Ereignisse aus einem CalDAV-Kalender können editiert werden. Es lassen sich neue Ereignisse anlegen oder Ereignisse in den Kalender verschieben.

Google, Yahoo!, Exchange ActiveSync

Die Online-Kalender von Google, Yahoo! oder von Exchange-basierten Diensten werden zusammen mit dem E-Mail-Account eingerichtet.

Beim Einrichten des Accounts in der Einstellungen-App kann bestimmt werden, dass neben den E-Mails auch die Kalender mit dem iPad mini synchronisiert werden. Über die Einrichtung der Accounts in der Einstellungen-App lesen Sie im Kapitel 🕮 »Mail«, Seite 92.

Ereignisse aus diesem Kalender werden zusammen mit den Ereignissen aus anderen Kalendern angezeigt. Neu im Google- oder Yahoo!-Kalender angelegte Termine erscheinen automatisch auch im Webinterface (🕮 »Ein neues Ereignis erstellen«, Seite 143).

Bei Google kann unter der Adresse <https://www.google.com/calendar/iphoneselect> bestimmt werden, welche Kalender auf dem iPad mini angezeigt werden sollen. Bei einem Exchange-Account wird nur der Hauptkalender synchronisiert.

Soziale Netzwerke

Ereignisse und Geburtstage aus Facebook können ebenfalls mit der App Kalender synchronisiert werden. Hierfür melden Sie in der Einstellungen-App auf der Seite »Facebook« Ihren Facebook-Account an und aktivieren die Benutzung durch die die App Kalender (🕮 »Soziale Netzwerke«, Seite 266).

iCloud

Apples Dienst iCloud synchronisiert die lokalen Kalender auf dem iPad mini mit anderen iOS-Geräten oder mit PCs unter Mac OS X oder Windows. Die Einrichtung und die Besonderheiten werden in einem extra Kapitel beschrieben (🕮 »iCloud«, Seite 257).

Zeitzonen

In der Einstellungen-App kann auf der Seite »Mail, Kontakte, Kalender« der Zeitzonen-Support eingeschaltet werden. Damit werden die Zeiten so umgerechnet, dass die Uhrzeit eines Termins in der ausgewählten Zeitzone angegeben wird. Die Zeitzone, die ein Online-Kalender verwendet, stellen Sie im Webinterface des Anbieters ein.

Ereignisse anzeigen

In der App Kalender können die in den Kalendern angelegten Ereignisse bzw. Termine in den Ansichten **Tag**, **Woche**, **Monat**, **Jahr** oder **Liste** angezeigt werden. Ein Tipp auf ein Ereignis öffnet ein Popover, mit dem weitere Details des Ereignisses angezeigt werden. Handelt es sich dabei um ein Ereignis in einem Kalender, der editiert werden kann, können Sie diese Details hier auch bearbeiten.

Die Zeitleiste in der unteren Werkzeugleiste zeigt je nach gewählter Ansicht Tage, Wochen, Monate oder Jahre. In der Zeitleiste wird die aktuell ausgewählte Einheit Tag/Woche/Monat/Jahr mit einem weißen Rechteck markiert. Über die Zeitleiste können Sie wie folgt zwischen den Tagen, Wochen, Monaten bzw. Jahren wechseln.

- Tippen Sie für die Anzeige eines bestimmten Datums oder Datumsbereichs auf die gewünschte Einheit Tag/Woche/Monat/Jahr. Ein Tipp auf ◀ oder ▶ am Anfang bzw. Ende der Zeitleiste verschiebt die Position des weißen Rechtecks um jeweils einen Tag, eine Woche, einen Monat bzw. ein Jahr.
- Mit dem Eintrag ganz links und ganz rechts in der Tages- bzw. Monatsansicht verschieben Sie die gesamte Zeitleiste um einen Monat bzw. ein Jahr.
- Wenn Sie auf die Zeitleiste zeigen und dann den Finger über die Zeitleiste hinaus nach rechts bzw. links bewegen, werden die Tage, Wochen bzw. Monate weitergezählt, bis Sie den Finger vom Bildschirm entfernen. Dabei nimmt die Geschwindigkeit zu, je weiter Sie sich vom Anfang oder Ende der Zeitleiste entfernen.

▲ Kalender in der Tagesansicht

- In der Tagesansicht wechselt ein Tipp auf einen Tag in der links oben eingeblendeten Monatsübersicht zu einem anderen Tag im aktuellen Monat.
- In der Jahresansicht öffnen Sie mit einem Tipp auf einen Monatsnamen die Monatsansicht des ausgewählten Monats und mit einem Tipp auf eine Tageszahl die Tagesansicht des entsprechenden Tages.

Heute

Mit einem Tipp auf die Schaltfläche **Heute** links in der unteren Werkzeugleiste wechseln Sie zum heutigen Tag.

Der aktuelle Tag wird im Kalender hervorgehoben: In der Monatsansicht findet sich ein Eintrag »Heute«. In der Wochenansicht und in der Monatsübersicht der Tagesansicht ist der aktuelle Tag mit blauer Schrift hervorgehoben, in der Tages- und Listenansicht ist er in der Zeitleiste unten hell unterlegt.

In der Tages, Wochen- und Listenansicht wird außerdem die aktuelle Uhrzeit mit einem roten Marker und einer Linie markiert.

▲ In der Monatsansicht zeigt Kalender keine Details.

Kalender ein- und ausblenden

Mit einem Tipp auf die Schaltfläche **Kalender** wird ein Popover geöffnet, in dem alle verfügbaren Kalender angezeigt werden. Dabei sind die Kalender nach Quellen sortiert aufgelistet. Die geöffneten Kalender sind mit einem Häkchen versehen. Ein Tipp auf einen der Kalender in der Liste blendet die Ereignisse aus diesem Kalender aus bzw. ein.

Geburtstage

Geburtstage erscheinen in einem eigenen Kalender, der unter der Quelle »Andere« aufgelistet ist. In den Kalender »Geburtstage« können allerdings keine Geburtstage eingetragen werden. Der Kalender wird vom iOS automatisch aus den in den Kontakten angegebenen Geburtsdaten generiert (📖 »Kontakte«, Seite 112).

Ereignisse/Termine suchen

Wenn Sie ein Ereignis suchen wollen, geben Sie einen Begriff in das Suchfeld 🔍 oben rechts ein. In einem Popover werden dann alle Ereignisse aufgelistet, die den gewünschten Suchbegriff als Namen, Ort oder Notiz enthalten. Auch nach Terminen mit bestimmten Teilnehmern kann so gesucht werden.

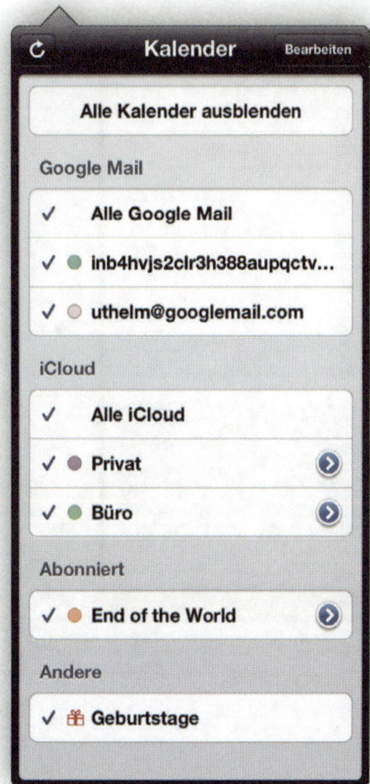

◄ Die Ereignisse der unterschiedlichen Kalender können ein- und ausgeblendet werden.

Suche im Home-Bildschirm

Auch mit der Suche im Home-Bildschirm werden Ereignisse gefunden (📖 »Spotlight-Suche«, Seite 246).

Ereignisse bearbeiten

Ein neues Ereignis erstellen

Um ein neues Ereignis zu erstellen, tippen Sie auf das **+** unten rechts.

- In den Feldern im Popover können Sie dem Ereignis Titel geben und einen Ort bestimmen.
- Den Anfangs- und Endzeitpunkt wählen Sie mit einer Datumswalze. Alternativ kann das Ereignis als ganztägig eingestellt werden. Außerdem wird hier die Zeitzone bestimmt.

▲ Hier wird ein Ereignis in der Listenansicht im Popover bearbeitet.

- Für regelmäßige Ereignisse lässt sich im Feld »Wiederholen« ein Intervall bestimmen, in dem das Ereignis wiederholt wird.
- Im Feld »Erinnerung« können Sie einen Zeitpunkt bestimmen, an dem das iPad mini Sie an das Ereignis erinnern soll. Wenn Sie eine Erinnerung eingestellt haben, erscheint ein weiteres Feld, in dem Sie eine zweite Erinnerung einstellen können.
- Für einen iCloud-Kalender können Sie unter »Teilnehmer« das Ereignis anderen Personen mitteilen. Die Kontakte, die Sie hier aus Ihrer Adressdatenbank auswählen, werden per E-Mail benachrichtigt und können so die Teilnahme bestätigen oder ablehnen und das Ereignis in die eigenen Kalender übernehmen.
- Im Feld »Kalender« wählen Sie den Kalender aus, in dem das Ereignis erscheinen soll.
- Zuguterletzt können Sie dem Ereignis eine Notiz beifügen.

Kalender für neue Ereignisse bestimmen

In der Einstellungen-App können Sie auf der Seite »Mail, Kontakte, Kalender« unter »Standardkalender« bestimmen, welcher Kalender vorausgewählt ist, wenn Sie auf dem iPad mini ein neues Ereignis erstellen.

▲ Datum und Uhrzeit werden mit der »Slot Machine« ausgewählt.

▲ Die Daten eines iCalendar-Dateianhangs (.ics) können aus Mail direkt in den Kalender eingefügt werden.

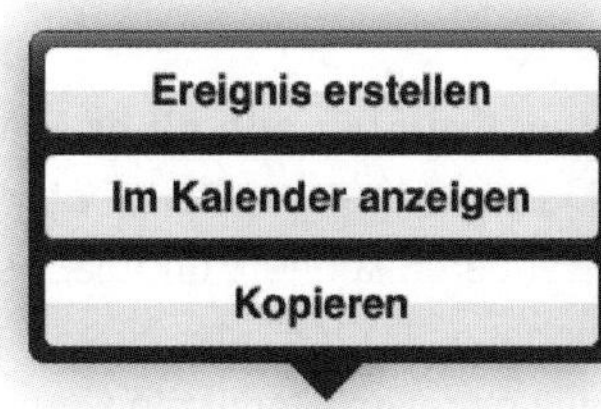

▲ In Mail können Sie aus einem Text ein Ereignis erstellen.

Erinnerung

Zum für eine Erinnerung eingestellten Zeitpunkt piept das iPad mini dezent und zeigt einen Dialog. Das iPad mini erinnert Sie auch an Ereignisse, wenn es sich im Ruhezustand befindet. Sie können sich dann mit dem Schieber »Anzeigen«, der anstelle der Entriegelung erscheint, das Ereignis direkt in Kalender anzeigen lassen.

Der Ton für den Kalenderhinweis kann in der Einstellungen-App auf der Seite »Allgemein« unter »Töne« eingestellt werden.

▲ Auch im Ruhezustand erinnert das iPad mini an Termine.

Neues Ereignis aus einer E-Mail erstellen

In Mail erkennen die Data Detectors Textfragmente, die bestimmte Daten repräsentieren können, und heben diese hervor. Mit einem Tipp auf ein hervorgehobenes Datum oder eine Uhrzeit können Sie direkt in Mail ein neues Ereignis erstellen. Damit ein Datum in einer E-Mail hervorgehoben wird, muss es die Jahreszahl oder den Monatsnamen enthalten und in der Zukunft liegen. Daten in Textform, wie beispielsweise »nächsten Dienstag um 10 Uhr« oder »morgen früh«, werden ebenfalls hervorgehoben. Auch aus Kalenderdateien (.ics), die als E-Mail-Anhang versendet wurden, können Sie direkt in Mail ein neues Ereignis erstellen (📖 »Mail«, Seite 92).

Ereignis bearbeiten oder löschen

Ein Tipp auf ein Ereignis öffnet ein Popover, mit dem alle Informationen zum Ereignis angezeigt werden. Hier kann das Ereignis auch bearbeitet werden. Es stehen dieselben Einstellungsmöglichkeiten zur Verfügung, wie beim Erstellen eines neuen Ereignisse. Hier können Sie das Ereignis auch löschen. Wenn Sie auf das Ereignis halten, können Sie es direkt verändern.

- In der Wochen- und Monatsansicht lässt sich das Ereignis direkt von einem auf einen anderen Tag verschieben.
- In der Tagesansicht kann das Ereignis durch Ziehen an den Bildschirmrand auf den jeweils nächsten Tag verschoben werden.
- In der Tages- und Listenansicht können Sie das Ereignis außerdem innerhalb des Tages verschieben und mit den Knoten verlängern oder verkürzen.

Kalender freigeben

iCloud-Kalender können in iOS 6 für andere Personen freigegeben werden. Tippen Sie dazu in der Liste der Kalender das Symbol ⓘ des freizugebenden Kalenders an.

- Wenn Sie den Kalender für Personen freigeben wollen, die einen iCloud-Account besitzen, wählen Sie diese Personen mit einem Tipp auf »Person hinzufügen« aus der Adressdatenbank des iPads aus.
- Die Personen erhalten eine E-Mail, mit der sie dem Kalender beitreten können. Der Kalender wird dann in den iCloud-Accounts der Empfänger zu den anderen Kalendern hinzugefügt.
- Mit dem Schalter »Bearbeitung zulassen« können Sie bestimmen, ob der Teilnehmer Änderungen an dem Kalender vornehmen darf.
- Besitzt die Person, der Sie den Kalender freigeben wollen, keinen iCloud-Account wählen Sie den Punkt »Öffentlicher Kalender«.
- Mit einem Tipp auf »Link freigeben« schicken Sie dem gewünschten Teilnehmer eine E-Mail oder Nachricht mit angehängter ics-Datei oder können den Link zum Kalender kopieren, um ihn z.B. in eine Webseite einzufügen (🕮 »Kalenderabo aus E-Mail oder Webseite«, Seite 138).

Erinnerungen – Aufgaben-listen auf dem iPad mini

In der App Erinnerungen können Sie Listen mit Aufgaben erstellen. Dabei sind Aufgaben ohne Zeitangabe möglich und Aufgaben, die an einen bestimmten Termin erinnern (Erinnerungen).

Die Termine für Aufgaben sind unabhängig von den Terminen im Kalender. In der App Erinnerungen eingetragene Termine erscheinen also nicht in der App Kalender.

Aufgabenlisten

Die Aufgaben können in mehrere Listen sortiert werden, die in der App Erinnerungen auf der linken Seite aufgelistet werden. Dabei ist eine lokale Liste »Erinnerungen« vorgegeben. In diese können (wie in jede andere Liste auch) Aufgaben mit und ohne Termin einsortiert werden.

Außerdem werden in diesem Bereich Aufgabenlisten diverser Kalender-Accounts angezeigt, beispielsweise Aufgaben aus dem Yahoo!-Kalender (siehe 🕮 »Kalender synchronisieren«, Seite 138.)

Für diese Listen kann in der Einstellungen-App auf der Seite »Erinnerungen« bestimmt werden, bis zu welchem zurückliegenden Zeitpunkt die Erinnerungen mit dem iPad mini synchronisiert werden.

Aufgabenlisten bearbeiten

Wenn Sie auf **Bearbeiten** tippen, lassen sich die Listen für die Aufgaben ändern oder löschen.

Die Schalter in Erinnerungen	
+	Neue Aufgabe oder Erinnerung
☐	Aufgabe als erledigt markieren

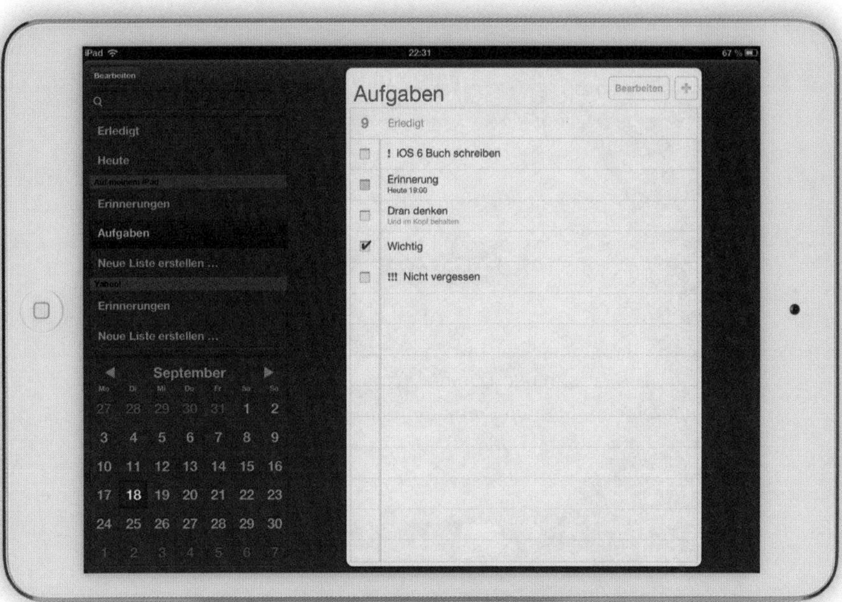

▲ Eine Aufgabenliste

- Am Griff ≡ können die Listen in der Reihenfolge vertauscht werden.
- Mit einem Tipp auf ⊖ und **Löschen** wird die Liste gelöscht.
- Zum Umbenennen tippen Sie auf den Namen der Liste, um den Textcursor zu setzen, und editieren den Text.
- Mit einem Tipp in den Eintrag »Neue Liste erstellen« können Sie eine Liste erstellen.
- Mit **Fertig** beenden Sie den Bearbeiten-Modus.

Anzeige nach Datum

Mit dem Kalenderblatt unterhalb der Listen können Sie die Aufgaben für die verschiedenen Tage aufrufen.

- Der heutige Tag ist markiert. Tippen Sie auf diesen oder auf »Heute« in der Liste der Erinnerungslisten, werden nicht nur die Aufgaben für heute, sondern zusätzlich alle noch nicht erledigten Aufgaben mit Termin aus der Vergangenheit angezeigt.

Mit einem Tipp auf ein Datum vor dem heutigen Tag wird die Liste der erledigten Aufgaben angezeigt (🕮 »Erledigte Aufgaben«, Seite 151).

▲ Das iPad mini erinnert an eine zu einem vorgegebenen Zeitpunkt terminierte Aufgabe.

Aufgaben erstellen

❶ Zum Erstellen einer Aufgabe tippen Sie oben rechts das **+**, oder tippen Sie auf die erste freie Zeile in der Liste rechts.

❷ Sobald Sie die Taste »Return« tippen oder die Eingabe beenden, indem Sie die Tastatur ausblenden, wird eine Aufgabe erstellt. Mit der Return-Taste können Sie direkt eine weitere Aufgabe erstellen.

Aufgabe für einen bestimmten Tag erstellen

❶ Wählen Sie den gewünschten Tag im Kalender aus.

❷ Erstellen Sie eine Aufgabe, indem Sie rechts das **+** antippen und dann einen Aufgabentext eingeben.

❸ Sobald Sie die Return-Taste tippen oder die Tastatur ausblenden, wird eine Aufgabe mit aktivierter Erinnerung für 9:00 Uhr am gewählten Tag erstellt.

❹ Um die Uhrzeit zu ändern, müssen Sie die Aufgabe wie weiter hinten beschrieben bearbeiten.

In der Einstellungen-App kann auf der Seite »Erinnerungen« die Liste bestimmt werden, in die die auf diese Weise erzeugte Erinnerung eingefügt wird. Sie lässt sich manuell in eine andere Liste verschieben.

Aufgaben bearbeiten oder löschen

Wenn Sie auf **Bearbeiten** über den Aufgaben tippen, können Sie die Aufgaben mit ≡ in der Reihenfolge verschieben. Mit einem Tipp auf ⊖ und dann **Löschen** kann eine Aufgabe gelöscht werden. Eine Aufgabe kann aber auch gelöscht werden, ohne in den Bearbeiten-Modus zu wechseln. Wischen Sie hierfür über die Aufgabe und tippen Sie **Löschen**.

Wollen Sie Änderungen an einer Aufgabe vornehmen, tippen Sie auf die Aufgabe. Es öffnet sich ein Popover, in dem Sie Einstellungen für die Aufgabe vornehmen können.

- Wollen Sie einer Aufgabe nachträglich einen bestimmten Zeitpunkt zuteilen oder den eingestellten Zeitpunkt ändern, wählen Sie den Punkt »Erinnerung« und schalten die Option »Tagesabhängige Erinnerung« ein. Mit einem Tipp auf das darunter eingeblendete Datum können Sie das Datum und die Uhrzeit ändern.
- Mit einem Tipp auf »Mehr anzeigen ...« werden weitere Optionen eingeblendet. Hier können Sie den Aufgaben eine Priorität zuweisen oder eine Notiz hinzufügen.
- Zum Löschen einer Aufgabe tippen Sie auf »Löschen«.
- Mit **Fertig** werden die Änderungen übernommen. Um den Bearbeiten-Modus zu verlassen, ohne Änderungen vorzunehmen, tippen Sie auf **Abbrechen.**

Erledigte Aufgaben

Wenn Sie eine Aufgabe erledigt haben oder sich eine Erinnerung erledigt hat, tippen Sie auf das ☐ links vom Eintrag in der Liste. Die Aufgabe oder Erinnerung wird mit einem ✓ markiert und verschwindet dann aus der Liste.

- Erledigte Aufgaben können Sie in einem Popover aufrufen, indem Sie am oberen Ende der Liste auf den Eintrag »X Erledigt« tippen.
- Außerdem werden erledigte Aufgaben in die Liste »Erledigt« verschoben. Hier erscheinen alle erledigten Einträge, unabhängig davon, in welchem Account und in welcher Liste sie erstellt wurden.

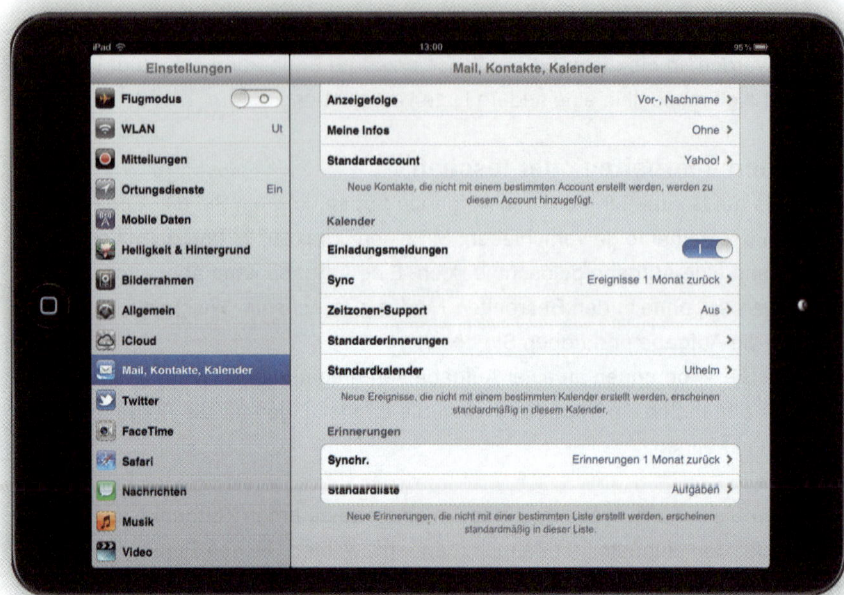

▲ Die Einstellungen für die Erinnerungen werden in der Einstellungen App unter »Mail, Kontakte, Kalender« vorgenommen.

- Im Popover und in der Liste »Erledigt« werden die Einträge nach dem Datum sortiert aufgelistet, an dem die Aufgabe erledigt wurde.
- Eine erledigte Aufgabe kann durch Entfernen des ✓ mit einem Tipp als unerledigt markiert werden. Sie wird dann unten in die ursprüngliche Liste eingefügt.

Unerledigte Aufgaben

Eine Aufgabe mit Datum, die am entsprechenden Tag nicht erledigt wurde, wird in der Liste rot markiert.

Uhr – Weltuhr, Wecker, Stoppuhr und Timer

Die integrierte Uhr-App auf dem iPad mini bietet neben einer Weltuhr auch einen Wecker, eine Stoppuhr und einen Timer.

Weltuhr

Die Weltuhr zeigt mehrere Uhren mit den Uhrzeiten verschiedener Orte auf der Welt an. Zu jeder Uhr wird der Orte auf einer Weltkarte mit Tag- und Nachtzone markiert. Zusätzlich zur Uhrzeit werden an den gewählten Orten das Wetter und die Temperatur angezeigt. Bis zu 24 Orte können ausgewählt werden.

- Mit einem Tipp auf eine der Uhren wird diese bildschirmfüllend vergrößert.
- Durch horizontales Wischen können Sie zwischen den Uhren/Orten wechseln.
- Mit einem Tipp auf **Weltuhr** oder durch zusammenziehen zweier Finger gelangen Sie zurück zur Weltuhr.

Uhr hinzufügen oder ändern

- Um die Uhrzeit eines weiteren Ortes anzuzeigen, tippen Sie auf **Hinzufügen**. In einem Blatt können Sie jetzt einen Ort aussuchen, der sich in der Nähe des von Ihnen gewünschten Ortes befindet.
- Wenn Sie auf **Bearbeiten** tippen, können Sie die Uhren in der Reihenfolge verschieben oder löschen.
- Hier können Sie auch die Temperaturanzeige zwischen Celsius- und Fahrenheit-Graden wechseln.

▶ Die Uhr im iPad mini

Wecker

Im Wecker lassen sich verschiedene Weckzeiten einstellen. Die Weckzeiten werden in eine Wochenübersicht eingetragen. In der Uhr wird die in der Wochenübersicht ausgewählte Weckzeit angezeigt. Mit dem Schalter rechts der Uhrzeit schalten Sie den Wecker ein bzw. aus. Ist ein Wecker aktiv wird in der Statusleiste 🕘 angezeigt.

Wecker hinzufügen oder bearbeiten

- Mit **+** legen Sie einen neuen Wecker an.
- Unter »Wiederholen« können Sie die Wochentage bestimmen, an denen sie zum unten gewählten Zeitpunkt geweckt werden wollen. Außerdem können Sie den Weckton bestimmen und die Schlummerfunktion zum erneuten Wecken nach 9 Minuten aktivieren.
- Zum Ändern oder Löschen der Weckzeiten tippen Sie **Bearbeiten.**
- Um eine Weckzeit zu löschen, tippen Sie auf ⊖ und dann auf **Löschen.**
- Zum Ändern der Einstellungen tippen Sie auf **>.**

Stoppuhr

Die Stoppuhr besitzt die üblichen Funktionen. Mit **Starten** wird die Stoppuhr gestartet, mit **Stoppen** wird sie beendet. Tippen Sie erneut auf **Starten,** wird die Stoppuhr fortgesetzt. Ein Tipp auf **Runde** trägt die Rundenzeit in einer Liste ein. Die Stoppuhr läuft dabei weiter. Um die Stoppuhr erneut bei 00:00,0 zu starten, tippen Sie auf **Löschen.**

Timer

Auf der Seite **Timer** finden Sie einen Kurzzeitwecker. Wählen Sie in der Walze die gewünschte Zeit aus und tippen Sie auf **Starten.** Die Kreisfläche stellt die abgelaufene Zeit dar. Um den Countdown vorzeitig beenden, tippen Sie auf **Fertig.** Wollen Sie den Timer zwischendurch anhalten, um ihn später wieder fortzusetzen, tippen Sie auf **Anhalten** und dann auf **Fortsetzen.** Mit **Töne** können Sie den Ton bestimmen, der am Ende des Countdowns abgespielt wird.

Notizen auf dem iPad mini

Mit der App Notizen bietet das iOS eine integrierte App, mit der Sie einfache Textnotizen erstellen können.

Notizen erstellen

Wenn Sie in der App Notizen rechts in den gelben Bereich tippen, wird die Tastatur eingeblendet, mit der Sie Ihren Text in die Notiz schreiben können. Zum Einfügen von Texten aus der Zwischenablage und zum Bearbeiten der eingegebenen Texte stehen Ihnen alle Textfunktionen des iOS zur Verfügung (📖 »Text eingeben und bearbeiten«, Seite 37).

Wollen Sie Ihren Text in eine neue Notiz eingeben, tippen Sie zuerst in der Leiste oben rechts auf das **+**.

Data Detectors

Notizen macht Gebrauch von den so genannten »Data Detectors«, die Daten wie Telefonnummern, Adressen, E-Mail-Adressen oder Internet-Adressen aus dem Text heraus filtern. Nachdem die Texteingabe abgeschlossen ist, erscheinen die so identifizierten Textstellen braun gefärbt unterstrichen. Antippen einer dieser Textstellen löst eine spezifische Aktion aus:

- Ein Tipp auf eine E-Mail-Adresse öffnet das Blatt zum Erstellen einer neuen E-Mail. Halten auf der E-Mail-Adresse öffnet ein Popover, mit dem die E-Mail-Adresse ins Adressbuch des iPads eingefügt werden kann.

Die Schalter in Notizen

+	**Neue Notiz erstellen**
	Action-Menü (E-Mail, Drucken)
	Notiz löschen
	vorherige Notiz anzeigen
	nächste Notiz anzeigen

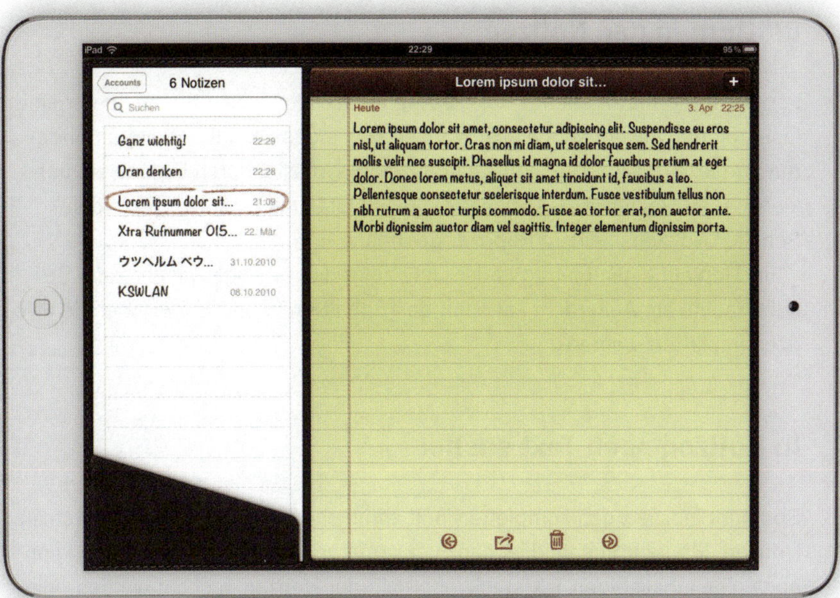

▲ Anzeige einer Notiz in der App Notizen: Die aktuell angezeigte Notiz ist in der linken Spalte durch einen Kringel markiert.

- Internet-Adressen werden mit einem Tipp in Safari geöffnet.
- Eine Adresse wird mit einem Tipp in Karten angezeigt. Halten auf einer Adresse öffnet ein Popover, mit dem die Adresse ins Adressbuch des iPads eingefügt werden kann.
- Ein Tipp auf eine Telefonnummer öffnet ein Popover, mit dem die Telefonnummer in das Adressbuch eingefügt werden kann.
- Ein Tipp auf ein Datum oder eine Uhrzeit öffnet ein Popover, mit dem ein neuer Termin angelegt werden kann.

Sobald die Tastatur zum Bearbeiten der Notiz wieder eingeblendet wird, werden die mit den Data Detectors hervorgehobenen Textstellen wieder zu normalem Text, der ganz normal bearbeitet werden kann.

Blättern in den Notizen

In der Querformat-Ansicht zeigt die App Notizen links eine Spalte, in der eine Liste mit den Textanfängen aller Notizen sowie das Datum der letzten Änderung angezeigt wird. Die aktuelle angezeigte Notiz ist durch Einkreisen markiert. In der Hochformat-Ansicht wird diese Liste mit einem Tipp auf den Schalter **Notizen** in einem Popover geöffnet.

Ein Tipp auf einen Eintrag in der Liste zeigt die jeweilige Notiz in dem Bereich rechts an. Außerdem kann mit den Schaltern ⊖ und ⊕ zwischen den Notizen geblättert werden.

In Notizen nach Text suchen

Spotlight indiziert den kompletten Text sämtlicher in der App Notizen erstellter Notizen. Mit dem Suchfeld 🔍 ganz links oberhalb der Übersichtsspalte kann nach einem beliebigen Textstück innerhalb der Notizen gesucht werden. Alle Notizen, in denen der eingegebene Text vorkommt, werden dann in der Liste darunter aufgelistet. Die gewünschte Notiz wird dann mit einem einfachen Tipp geöffnet.

Suchen über den Home-Bildschirm
Auch mit der Spotlight-Suche auf dem Home-Bildschirm lässt sich nach sämtlichen Textbruchstücken in den Notizen suchen (📖 »Spotlight-Suche«, Seite 246).

Notizen löschen

Die aktuell aufgerufene Notiz kann mit einem Tipp auf 🗑 gelöscht werden. Dabei werden Notizen, die auf einem E-Mail-Server liegen, automatisch von diesem gelöscht. Außerdem können Notizen durch horizontales Wischen über den Eintrag in der Liste links bzw. im Popover und dann einen Tipp auf **Löschen** gelöscht werden.

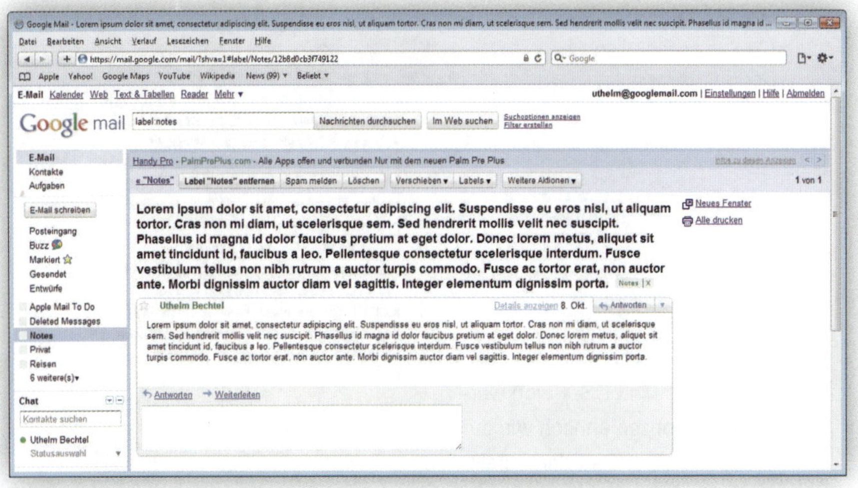

▲ Darstellung einer Notiz im Webinterface von Google

Notizen per E-Mail versenden oder drucken

Mit ⮳ können Notizen per E-Mail versendet oder gedruckt werden.

- Ein Tipp auf »Mail« im ⮳-Popover öffnet das Blatt für eine neue E-Mail. Dabei ist die erste Zeile der Notiz als Betreff vorgegeben und der gesamte Text der Notiz erscheint in der E-Mail. Betreff und Text können dann noch nach Belieben geändert werden.
- Mit einem Tipp auf »Drucken« kann der Text gedruckt werden. (📖 »AirPrint«, Seite 279).

Notizen synchronisieren

Synchronisieren mit IMAP-Mail

Wenn Sie Ihre E-Mails über IMAP beziehen, können Notizen automatisch auf dem E-Mail-Server gesichert werden. Sie erscheinen dort in einem speziellen Postfach »Notes«. Die Synchronisation von Notizen können Sie in der Einstellungen-App in den Account-Einstellungen des jeweiligen Mail-Accounts (unter »Mail, Kontakte, Kalender«) einschalten.

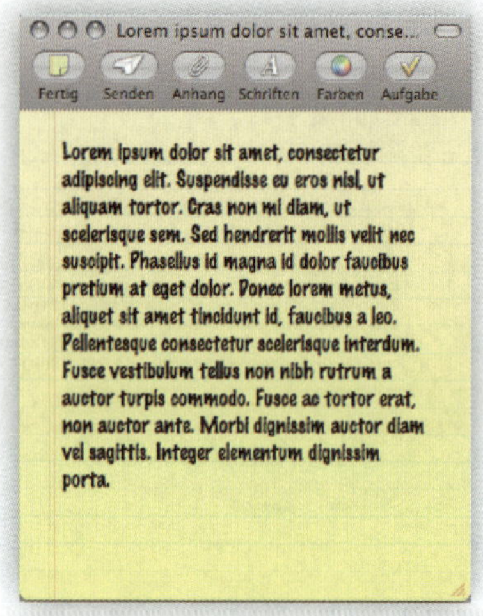

▶ In Mail unter Mac OS X Lion werden die Notizen ähnlich wie auf dem iPad dargestellt.

Das Postfach »Notes« ist für die meisten E-Mail-Programme ein normales Postfach, dessen Inhalt nur gelesen werden kann. Die auf dem iPad mini erstellten Notizen werden darin wie eine E-Mail angezeigt.

Im E-Mail-Programm Mail für Mac OS X Leopard, Snow Leopard und Lion wird das Postfach nicht angezeigt. Die Notizen erscheinen statt dessen unter »Erinnerungen ▶ Notizen ▶ Accountname« und können dort auch bearbeitet werden. Die Änderungen werden wiederum auf das iPad mini übernommen. Unter OS X Mountain Lion werden die Notizen nicht in Mail, sondern im Programm »Notizen« angezeigt.

Notizen, die in der Notizfunktion von Microsoft Outlook erstellt werden, werden nicht über das Netzwerk mit der App Notizen synchronisiert.

Accounts

Wenn Sie für mehrere E-Mail-Accounts die Synchronisation von Notizen eingeschaltet haben, können in der App Notizen Accounts ausgewählt werden. Im Querformat erscheint die Schaltfläche **Accounts** über der Liste der Notizen. Im Hochformat werden beim Tipp auf **Notizen** zuerst die Accounts angezeigt. Tippen Sie auf einen der Accounts, so werden nur die Notizen aus diesem Account angezeigt. Ein Tipp auf »Alle Notizen« zeigt in der Liste die Notizen aus allen Accounts an.

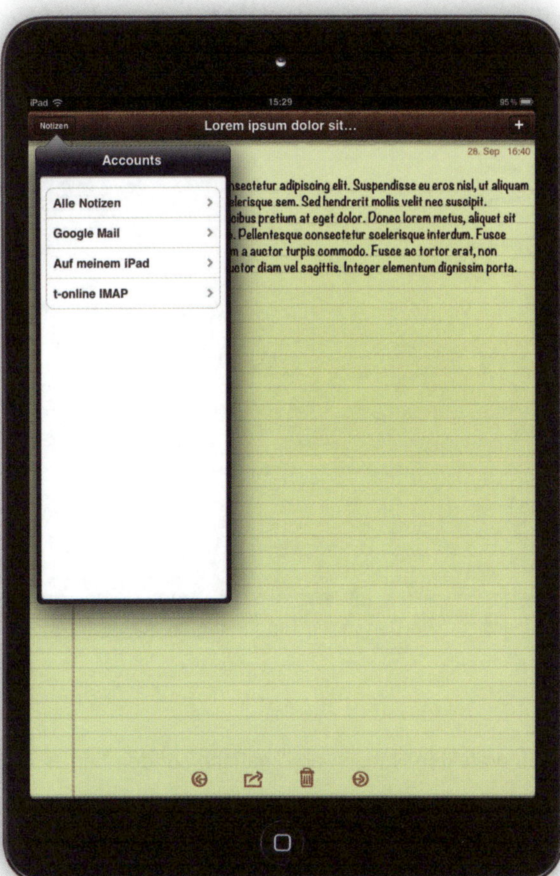

◀ Wenn mehrere E-Mail-Accounts für die Notizen verwendet werden, erscheint zuerst eine Liste der Accounts.

Einstellungen für Notizen

In der Einstellungen-App lassen sich auf der Seite »Notizen« ein paar Grundeinstellungen für die App Notizen vornehmen.

Standard-Account

In der Einstellungen-App können Sie auf der Seite »Notizen« einen Standard-Account bestimmen. Neu auf dem iPad mini erstellte Notizen werden immer in diesem Account erstellt. Ist ein E-Mail-Account als Standard-Account

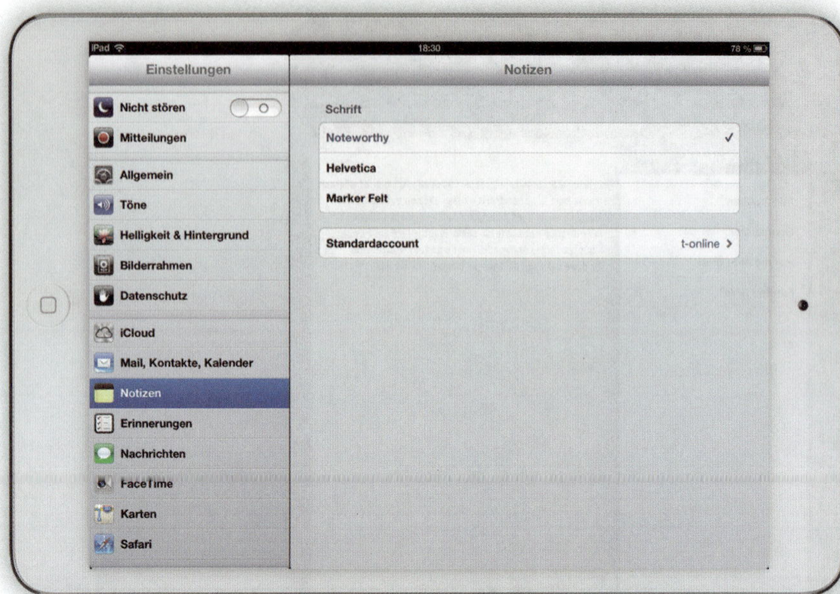

▲ Die Einstellungen für die App Notizen werden in der Einstellungen-App vorgenommen.

ausgewählt, werden die neu erstellten Notizen automatisch auf den Server hochgeladen.

Schriftart

Außerdem können Sie in der Einstellungen-App unter »Notizen« einen von drei Schrifttypen auswählen, der für die Anzeige des Textes in der App Notizen verwendet wird.

Karten – Orte finden und Routen berechnen auf dem iPad mini

Die integrierte App Karten wurde für iOS 6 komplett überarbeitet. Mit Karten können Sie einen einzelnen Ort suchen oder eine Route zwischen zwei Orten berechnen lassen. Mit iOS 6 wird das iPad mini außerdem zum Navigationsgerät.

Orte suchen

Mit dem Suchfeld oben rechts kann ein Ort gesucht werden. Hierfür können Sie entweder den Namen eines Ortes eingeben, die Postleitzahl oder eine komplette Adresse. Der gefundene Ort wird auf der Mitte des Displays positioniert und die Karte darum herum aufgebaut.

Vorschläge für Orte

Während der Eingabe des Ortes werden in einem Popover verschiedene Suchvorschläge aufgelistet. Zuoberst in der Liste finden sich Kontakte aus Ihrer Kontaktdatenbank, deren Namen mit der eingegebenen Buchstabenfolge beginnen.

Die Schalter in Karten
Lesezeichen
Aktuellen Ort finden / Kompass aktivieren
Ort oder Route suchen
Informationen anzeigen
Navigation zu diesem Fahrziel

Ergebnisliste

Bei Eingabe bestimmter Begriffe werden Geschäfte, Restaurants o.ä., die zu diesem Begriff passen, auf der Karte mit mehreren roten Stecknadeln markiert. Im Suchfeld erscheint das Symbol ⊜. Mit einem Tipp auf dieses Symbol lässt sich eine Liste der Adressen aufrufen.

Aktuellen Ort ermitteln

Mit einem Tipp auf ➤ kann der Ort ermittelt werden, an dem Sie sich aktuell befinden. Das iPad mini benutzt hierfür je nach Ausstattung eine WLAN-basierte Ortung oder zusätzlich den GPS-Empfänger und das Mobilfunknetz. Für die WLAN-basierte Ortung wird eine Datenbank auf einem Server bei Apple verwendet, die Positionen von öffentlichen und privaten WLAN-Sendern gespeichert hat. Diese Datenbank wird aktuell gehalten, indem iPhones oder andere iOS-Geräten mit GPS-Empfänger bei Zugriffen auf das Internet ihre Position übermitteln. Beim GPS wird die Position durch Berechnung der Unterschiede in den Signallaufzeiten der Zeitsignale der GPS-Sateliten bestimmt, die im Orbit um die Erde kreisen. Das Mobilfunknetz liefert außerdem Informationen über den Standort der Sendemasten.

Die Ortung des iPads kann in der Einstellungen-App auf der Seite »Datenschutz« unter »Ortungsdienste« ein- bzw. ausgeschaltet werden. In der Liste der Apps, die Ortungsdienste verwenden, können diese auch für jede App einzeln deaktiviert werden.

Der Kompass

Ein zweiter Tipp auf ➤ aktiviert den Kompass. Die Karte auf dem Display wird dann so gedreht, dass ihre Ausrichtung den tatsächlichen Himmelsrichtungen entspricht.

Bewegen und zoomen

Der Kartenausschnitt kann durch Wischen in eine beliebige Richtung verschoben werden. Außerdem können Sie die angezeigte Karte vergrößern, verkleinern oder drehen.

- Zum Vergrößern bewegen Sie zwei Finger auseinander oder Sie doppeltippen auf die Karte.
- Zum Verkleinern ziehen Sie zwei Finger zusammen oder tippen Sie mit zwei Fingern in die Karte.

▲ Die Straßenkartenansicht

- Die Karte kann mit zwei Fingern gedreht werden. Mit einem Tipp auf den Kompass, der oben rechts die Himmelsrichtung anzeigt, wird diese dann wieder so ausgerichtet, dass Norden nach oben zeigt.

Anzeigeoptionen

Mit einem Tipp auf das Eselsohr unten rechts werden die Schalter für die Anzeigeoptionen freigelegt. Mit den drei Optionen ganz unten bestimmen Sie die Darstellung der Karte.

- **Standard:** Diese Darstellung entspricht einer Straßenkarte.
- **Hybrid:** Über ein Satellitenbild werden die Linien und Markierungen der Straßenkarte gelegt.
- **Satellit:** Anstelle einer Karte werden Satellitenbilder angezeigt.

Größe und Sprache der Beschriftungen der Straßenkarte können in der Einstellungen-App auf der Seite »Karten« eingestellt werden.

▲ Die Darstellung der Karte kann unter dem Eselsohr gewechselt werden.

Verkehr

Wird die Option **Verkehr** unter dem Eselsohr rechts unten aktiviert, werden Strecken mit Stau oder zähfließendem Verkehr mit gestrichelten roten und orangefarbenen Linien markiert. Gemeldete Baustellen oder gesperrte Strecken werden mit Schildern markiert.

Informationen

Mit einem Tipp auf einen Stecknadelkopf öffnet sich die einfache Information. Hier wird der Name des Ortes angezeigt. Ein Tipp auf ❶ erweitert die Information, die die genaue Adresse und ein Satelitenbild des Ortes anzeigt, bei Geschäften eventuell auch ein Foto.

In der erweiterten Information können noch einige weitere Funktionen aufgerufen werden.

- Der Ort kann als Start oder Ziel einer Route bestimmt werden (🕮 »Route berechnen«, Seite 169).
- Der Ort kann zu den Lesezeichen hinzugefügt werden (🕮 »Lesezeichen«, Seite 174).

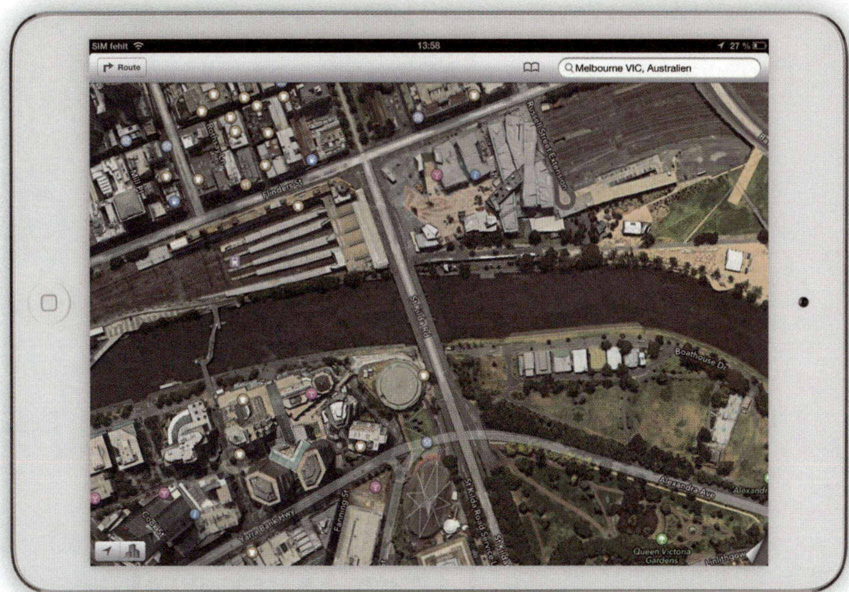

▲ Die Hybridansicht zeigt ein Satellitenbild zusammen mit Elementen einer Straßenkarte.

- Die Adresse des Ortes kann als neuer Kontakt in das Adressbuch eingefügt oder zu einem vorhandenen Kontakt hinzugefügt werden (🕮 »Kontakte«, Seite 112).
- Die Adresse des Ortes kann per E-Mail oder als Nachricht versendet werden oder auf Facebook oder Twitter veröffentlicht werden (🕮 »E-Mails«, Seite 92; 🕮 »Nachrichten«, Seite 131; 🕮 »Soziale Netzwerke«, Seite 266).

Stecknadel

Mit der Funktion »Stecknadel« können Sie einen bestimmten Ort auf der Karte markieren. Die Funktion wird aktiviert, indem Sie entweder auf einem beliebigen Ort auf der Karte halten, bis die Stecknadel erscheint oder mit dem Schalter **Stecknadel** in den Anzeigeoptionen unter dem Eselsohr rechts unten. Eine gesetzte Stecknadel können Sie an ihrem Kopf an einen beliebigen Ort bewegen. Sobald die Stecknadel an einem neuen Ort gesetzt ist, werden Informationen zu diesem Ort im einfachen Info-Popover anzeigt. Die gesetzte Stecknadel erscheint als Eintrag im Popover 🕮 in den Bereichen »Letzte Suche« und »Lesezeichen«. Um die Stecknadel wieder zu entfernen, tippen Sie auf den Stecknadelkopf und dann auf ❶ und wählen den Befehl **Stecknadel entfernen**.

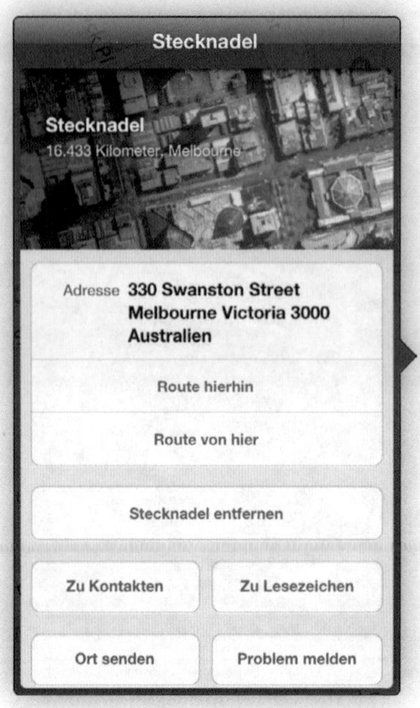

▶ Das erweiterte Info-Popover einer gesetzten Stecknadel zeigt die komplette Adresse an.

Restaurants, Geschäfte und öffentliche Einrichtungen

Auf der Karte finden sich Markierungen für Geschäfte, Restaurants, Haltestellen, öffentliche Gebäude, Sehenswürdigkeiten etc. Tippen Sie auf eines der Symbole, so öffnet sich das Info-Popover. Im erweiterten Info-Popover finden sich neben der Adresse zum Teil auch Telefonnummer und Internetadresse.

3D-Ansicht

In der App Karten von iOS 6 kann die Karte bzw. das Satellitenbild in einer 3D-Ansicht dargestellt werden. Hier werden die Geländekonturen dreidimensional nachgebildet und die Karte bzw. das Satellitenbild darauf projiziert. In einigen großen Städten werden außerdem die Gebäude als echte 3D-Objekte angezeigt. Hier erscheint das Symbol im Schalter **3D**.

- Zum Aktivieren der 3D-Ansicht tippen Sie auf den Schalter **3D** unten links oder ziehen Sie mit zwei Fingern auf der Karte bzw. dem Satellitenbild nach oben.
- Durch Ziehen mit zwei Fingern nach oben und unten kann der Blickwinkel auf die Karte bzw. das Satellitenbild verändert werden.

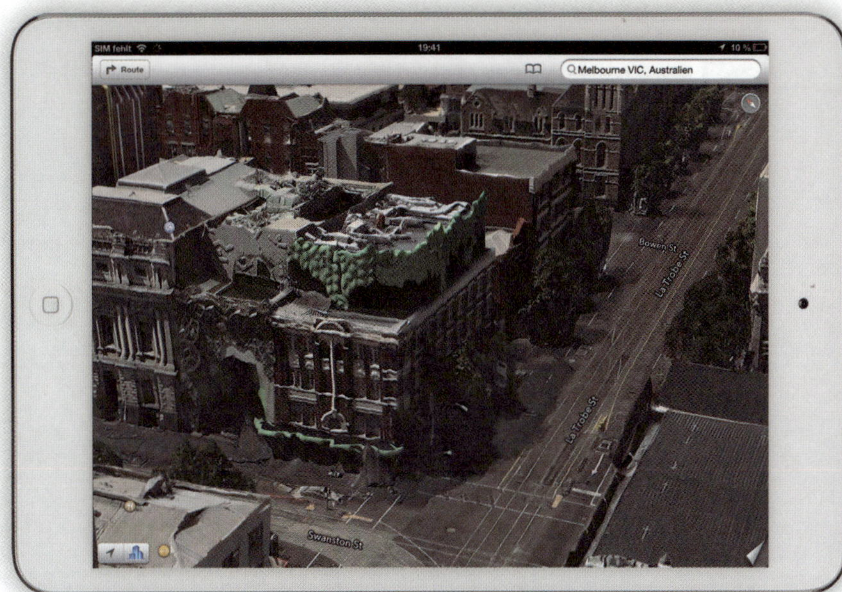

▲ Nur in einigen großen Städten werden Gebäude als 3D-Objekte dargstellt.

- Um die Karten zu bewegen, ziehen Sie einen Finger in die gewünschte Richtung.
- Zum Ein- und Auszoomen ziehen Sie zwei Finger auseinander bzw. zusammen oder tippen doppelt bzw. mit zwei Fingern auf die Karte.
- Die Blickrichtung kann durch Drehen zweier Finger verändert werden.

Routen berechnen

Mit einem Tipp auf den Schalter ↱ **Route** links in der Werkzeugleiste wird das Popover für die Routenberechnung geöffnet.

❶ In das obere Eingabefeld geben Sie den Startort der Route ein, in das untere Feld den Zielort.
❷ Bei Bedarf können Sie Start und Ziel mit ⇅ neben den beiden Eingabefeldern vertauschen.
❸ Mit den Tasten oben im Popover können Sie das Verkehrsmittel wechseln.
❹ Die Eingabe bestätigen Sie mit **Route**.

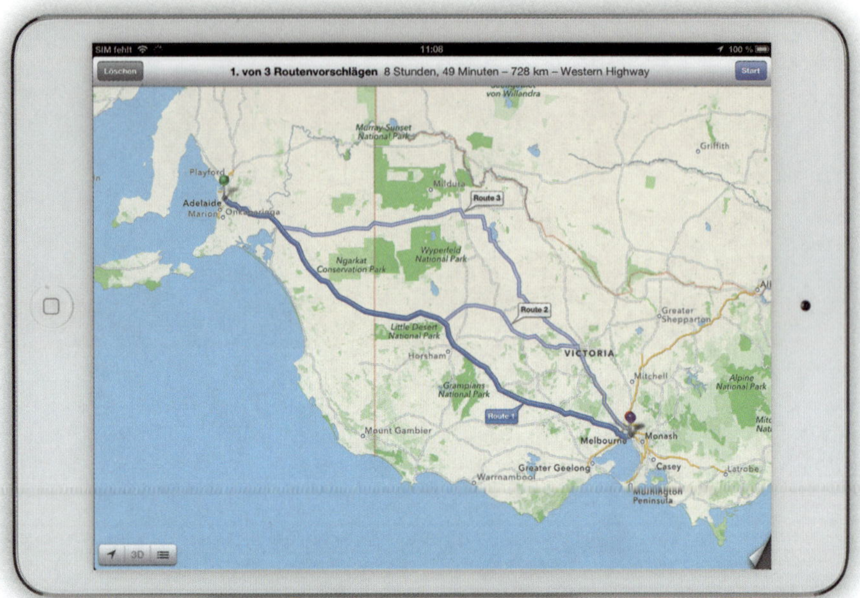

▲ Eine in Karten berechnete Route

▶ Ein Tipp auf eine Station der Route in der Liste …

▲ … zeigt diese vergrößert auf der Karte.

Sobald beide Orte gefunden sind und die Route berechnet ist, wird in der Werkzeugleiste die Länge der Strecke und die voraussichtliche Fahrzeit angezeigt. Auf der Karte wird der Startpunkt mit einer grünen Stecknadel markiert und das Ziel mit einer roten Stecknadel, die Route mit einer blauen Linie.

- Werden mehrere Routen vorgeschlagen, können Sie zwischen diesen wechseln, indem Sie auf der Karte auf die gewünschte Route tippen.
- Wenn Sie auf das Listensymbol ☰ links unten tippen, öffnet sich ein Popover, in dem die einzelnen Stationen der Route aufgelistet werden.
- Ein Tipp auf einen Eintrag in der Liste wechselt in die Routenvorschau und zeigt die Station vergrößert auf der Karte an. (Nicht jedoch, wenn die Route vom aktuellen Ort für das Auto berechnet wurde; siehe 📖 »Navigation«, Seite 172)

Eine Route abfahren

Mit einem Tipp auf **Start** rechts in der oberen Werkzeugleiste kann die Route streckenabschnittsweise abgefahren werden. Wurde die Route vom aktuellen Standort aus berechnet und das Auto als Verkehrsmittel ausgewählt, wird die

▲ Das iPad mini als Navi

Navigation aufgerufen (siehe nächster Abschnitt). Routen von einem beliebigen Ort zu einem anderen und Routen, die für Fußgänger berechnet wurden, werden in einer Routenvorschau manuell abgefahren.

- Wenn Sie das oben über die Karte eingeblendete Verkehrschild nach links schieben, kommen Sie zur nächsten Station.
- Wollen Sie wieder zurück, schieben Sie das Schild nach rechts.
- Mit dem Schalter **Übersicht** wird wieder die gesamte Route auf der Karte angezeigt.

Navigation

Um die Navigation zu verwenden, berechnen Sie eine Route vom aktuellen Standort aus und wählen das Auto als Verkehrsmittel. Alternativ suchen Sie den Zielort oder setzen am Zielort eine Stecknadel und tippen dann im Info-Popover auf .

1. Zum Starten der Navigation tippen Sie auf **Start**.
2. Der aktuelle Standort auf der Karte wird vergrößert angezeigt, in Fahrtrichtung ausgerichtet und die Anweisung für die erste Station aufgerufen.

▲ Auf dem gesperrten iPad mini läuft die Navigation weiter.

❸ In der Werkzeugleiste oben wird die voraussichtliche Ankunftszeit eingeblendet. Sie blendet automatisch aus, kann aber mit einem Tipp auf den Bildschirm wieder eingeblendet und erneut ausgeblendet werden.

❹ Die Anweisungen für die nächste Station werden erst gegeben, kurz bevor diese erreicht ist.

❺ Die Navigation endet, wenn der Zielort erreicht ist. Sie kann aber auch vorzeitig mit **Ende** beendet wird.

Die Navigation verwendet immer die Standard-Ansicht. Mit dem Schalter **3D** kann zwischen der Karten- und der 3D-Ansicht umgeschaltet werden.

Während der Navigation kann mit **Übersicht** die Karte aufgerufen werden und mit ☰ die Liste der Stationen.

Die für das Abfahren der Route notwendigen Karten werden komplett im iPad mini gespeichert, sodass während der Fahrt keine Internetverbindung benötigt wird. Erst wenn die Route verlassen wird und daher neu berechnet werden muss, ist eine Internetverbindung notwendig. Finden Sie jedoch auf die ursprüngliche Route zurück, wird die Navigation fortgesetzt.

Wechseln in eine andere App

Wenn Sie während der Navigation aus der Karten-App in eine andere App oder zum Home-Bildschirm wechseln, werden die Anweisungen in der Statusleiste eingeblendet. Sie können mit einem Tipp auf die Statusleiste aus jeder App direkt zurück in die Karten-App wechseln.

Navigation im Standby

Wird das iPad mini gesperrt, wird die Navigation auf dem Sperrbildschirm fortgesetzt. Der Bildschirm schaltet sich nach kurzer Zeit aus. Kurz vor Erreichen der nächsten Station wird der Bildschirm wieder eingeschaltet.

Lesezeichen

In der App Karten können auch Lesezeichen für häufig gesuchte Orte angelegt werden. Tippen Sie hierfür auf den Stecknadelkopf, um so die einfache Info anzuzeigen und dann auf ⓘ. In dem erweiterten Popover tippen Sie nun auf **Zu Lesezeichen**.

Lesezeichen aufrufen

Um ein gespeichertes Lesezeichen aufzurufen, tippen Sie oben in der Werkzeugleiste auf 📖. Zusätzlich zu den Lesezeichen werden hier in einer weiteren Liste die zuletzt gesuchten Orte aufgelistet. Tippen Sie einen der Einträge an, so wird dieser auf der Karte angezeigt.

Außerdem können Sie hier Adressen aus der iPad mini-Kontaktdatenbank für die Anzeige auf der Karte auswählen.

Gespeicherte Suche löschen

Die zuletzt gesuchten Orte und Routen werden von der App Karten gespeichert und in einem Popover aufgelistet, das sich beim Antippen des Suchfeldes öffnet. Die Liste der gespeicherten Suchen kann hier oder im 📖-Popover mit der Schaltfläche **Löschen** geleert werden.

Fotos – digitale Bilder auf dem iPad mini

Für das Betrachten von digitalen Bildern bietet das iOS die App Fotos. Sie zeigt Bilder an, die in der Mediathek des iPad mini gespeichert sind. Die Bilder, die Sie mit der Kamera des iPad mini aufnehmen, werden automatisch in die Mediathek eingefügt. Mit den optional erhältlichen Kamera-Adaptern können Sie Bilder direkt von einer Digitalkamera oder einer Speicherkarte in die Mediathek des iPads einfügen. Es können aber auch Bilder aus anderen iPad -Apps in die Datenbank eingefügt werden, beispielsweise Bilder, die mit Safari aus dem Internet heruntergeladen wurden. Zusätzlich können auch Bilder durch Synchronisation mit einem PC unter Windows oder Mac OS X in die Mediathek des iPads geladen werden. Die Bilder in der Mediathek werden nach Ereignissen, Orten und Gesichtern sortiert und können in Alben zusammengefasst werden.

Bilder importieren mit einem Kamera-Adapter

Mit den Kamera-Adaptern, die als Zubehör für das iPad angeboten werden, lassen sich Fotos direkt auf das iPad laden. Der eine der beiden Adapter stellt eine USB-Schnittstelle zur Verfügung, an die eine Digitalkamera angeschlossen werden kann. Der andere Adapter ist ein Kartenleser für SD-Speicherkarten. Andere Hersteller vereinen beide Schnittstellen in einem Adapter und bieten zum Teil zusätzliche Schnittstellen für weitere Speicherkartentypen. Wenn eine Kamera oder ein Speichermedium über einen dieser Adapter an das iPad mini angeschlossen ist, können die darauf gespeicherten Fotos direkt auf das iPad mini übertragen werden. Damit dies möglich ist,

Die Schalter in Fotos	
(Export-Symbol)	Export-Popover (Senden, Kopieren, Drucken etc.)
(Papierkorb-Symbol)	Bild löschen

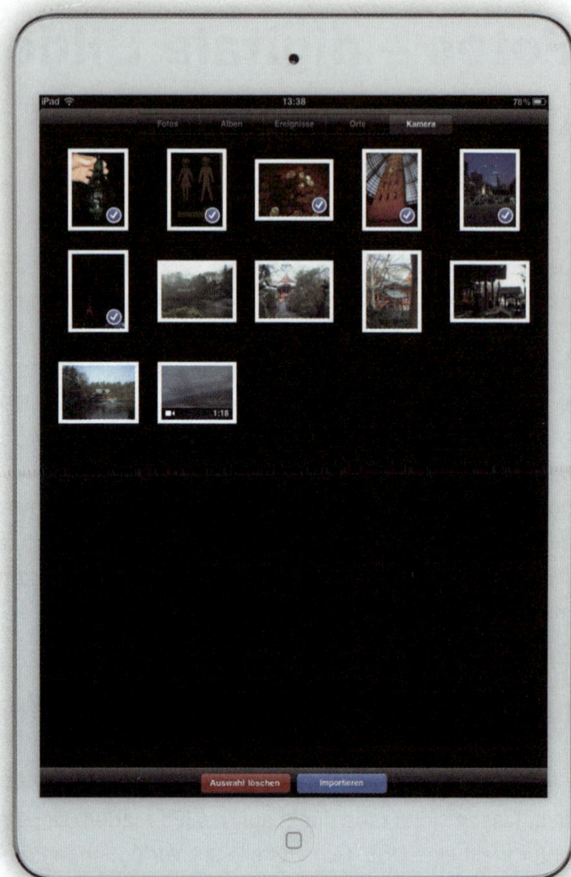

▶ Die mit einem Häkchen versehenen Fotos wurden für den Import auf das iPad ausgewählt.

müssen sich die Bilder auf dem angeschlossenen Medium in einem Ordner namens »DCIM« befinden (in diesen Ordner speichern Digitalkameras normalerweise die Bilder).

1. Schließen Sie den passenden Adapter an das iPad mini an und starten Sie die App Fotos.
2. Wenn Sie eine Kamera anschließen bzw. eine SD-Karte einstecken, erscheint in Fotos eine weitere Seite **Kamera**. Hier werden Vorschauen der Bilder angezeigt, die sich auf der Kamera bzw. dem Speichermedium (im Ordner »DCIM») befinden.

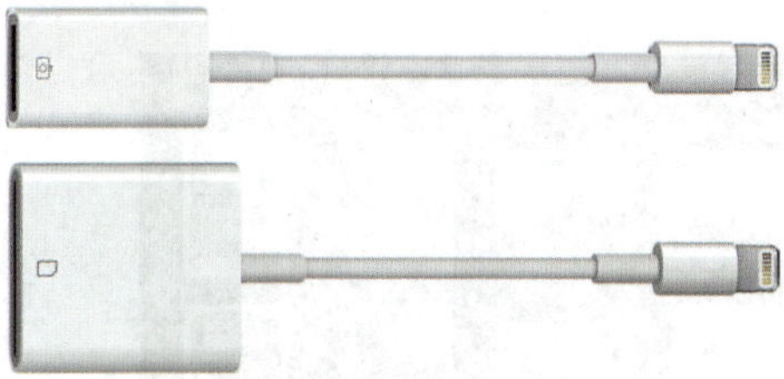

▲ Die beiden Kamera-Adapter dienen dem Anschluss von Digitalkameras und Speicherkarten an das iPad mini.

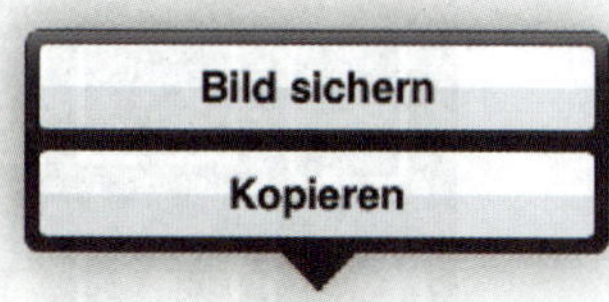

▲ Der Befehl »Bild sichern« fügt ein Bild in die Foto-Mediathek ein.

❸ Falls Sie alle Fotos importieren wollen, tippen Sie einfach den Schalter **Alle importieren**.

❹ Wollen Sie nur bestimmte Fotos laden, tippen Sie die betreffenden Fotos an. Sie werden mit einem blauen ✓ markiert. Tippen Sie dann auf **Importieren**. Es erscheint ein Popover, in dem Sie die Option »Ausgewählte Importieren« auswählen.

❺ Das iPad mini lädt nun die Fotos in die Foto-Mediathek des iPads.

❻ Nach Abschluss des Imports können Sie bestimmen, ob die Bilder in der Kamera bzw. von der Speicherkarte gelöscht werden sollen.

Die importierten Fotos werden in neue Ereignisse einsortiert, die entsprechend dem Aufnahmedatum der Bilder benannt sind. Außerdem werden die Fotos in einem Album mit dem Namen »Letzter Import« angezeigt. In einem weiteren Album, »Alle importierten«, werden unabhängig vom Importdatum alle mit einem Kamera-Adapter importierten Bilder angezeigt. Sollte ein importiertes Bild falsch ausgerichtet sein, können Sie es drehen, indem Sie auf **Bearbeiten** tippen und dann **Drehen** wählen.

Mit dem Kamera-Adapter importierte Bilder können über die USB-Verbindung auf den PC geladen werden (📖 »Fotos exportieren und ausgeben«, Seite 190) oder über Fotostream übertragen werden (📖 »Fotostream«, Seite 187).

▲ In der Ansicht Fotos zeigt die App Fotos alle Bilder in der Mediathek an.

Bilder aus anderen Apps importieren

Viele Apps auf dem iPad mini bieten die Möglichkeit, geladene Bilder in die iPad mini-Mediathek zu sichern, sodass diese dann in der App Fotos betrachtet werden können oder auch anderen Apps zur Verfügung stehen. Beispielsweise können auf diese Weise in Safari Bilder aus dem Internet auf dem iPad mini gesichert werden.

Hierfür halten Sie auf dem Bild und wählen aus dem Popover, das sich dann öffnet, den Befehl »Sichern in „Aufnahmen"«. Das Bild wird ohne weitere Nachfrage in die Mediathek eingefügt und befindet sich dann im Album »Aufnahmen«. Die so gesicherten Fotos können über eine USB-Verbindung auf ein anderes Gerät übertragen werden. Mehr dazu lesen Sie im Kapitel 🕮 »Fotos exportieren und ausgeben«, Seite 190.

Die Ansichten der App Fotos

Die iPad-App Fotos bietet verschiedene Ansichten, in der die Bilder aus der Mediathek Bilder angezeigt werden. Zwischen diesen Ansichten kann per Tipp auf die Schalter in der Werkzeugleiste oben gewechselt werden.

- In der Ansicht **Fotos** werden alle in der Datenbank vorhandenen Fotos angezeigt. Sie erscheinen lediglich nach dem Aufnahmedatum sortiert.
- In der Ansicht **Alben** werden die Fotos in so genannten Alben zusammengefasst. Diese Alben können auf dem iPad mini erstellt werden. Wenn die Foto-Mediathek des iPads mit einem PC synchronisiert wird, finden sich hier auch Alben, die der Ordnerstruktur entsprechen, wie sie innerhalb des zur Synchronisation ausgewählten Ordners im Finder oder Explorer vorhanden ist. In iPhoto und Photoshop Elements werden Alben unter eben diesem Namen angelegt.
- In der Ansicht **Ereignisse** werden die beim Import über einen Kamera-Adapter geladenen Bilder nach dem Datum der Aufnahme zusammengefasst dargestellt. Wenn mit iPhoto synchronisiert wird, finden sich hier zusätzlich die von iPhoto automatisch beim Import der Bilder erstellten Ereignisse. Auch iPhoto fasst alle Bilder eines Aufnahmedatums zu einem Ereignis zusammen.
- Bilder, die bestimmte Personen zeigen, können unter **Gesichter** zusammengefasst werden. Die Kamera des iPad mini besitzt hierfür eine Gesichtserkennung. Mit iPhoto Version 8 ('09) oder neuer synchronisierte Fotos werden ebenfalls nach Gesichten sortiert. Hierfür wird die Gesichtserkennung der iPhoto-Software verwendet.
- Die Kamera des iPad mini und andere Kameras, die einen GPS-Empfänger besitzen, schreiben die geographischen Koordinaten, an denen das Bild aufgenommen wurde, in die Bilddatei (EXIF-Metadaten). Diese GPS-Daten werden in der Ansicht **Orte** als Grundlage für die Sortierung verwendet. Auf einem PC unter Mac OS X in iPhoto verwaltete Bilder können dort auch nachträglich Orten zugeordnet werden, ohne dass dafür die GPS-Daten von der Kamera bei der Bildaufnahme erfasst worden sein müssen. Diese Ortsdaten werden bei der Synchronisation übernommen.
- Die Ansicht **Fotostream** erscheint zusätzlich, wenn Fotostream aktiviert ist (🕮 »Fotostream«, Seite 187).

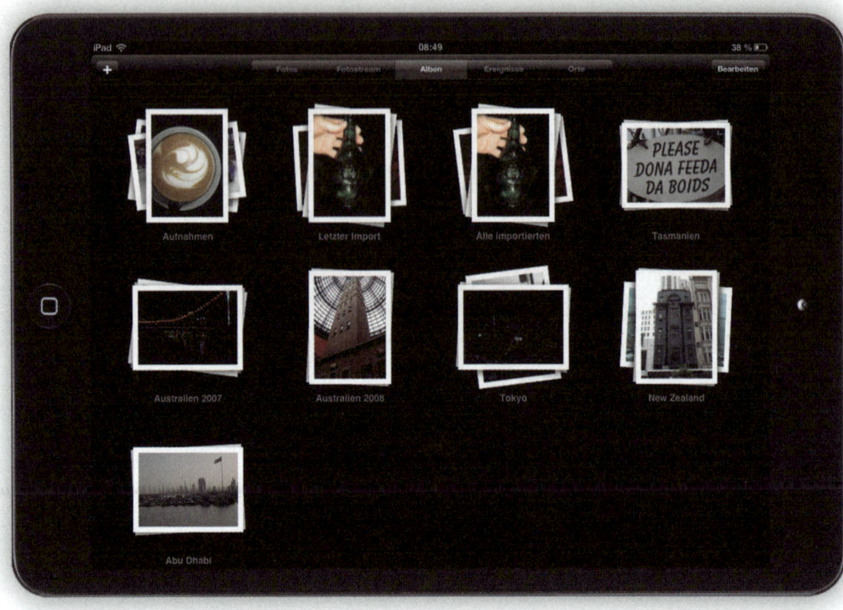

▲ Alben in der App Fotos

Fotos sortieren in der App Fotos

In der App Fotos können Sie Ihre Fotos in Alben sortieren. Die automatisch generierten Alben für Aufnahmen und Import können dabei jedoch nicht verändert werden.

Sinnvolle Strukturen für Alben

Für die unterschiedlichen Arten von Fotos bieten sich verschiedenen Strukturen an. Hier ein paar Vorschläge:

- Für Ihre Bilder von einer Reise können Sie Alben für die einzelnen Stationen der Reise anlegen.
- Bei Ihren Familienfotos bietet es sich beispielsweise an, für jedes Familienmitglied ein eigenes Album anzulegen.
- Alternativ kann es auch sinnvoll sein, Fotos nach Datum zu sortieren, beispielsweise jeweils ein Album pro Monat.

Neues Album erstellen

In der Ansicht **Alben** können Sie neue Alben erstellen, in die Sie Ihre Fotos sortieren können.

❶ Zum Erstellen eines neuen Albums tippen Sie in der Werkzeugleiste auf **+**.
❷ Nachdem Sie dem neuen Album einen Namen gegeben haben, werden die Fotos in Ihrer Foto-Mediathek eingeblendet.
❸ Durch Antippen können Sie die gewünschten Fotos auswählen und dann mit **Fertig** in das neue Album einfügen.

Fotos in Album einfügen und entfernen

Wollen Sie Fotos in ein vorhandenes Album einfügen oder aus einen Album entfernen, tippen Sie in der Ansicht **Alben** auf **Bearbeiten** und dann auf das gewünschte Album oder Sie öffnen das Album und tippen dann auf **Bearbeiten**.

- Fotos, die durch Antippen mit einem ✓ versehen wurden, können mit **Entfernen** aus den Album gelöscht werden. Sie werden dadurch jedoch nicht aus der Foto-Mediathek gelöscht.
- Die markierten Fotos können außerdem mit **Hinzufügen** in ein anderes, vorhandenes oder neues, Album eingefügt werden.
- Wollen Sie Fotos in das aktive Album einfügen, wählen Sie **Fotos hinzufügen**. Wie beim Anlegen eines neuen Albums können Sie jetzt die Fotos auswählen, die in das Album eingefügt werden sollen.

Alben sortieren

In der Ansicht **Alben** können die Alben beliebig sortiert werden. Sie können ein Album durch Tippen und Halten auswählen und an eine andere Stelle verschieben. Lediglich das Album »Aufnahmen« kann nicht verschoben werden.

Album löschen

In der Ansicht **Alben** können Sie auch Alben löschen. Wenn Sie auf **Bearbeiten** tippen, werden alle Alben, die gelöscht werden können, mit einem ⊗ versehen. Mit einem Tipp auf dieses Symbol wird das Album gelöscht, die enthaltenen Fotos werden dabei aber nicht aus der Mediathek entfernt.

▲ Anzeige eines Fotos mit eingeblendeten Werkzeugleisten

Fotos betrachten

In der App Fotos werden Bilder durch einfaches Antippen geöffnet. Dabei werden zuerst die Werkzeugleisten oben und unten eingeblendet. Diese blenden sich nach kurzer Zeit automatisch aus. Wenn Sie erneut den Bildschirm antippen, werden die Werkzeugleisten wieder eingeblendet.

- Durch Auseinanderziehen zweier Finger können Sie in das geöffnete Bild hineinzoomen. Alternativ doppeltippen Sie auf das Bild. Das vergrößerte Bild lässt sich dann mit einem Finger verschieben, sodass ein anderer Ausschnitt angezeigt wird. Durch Zusammenziehen zweier Finger oder Doppeltippen wird wieder aus dem Bild heraus gezoomt.
- Mit einer Bewegung des Fingers nach links oder rechts kann zum nächsten oder vorherigen Bild gewechselt werden. Bei vergrößert dargestellten Bildern müssen Sie dafür das Bild über seinen Rand hinaus bewegen.
- Die untere Werkzeugleiste zeigt außerdem eine Reihe von Miniaturen. Wenn Sie auf eine der Miniaturen tippen, wird zum jeweiligen Bild gewechselt. Bewegen Sie den Finger über die Miniaturen, so wird der Reihe nach durch die Bilder geblättert.

▲ Ein kurzer Blick in ein Ereignis

- Um wieder in die Übersicht zurück zu wechseln, tippen Sie auf den Navigationsschalter links in der oberen Werkzeugleiste. Alternativ können Sie das Bild mit zwei Fingern antippen oder es mit zwei Fingern klein ziehen.

Stapel öffnen

Neben der Ansicht **Fotos**, in der alle in der Mediathek vorhandenen Fotos aufgelistet werden, bietet die App Fotos noch weitere Ansichten, in denen jeweils nur ein Teil der Bilder angezeigt wird (🕮 »Die Ansichten der App Fotos«, Seite 179). Mit den Schaltern in der oberen Werkzeugleiste kann zwischen diesen Ansichten gewechselt werden.

In den Ansichten **Alben**, **Ereignisse**, **Gesichter** und **Orte** sowie im **Fotostream** werden die in den Untergruppen (die einzelnen Alben, Ereignisse usw.) enthaltenen Bilder als Stapel dargestellt.

- Wenn ein solcher Stapel mit einem einfachen Tipp geöffnet wird, werden alle Bilder innerhalb des Albums, des Ereignisses etc. in einer Übersicht angezeigt. Alternativ können die Stapel auch mit zwei Fingern auseinander gezogen werden.

▲ Alle Fotos, die an einem Ort aufgenommen wurden, werden zu einem Stapel zusammengefasst.

- Um den Stapel wieder zu schließen, tippen Sie auf den Navigationsschalter links in der oberen Werkzeugleiste oder ziehen Sie die Bilder in der Übersicht mit zwei Fingern zusammen.

Orte

In der Ansicht **Orte** werden die Orte, an denen Bilder aufgenommen wurden, mit Stecknadeln auf der Weltkarte markiert. Ein Tipp auf eine Stecknadel zeigt den dazu gehörenden Fotostapel an. In der Weltkarte lässt sich durch Auseinanderziehen zweier Finger oder Doppeltippen einzoomen und durch Zusammenziehen zweier Finger oder Tippen mit zwei Fingern auszoomen. Beim Herauszoomen werden Orte, die nahe beieinander liegen, immer weiter zusammengefasst. Die zu den verbleibenden Stecknadeln gehörenden Fotostapel zeigen dementsprechend Fotos von mehreren, nahe beieinander liegenden Orten.

◀ Die Einstellungen für die Diashow werden im Popover »Diashow-Optionen« vorgenommen.

Diaschau

Zusätzlich bietet die App Fotos die Möglichkeit, die Bilder in Form einer Diaschau zu betrachten. Welche Bilder in der Diaschau gezeigt werden sollen, bestimmen Sie, indem Sie das gewünschte Album, Ereignis etc. öffnen. Wird die Diaschau in der Ansicht **Fotos** gestartet, so werden alle Bilder gezeigt.

- Zum Starten der Diaschau tippen Sie in der Werkzeugleiste auf **Diashow**.
- In dem Popover, das sich jetzt öffnet, können Sie die Hintergrundmusik aktivieren und aus Ihrer Musikbibliothek auswählen.
- Außerdem können Sie den Effekt für den Übergang zwischen den Bildern bestimmen.
- Wenn AirPlay-Geräte im Netzwerk vorhanden sind, können Sie im Popover zusätzlich das Ausgabegerät auswählen.
- Ein Tipp auf »Präsentation starten« startet die Diaschau im Vollbildmodus.
- Um die Diaschau zu beenden, tippen Sie einfach auf den Bildschirm.

Grundlegende Einstellungen für die Diaschau, wie die Anzeigezeit und die Anzeigefolge, werden in der Einstellungen-App im Bereich »Fotos & Kamera« vorgenommen.

▲ Beschneiden und Begradigen eines Bildes in der App Fotos

Ausgabe auf einem Ausgabegerät

Die Diaschau kann über ein Video-Kabel oder über AirPlay auf einen Fernseher, Projektor o.ä. ausgegeben werden. Bei der Ausgabe über ein Video-Kabel stehen keine Überblendeffekte zur Verfügung (📖 »Adapter für die Video-Ausgabe«, Seite 283; 📖 »Ausgabe von Videos auf dem Fernseher«, Seite 290). Soll die Musik auf ein Bluetooth-Gerät ausgegeben werden, können Sie dieses Gerät im App-Switcher auswählen (📖 »Der App-Switcher«, Seite 64).

Fotos bearbeiten

In der App Fotos können Sie auch einige einfache Bildbearbeitungen durchführen. Öffnen Sie dazu das gewünschte Foto und tippen Sie auf **Bearbeiten**. Es stehen vier Möglichkeiten zur Bildmanipulationen zur Verfügung:

- Mit einem Tipp auf **Drehen** wird das Bild um 90° nach Links gedreht.
- **Verbessern** führt eine Reihe von Filter aus, mit denen das Bild kontrastreicher gemacht oder aufgehellt wird. Außerdem werden rote Augen automatisch entfernt.

- Wenn Sie auf **Rote Augen** tippen, können Sie die Augen, die korrigiert werden sollen, im Bild antippen. Die Änderungen werden **Anwenden** abgeschlossen.
- Zum **Beschneiden** können Sie mithilfe der Griffe an den Ecken des Rahmens einen Bildausschnitt bestimmen, der freigestellt werden soll. Um den Bildinhalt auszurichten können Sie das Bild mit zwei Fingern drehen. Unter **Formate** werden verschiedene vorgegebene Seitenverhältnisse für den Rahmen angeboten. Mit einem Tipp auf **Beschneiden** wird das Bild freigestellt.
- Wenn Sie den Bearbeitungsmodus mit **Sichern** verlassen, werden die Änderungen im Bild gespeichert.
- Mit einem Tipp auf **Abbrechen** können Sie den Bearbeitungsmodus verlassen, ohne die Änderungen auf das Bild anzuwenden.
- Mit einem Tipp auf **Zurück zum Original** können alle beim Bearbeiten vorgenommenen Änderungen unwirksam gemacht werden. Dies ist auch noch möglich, nachdem Sie das geänderte Foto gesichert und erneut geöffnet haben.

Aus anderen Apps auf Fotos zugreifen

Auch andere iPas-Apps können auf die Foto-Mediathek zugreifen. Das Aussehen der Schaltfläche hierfür ist nicht vorgegeben und kann je nach App unterschiedlich sein. In einem Popover werden die Alben und Ereignisse untereinander aufgelistet. Wenn Sie auf den Punkt **Fotoarchiv** (an zweitoberster Stelle in der Liste) tippen, werden sämtliche Fotos angezeigt und sind genauso ungeordnet wie in der Ansicht **Fotos** in der Fotos-App (🕮 »Die Ansichten der App Fotos«, Seite 179).

Fotostream

Wenn Sie bei iCloud angemeldet sind, können Sie »Fotostream« aktivieren. Fotostream bietet eine automatische Übertragung neuer Fotos auf Ihre anderen Geräte. In iOS 6 können aber auch Fotostreams für andere iOS-6-Benutzer angelegt werden. Optional als Webseite freigegeben lassen sich diese Fotostreams auch auf beliebigen Geräte betrachten.

▶ Andere Apps können auf die Foto-Mediathek zugreifen.

Mein Fotostream

Die Funktion »Mein Fotostream« überträgt neue Aufnahmen und importierte Fotos automatisch auf Apples Server. Dieser wiederum überträgt die Fotos auf die anderen angemeldeten Geräte. Fotostream steht nicht nur für iOS-Geräte, sondern auch für PCs ab OS X Lion oder Windows ab Vista zur Verfügung. Auf dem Apple-Server werden die Fotos nach 30 Tagen gelöscht. Mit Fotostream auf PCs geladene Fotos werden dort automatisch lokal gespeichert. Auf iOS-Geräten wird wegen des geringeren Speicherplatzes auf das automatische Sichern verzichtet.

Mein Fotostream kann auf dem iPad mini in der Einstellungen-App unter »iCloud« oder unter »Fotos & Kamera« aktiviert werden. Auf dem PC unter Mac OS X oder Windows wird Fotostream im Kontrollfeld »iCloud« aktiviert.

Die Fotos, die aus dem Fotostream gelöscht weden, werden nur vom Apple-Server gelöscht. Bereits gesicherte Fotos bleiben natürlich auf den Geräten erhalten.

Fotostream in der App Fotos

Ist Fotostream aktiviert, erscheint in der App Fotos eine weitere Ansicht **Fotostream.** Hier finden sich im Stapel »Mein Fotostream« alle Fotos, die in den vergangenen 30 Tagen von Fotostream auf den verschiedenen Geräten auf

den Apple-Server hochgeladen wurden. Da Fotos im Fotostream nicht automatisch auf das iPad mini gesichert werden, verschwinden Fotos, die mehr als 30 Tage alt sind, wieder aus dem Fotostream. Sie können aber Fotos, die auf dem iPad mini bleiben sollen, manuell sichern.

Foto aus dem Fotostream sichern

Die Fotos im Fotostream können einzeln oder zu mehreren in die Foto-Mediathek des iPads gesichert werden.

- Das -Popover eines geöffneten Fotos im Fotostream enthält einen zusätzlichen Befehl »In Aufnahmen sichern«. Mit diesem wird es in das Album »Aufnahmen« in der Foto-Mediathek des iPads kopiert.
- Die in der Ansicht **Fotostream** gezeigten Fotos können wie andere Fotos auch in beliebige Alben sortiert werden. Dabei werden die ausgewählten Fotos aus dem Fotostream in das Album »Aufnahmen« in der Foto-Mediathek des iPads und dem ausgewählten Album zugeordnet.

Fotostream freigeben

In iOS 6 können zusätzlich Fotostreams für andere Personen freigegeben werden. Diese können allerdings nur mit Geräten unter iOS 6 oder PCs mit OS X Mountain Lion empfangen werden.

1. Wechseln Sie in die Ansicht **Fotostream** und tippen Sie auf das **+**.
2. Es öffnet sich ein Blatt, in dem Sie den Empfänger des Fotostreams eingeben und dem Fotostream einen Namen geben.
3. Soll der Empfänger die Fotos mit einem Internetbrowser betrachten können, aktivieren Sie die Option »Öffentliche Webseite«.
4. Mit einem Tipp auf **Erstellen** wird ein leerer Fotostream angelegt. In diesen können Sie Fotos einfügen. Öffnen Sie den leeren Fotostream mit einem Tipp und wählen Sie dann mit dem Schalter **Fotos hinzufügen** die gewünschten Fotos aus.

Der Empfänger erhält eine E-Mail mit einem Link, mit dem der Empfänger zum Fotostream beitreten kann. Ist die Option »Öffentliche Webseite« aktiviert, enthält die E-Mail unten einen zusätzlichen Link zur Webseite.

▲ Mit einem Tipp auf [Teilen-Symbol] kann ein Foto gesendet oder gedruckt werden.

Fotos exportieren und ausgeben

Für den Export der auf dem iPad mini gespeicherten Fotos bietet das iOS verschiedene Möglichkeiten. Aus der App Fotos können die Fotos über die E-Mail-Funktion des iOS verschickt werden. Auf das iPad mini geladene Fotos lassen sich außerdem direkt auf einen PC importieren.

Fotos exportieren über USB

Wird das iPad mini an einen PC, ein anderes iPad oder einen Fotodrucker angeschlossen, verhält es sich wie eine Kamera bzw. Speicherkarte. Mit der Importfunktion von Windows oder einem Bildverwaltungsprogramm, wie z.B. Photoshop Elements bzw. unter Mac OS X mit dem Finder, dem Programm Digitale Bilder oder iPhoto können die Fotos dann genau wie aus einer Kamera vom iPad mini auf den PC geladen werden.

Fotos über Mail oder als Nachricht versenden

Die Bilder in der Mediathek des iPads können mit Hilfe der integrierten E-Mail- bzw. Nachrichten-Funktion des iOS direkt aus Fotos heraus per E-Mail oder als Nachricht versendet werden (E-Mail«, Seite 92; »Nachrichten«, Seite 131). Außerdem können Fotos auf Facebook oder Twitter veröffentlicht werden. Mehr dazu im Kapitel »Soziale Netzwerke«, Seite 266.

- Wenn Sie nur ein einzelnes Bild versenden wollen, öffnen Sie dieses und tippen dann in der Werkzeugleiste an. Wählen Sie im Popover die Option »Mail senden« bzw. »Nachrichten«.
- Wollen Sie mehrere Bilder verschicken, tippen Sie zuerst **Bearbeiten** an und wählen dann die gewünschten Bilder durch Antippen aus. Die ausgewählten Bilder werden mit einem blauen Häkchen markiert. Danach tippen Sie links in der Werkzeugleiste auf **Senden**. In einem Popover können Sie bestimmen, ob Sie die markierten Fotos per E-Mail oder als Nachricht verschicken wollen.
- Zum Versenden per E-Mail öffnet sich das aus der App Mail bekannte Blatt zum Erstellen einer neuen E-Mail. In dieses sind die Fotos schon eingefügt. Sie müssen nur noch den Adressaten, den Betreff und evtl. einen Text in die E-Mail einfügen.
- Zum Verschicken als Nachricht öffnet sich ein Nachrichten-Fenster, in dem die Fotos schon in das Textfeld für die Nachricht eingefügt ist. Sie müssen nur noch einen Empfänger bestimmen und evtl. einen Text hinzufügen.

Fotos drucken

Wenn Sie ein Foto nicht nur auf dem iPad mini oder angeschlossenen elektronischen Geräten zeigen wollen, können Sie es mit der intergierten Druckfunktion ausdrucken.

- Um nur ein Bild auszudrucken, öffnen Sie das Bild und tippen dann in der Werkzeugleiste an. Wählen Sie im Popover die Option »Drucken«.
- Wenn Sie mehrere Bilder drucken wollen, tippen Sie in der Übersicht aller Bilder **Bearbeiten**. Wählen Sie dann die gewünschten Bilder durch Antippen aus. Die ausgewählten Bilder werden mit einem ✓ markiert. Tippen Sie auf **Senden** und dann im Popover »Drucken«.
- Im Popover »Druckoptionen« können Sie den Drucker auswählen und die Anzahl der Ausdrucke einstellen. Genaueres zum Drucken auf dem iPad mini erfahren Sie im Kapitel »AirPrint«, Seite 279.

Weitere Aktionen für Fotos

Im Popover, das sich mit einem Tipp auf bzw. **Senden** öffnet, stehen noch einige weitere Optionen zur Auswahl. Das ausgewählte Bild kann als Hintergrundbild bestimmt werden. Nach dem Sie die Option im Popover ausgewählt haben, lässt sich mit den in der Werkzeugleiste angezeigten Schaltern bestimmen, ob das Bild der Hintergrund für den **Home-Bildschirm**, den **Sperrbildschirm** oder für **Beide** werden soll (»Der Home-Bildschirm«, Seite 62).

- Das Foto kann auch einem Kontakt zugewiesen werden. Nach der Auswahl der Option öffnet sich die Kontakte-Liste (»Kontakte«, Seite 112).
- Mit »Kopieren« wird das Bild in die Zwischenablage kopiert. Die Funktion »Kopieren« unterstützt auch die Auswahl mehrerer Bilder. Gehen Sie dabei genauso vor bei der Auswahl mehrerer Bilder für E-Mail-Versand oder für das Drucken.
- Außerdem können ein einzelnes Foto auf Twitter oder mehrere Fotos auf Facebook gepostet werden.

Ausgabe auf ein Ausgabegerät

Mit AirPlay können Sie die Fotos vom iPad mini auf AirPlay-Geräte im lokalen Netzwerk übertragen, die diese dann auf einem Bildschirm anzeigen. Befinden sich AirPlay-taugliche Geräte im lokalen Netzwerk, wird in Fotos in der Werkzeugleiste oben rechts das Symbol angezeigt. Mit einem Tipp auf dieses Symbol können Sie in einem Menü das Gerät aussuchen, auf das die Fotos vom iPad mini gestreamt werden sollen (»Audio- und Videoausgabe mit AirPlay oder Bluetooth«, Seite 287).

Auch wenn das iPad mini über das VGA- oder den Digital-AV-Adapter an ein Ausgabegerät angeschlossen ist, werden die Fotos auf diesem Gerät ausgegeben. Anders verhält es sich, wenn ein Ausgabegerät über das Composite- oder Componenten-Kabel an das iPad mini angeschlossen ist. In diesem werden die Fotos nicht auf dem Ausgabegerät angezeigt (bzw. nur im Diaschau-Modus; siehe »Diaschau«, Seite 185).

Videos in der App Fotos

Die Kamera des iPad mini und viele Digitalkameras besitzen neben der Möglichkeit, Fotos aufzunehmen, auch die Fähigkeit, Videos aufzuzeichnen. Solche Videos werden von der App Fotos genauso wie die Fotos behandelt und

▲ Ein mit einer Digitalkamera aufgenommenes Video wird in der App Fotos abgespielt.

zusammen mit diesen in der Foto-Mediathek angezeigt. Die Videos sind an folgenden Merkmalen zu erkennen:

- In den Übersichtsansichten sind Videos in der Vorschau mit ■◂ markiert und mit der Laufzeit versehen.
- Geöffnete Videos sind am ▶-Symbol in der Mitte des Bildes zu erkennen. Die obere Werkzeugleiste stellt bei einem geöffneten Video zusätzliche Funktionen bereit.

Videos importieren

Auch Videos können zusammen mit den Fotos importiert werden.

- Videos lassen sich über einen Kamera-Adapter importieren.
- Außerdem können mit dem Befehl »Video sichern« Videos aus anderen Quellen in die App Fotos importiert werden, beispielsweise als E-Mail-Anhang empfangene Videos. Sie finden sich dann im Album »Aufnahmen«

Videos abspielen

Videos werden wie Fotos durch Antippen geöffnet. Um das Video zu starten, tippen Sie in der Mitte des Bildes oder in der oberen Werkzeugleiste auf ▶.

- Der Zeiger innerhalb der Vorschaubilder in der oberen Werkzeugleiste zeigt die aktuelle Position im Video an. Er kann mit dem Finger verschoben werden.
- Wollen Sie eine bildgenaue Position im Video finden, tippen und halten Sie auf die Leiste. Die Vorschaubilder vervielfachen sich, sodass der Zeiger feiner positioniert werden kann.
- Mit einem Tipp in die Vorschaubilder springen Sie an eine beliebige Stelle im Video.

Trimmen

Videos können mit den Griffen am linken oder rechten Ende der Vorschauleiste getrimmt werden.

- Zum Trimmen eines Videos verschieben Sie die Griffe an den gewünschten Anfangs- bzw. Endpunkt des Videos.
- Für die Feintrimmung halten Sie den Griff, bis die Vorschaubilder sich vervielfachen.
- Mit einem Tipp auf Trimmen wird das gekürzte Video als neuer Clip gesichert. Das geänderte Video wird auf Wunsch im selben Album bzw. Ereignis gesichert wie das Original.

Videos exportieren

Ebenso wie Fotos können Videos aus der App Fotos exportiert werden. Das ↗- bzw. **Senden**-Popover bietet hier die Möglichkeit, ein einzelnes Video per E-Mail zu versenden und als Nachricht zu veschicken. Außerdem kann es auf YouTube hochgeladen werden.

Ausgabe auf ein Ausgabegerät

Auch die Videos in der App Fotos können über AirPlay oder einen Video-Adapter auf ein Ausgabegerät wie z.B. einen Fernseher ausgegeben werden. Das Video wird dabei nur auf dem Ausgabegerät und nicht außerdem noch auf dem iPad mini ausgegeben. Sobald die Wiedergabe mit einem Tipp auf ▶ gestartet wurde, wird auf dem iPad mini eine Infografik zusammen mit den

▲ Der Bilderrahmen-Modus wird im Sperrbildschirm aktiviert. Die Abbildung zeigt eine Bildwiedergabe mit dem Übergangseffekt Origami.

Steuerelementen angezeigt (🕮 »Adapter für die Video-Ausgabe«, Seite 283; 🕮 »Ausgabe von Videos auf dem Fernseher«, Seite 290).

Bilderrahmen

Das iPad mini kann anstatt als interaktiver Computer auch im Modus eines digitalen Bilderrahmens arbeiten. Dieser Modus kann aktiviert werden, indem auf dem Sperrbildschirm das Foto-Symbol angetippt wird.

Die Einstellungen für den digitalen Bilderrahmen werden in der Einstellungen-App unter »Bilderrahmen« vorgenommen. Es stehen die gleichen Optionen zur Verfügung wie bei der Bilderschau innerhalb von Fotos, es kann jedoch keine Hintergrundmusik ausgewählt werden. (Im Modus Bilderrahmen können Sie aber mit einem Doppelklick auf die Home-Taste die iPod-Steuerelemente einblenden, mit denen sich dann die Musikwiedergabe starten lässt.)

▶ Die Einstellungen für den Bilderrahmen-Modus werden in der Einstellungen-App unter »Bilderrahmen« vorgenommen.

Den Bilderrahmen-Modus beenden Sie, indem Sie durch Antippen des Bildschirms die Werkzeugleisten des Sperrbildschirms einblenden. Hier tippen Sie erneut den Bilderrahmen-Schalter an.

Videos – das iPad mini als mobiler Videoplayer

Für die Wiedergabe von Filmen bietet das iOS verschiedene Möglichkeiten. Unter der App Videos können Videos betrachtet werden, die über iTunes synchronisiert oder im iTunes Store gekauft wurden. Neben Filmen werden in dieser App auch TV-Sendungen und Musikvideos abgespielt.

In Internetseiten eingebettete Videos werden direkt in Safari abgespielt (📖 »Eingebettete Videos«, Seite 88)

Videos, die mit den integrierten Kameras des iPad mini aufgenommen oder von einer Digitalkamera importiert wurden, werden in der App Fotos abgespielt (📖 »Videos in der App Fotos« ab Seite 192).

Als weitere Möglichkeit können Filme in alternativen Video-Player-Apps aus dem App-Store abgespielt werden (📖 »Alternative Video-Player«, Seite 202).

Die App Videos

In der App Videos werden lokal auf dem iPad mini gespeicherte Video-Dateien abgespielt, die aus dem iTunes-Store bezogen, mit iTunes auf dem PC synchronisiert oder über die Privatfreigabe aus der iTunes-Mediathek Ihres PCs gestreamt wurden. Neben Filmen und TV-Sendungen werden in Videos auch Musikvideos angezeigt.

Die Schalter in Videos	
▶	**Wiedergabe**
❚❚	**Pause**
▶▶❘	**Zum Anfang springen**
❘◀◀	**Zum Ende springen**
⬍	**Formatanpassung (Overscan)**

▲ Die Filme können anhand des Namens und eines Vorschaubildes oder anhand des Covers ausgewählt werden.

Videos importieren

Die Videos können aus unterschiedlichen Quellen in die Mediathek der App Videos importiert werden:

- Im iTunes-Store können Spielfilme, Fernsehserien und Musikvideos gekauft werden. Mehr zum iTunes-Store lesen Sie im Kapitel 📖 »Stores«, Seite 269.
- Videos für die App Videos auf dem iPad mini können mit Hilfe von iTunes importiert werden. Bevor die Videos auf das iPad mini geladen werden können, müssen sie daher auf dem PC in iTunes importiert werden.
- In der App Videos können auch über die Privatfreigabe gestreamte Videos aus iTunes-Mediatheken verschiedener PCs abgespielt werden.

Ansichten in Videos

In der App Videos werden die unterschiedliche Arten von Videos jeweils in einer eigenen Ansicht angezeigt.

◀ Die Folgen einer Fernsehsendung werden im Infofenster aufgelistet.

- In den Ansichten **Filme** und **Musikvideos** werden Vorschauminiaturen bzw. Cover der Videos in alphabetischer Reihenfolge sortiert aufgelistet. Mit einem Tipp auf die Miniatur öffnet sich ein Infofenster, in dem weitere Informationen zum Video angezeigt werden. Der Film wird mit ▶ gestartet.
- Die Ansicht **Sendungen** zeigt die Videos zusammengefasst an. Ein Tipp auf die Miniatur öffnet eine Liste, in der die gespeicherten Folgen aufgelistet werden. Ein Tipp auf ▶ setzt die Wiedergabe in der zuletzt angesehenen Folge an der Stelle fort, an der die Wiedergabe gestoppt wurde bzw. startet hier die erste ungesehene Folge. Alternativ kann aber auch eine beliebige Episode aus der Liste gestartet werden.

- In der Ansicht **Freigegeben** werden die über die Privatfreigabe freigegebenen iTunes-Mediatheken der verschiedenen PCs wiedergespiegelt. Innerhalb der Freigabe eines PCs werden die enthaltenen Videos wiederum in denselben artspezifischen Ansichten angezeigt, wie die auf dem iPad mini gespeicherten Videos.
- Musikvideos werden außerdem in der App Musik zwischen den Musiktiteln aufgelistet.

Videos vom iPad mini löschen

Direkt innerhalb der App Videos können auf der Übersichtsseite Filme vom iPad mini gelöscht werden. Halten Sie hierfür auf das Video, das Sie löschen wollen, bis in der oberen linken Ecke das Schließfeld ⊗ erscheint. Wenn Sie nun auf dieses Schließfeld tippen, wird das Video nach einer Abfrage vom iPad mini gelöscht. Einzelne Folgen von Fernsehserien können durch horizontales Ziehen mit dem Finger über den Eintrag in der Liste und Tippen auf **Löschen** gelöscht werden.

Videos betrachten

Wenn Sie auf der Übersichtsseite auf ein Video tippen, wird eine Infoseite geöffnet.

- Bei einem Film oder einem Musikvideo werden hier Informationen zum Video angezeigt.
- Bei TV-Sendungen werden die Folgen aufgelistet. Mit einem Tipp auf den Eintrag »Weitere laden« am unteren Ende der Liste wechseln Sie auf die entsprechende Seite im iTunes Store, wo dann weitere Folgen geladen werden können.

Mit einem Tipp auf ▶ wird das Video gestartet. Bei TV-Sendungen startet dabei die zuletzt gesehene Folge. Wollen Sie eine andere Folge sehen, tippen Sie diese in der Liste an.

Wenn Sie bei laufendem Video auf den Bildschirm tippen, werden die Steuerelemente ein- bzw. ausgeblendet.

- Mit ❚❚ können Sie die Wiedergabe anhalten und dann mit ▶ wieder fortsetzen sowie mit ⏮ und ⏭ zum Anfang bzw. Ende des Videos springen.
- Der Schieberegler unter den Steuerelementen passt die Lautstärke an.

▲ Ein Video mit eingeblendeten Steuerelementen

- In der Werkzeugleiste oben wird die Zeitleiste eingeblendet. Rechts und links von ihr werden die abgelaufene bzw. die noch zu spielende Zeit angezeigt. Mit der Zeitleiste können Sie sich in dem Video vor- und zurück bewegen. Tippen Sie hierfür auf den Knopf am rechten Ende des Balkens und bewegen Sie den Finger nach rechts oder links.
- Wenn Sie den Finger nach unten bewegen, ändert sich das Verhältnis zwischen der Bewegung Ihres Fingers und der Bewegung auf der Zeitleiste, sodass Sie sich langsamer durch die Zeit bewegen.
- Die Schaltfläche ⊡ rechts oder ein Doppeltipp in das Video skaliert ein Video im Breitbildformat auf Bildschirmgröße, sodass oben und unten keine schwarzen Balken mehr erscheinen. Allerdings werden dabei Teile des Bildes an den Seiten abgeschnitten.
- Die Schaltfläche **Fertig** stoppt die Wiedergabe und führt zurück zum Infofenster. Von dort aus gelangen Sie mit der **Zurück**-Schaltfläche wieder zurück zur Übersichtsseite.

In der Einstellungen-App kann auf der Seite »Video« bestimmt werden, an welcher Stelle die erneute Wiedergabe eines nur zum Teil gesehenen Videos

startet. Zur Auswahl steht die Möglichkeit, das Video immer vom Anfang an abzuspielen oder an der Stelle zu starten, an der die Wiedergabe gestoppt wurde.

Ausgabe auf dem Fernsehgerät
Mit einem entsprechenden Adapter kann das Die Videos in der App Videos können über AirPlay oder Kabel auf einen Fernseher ausgegeben werden. Mehr hierzu erfahren Sie im Kapitel 🕮 »Ausgabe von Videos auf dem Fernseher«, Seite 290.

Video-Podcasts

Video-Podcasts werden nicht in der App Videos angezeigt. Zum Abspielen von Podcasts bietet Apple die kostenlose App Podcasts im App Store an. Mehr hierzu lesen Sie im Kapitel 🕮 »Podcasts«, Seite 224.

Eingebettete Videos

In Internetseiten eingebettete Videos werden direkt in Safari betrachtet. Mehr hierzu erfahren Sie im Kapitel 🕮 »Safari«, Seite 76.

Videos in der App Fotos

Videos von Digitalkameras werden in die App Fotos importiert und dort abgespielt. Genaueres zur Bedienung finden Sie im Kapitel 🕮 »Videos in der App Fotos« ab Seite 192.

Alternative Video-Player

Im App-Store werden verschiedene Apps angeboten, mit denen Videos abgespielt werden können. Zum einen Apps, die Videos von verschiedenen Video-Portalen abspielen, aber auch vom eigenen PC gestreamte Videos. Zum anderen werden aber auch Video-Player-Apps angeboten, die auf dem iPad mini gespeicherte Videos abspielen können.

Viele dieser Player enthalten eigene Codecs. Hiermit lassen sich Videos abspielen, die in der integrierten App Videos nicht abgespielt werden können, beispielsweise DivX-Videos im AVI-Format oder ältere QuickTime-Formate.

Allerdings gibt es auch hier Einschränkungen: Videos mit dem Codec H.264 werden auf dem iPad mini von einer speziellen Video-Decoder-Hardware dekodiert, die im Prozessor-SoC des iPads integriert ist (mehr hierzu im Kapitel

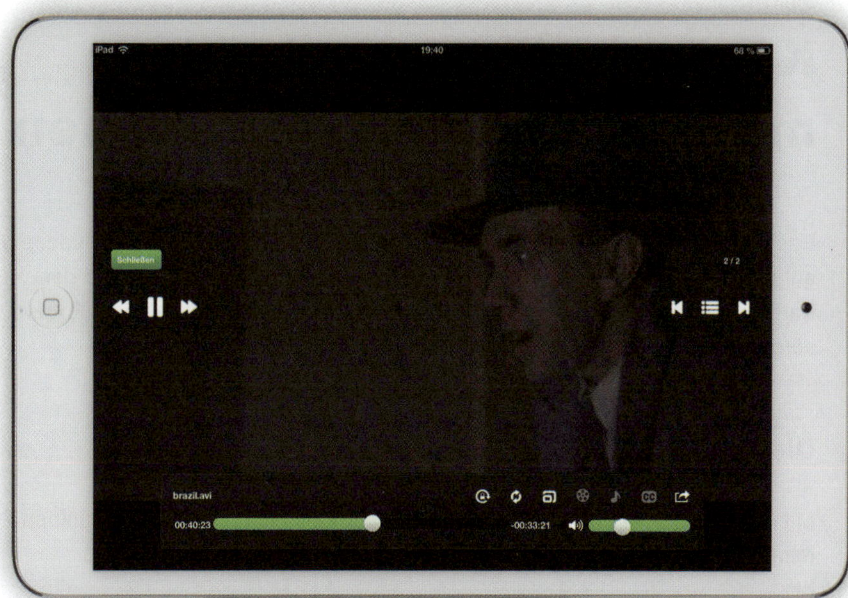

▲ Ein alternativer Videoplayer (hier OPlayerHD) spielt Videos aus anderen Quellen und in anderen Formaten ab.

🕮 »Die Hardware des iPad mini«, Seite 302). Bei anderen Codecs jedoch müssen die Video-Daten über die Software auf dem Hauptprozessor dekodiert werden. Dieser ist in Sachen Video-Dekodierung langsamer als die spezialisierte Dekodier-Hardware. Damit beschränkt sich die mögliche Größe und Bandbreite der Videos, die abgespielt werden können. Es können also nur Videos im Standard-Format abgespielt werden oder HD-Filme mit sehr geringer Qualität.

Kamera – Fotos und Videos mit dem iPad mini aufnehmen

Das iPad mini ist mit zwei Kameras ausgestattet, mit denen Fotos und Videos aufgenommen werden können. Foto- und Video-Aufnahmen werden mit der Kamera-App gemacht. Mit Photo Booth können außerdem verfremdete Fotos aufgenommen werden.

Die App Kamera

Mit der Kamera-App können Sie mit Ihrem iPad mini Fotos und Videos aufnehmen.

Foto oder Video aufnehmen

- Mit dem Schalter unten rechts bestimmen Sie, ob Sie ein Foto oder ein Video aufnehmen und mit dem Schalter wechseln Sie zwischen der vorderseitigen und der rückwärtigen Kamera.

Die Schalter in Kamera
Foto aufnehmen (auch in Photo Booth)
Video aufnehmen
Kamera wechseln (auch in Photo Booth)
Aufnahmemodus Foto
Aufnahmemodus Video
Aufnahmen löschen, kopieren, versenden etc. (auch in Photo Booth)
Aufnahme löschen
Video abspielen

▲ Mit der App Kamera können Fotos und Videos aufgenommen werden.

- Falls Sie in das Bild hinein zoomen wollen, ziehen Sie zwei Finger auseinander. Mit dem Schieberegler, der über der Werkzeugleiste eingeblendet wird, können Sie den Zoomfaktor genauer einstellen.
- Um die Belichtung und Autofokus anzupassen, tippen Sie auf den Bildschirm. Der Punkt, auf den Sie getippt haben, wird als Referenzpunkt für die Belichtung verwendet. Halten Sie den Finger, wird die Einstellung gesperrt.
- Wenn Gesichter erkannt werden, werden diese mit einem grünen Rahmen markiert und automatisch als Referenzpunkte für Belichtung und Fokus verwendet.
- Mit **Optionen** können Sie ein Raster auf dem Bildschirm einblenden.
- Zum Aufnehmen eines Fotos lösen Sie mit einem Tipp auf 📷 oder durch Drücken der Lauter-Taste aus.
- Eine Video-Aufnahme wird mit einem Tipp auf den roten ● gestartet. Solange die Aufnahme läuft, blinkt das Symbol ●. Oben rechts im Bild wird die abgelaufene Aufnahmezeit angezeigt. Mit einem weiteren Tipp auf ● stoppen Sie die Aufnahme. Sie können die Aufnahme auch mit der Lautstärketaste für Lauter starten und stoppen.

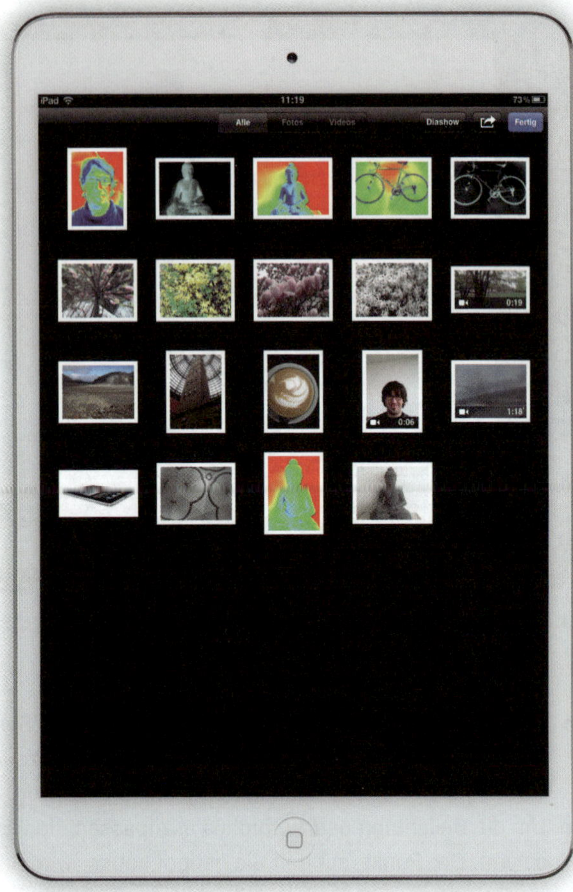

▶ Unter den Aufnahmen, die in der Kamera-App aufgenommen wurden, erscheinen auch die Fotos aus Photo Booth sowie aus dem Internet heruntergeladene Bilder.

Fotos und Videos betrachten

Die in der App Kamera erstellten Fotos und Videos werden in die Foto-Mediathek im Album »Aufnahmen« gespeichert (siehe 🕮 »Fotos«, Seite 175). Mit einem Tipp auf das Vorschausymbol links in der Werkzeugleiste wird das zuletzt aufgenommene Foto oder Video aufgerufen.

Um alle aufgenommenen Fotos und Videos anzusehen, tippen Sie auf **Aufnahmen**. Dies öffnet das Album »Aufnahmen«. Hier stehen drei Ansichten zur Verfügung: Die Ansicht **Alle** zeigt Fotos und Videos an, den anderen Ansichten jeweils nur **Fotos** bzw. **Videos**.

Die Fotos und Videos werden durch Antippen geöffnet. Wie in der Fotos-App kann dann mit Ziehen oder Schnippen nach rechts oder links oder durch Antippen eines der Vorschaubilder in der unteren Werkzeugleiste zwischen den Aufnahmen gewechselt werden. Die Werkzeugleisten werden mit einem Tipp in das Bild aus- und eingeblendet.

Um in den Kamera-Modus zurück zu wechseln, tippen Sie auf **Fertig**. Jetzt können Sie weitere Fotos oder Videos aufnehmen.

Videos abspielen

Videos werden, nachdem sie durch Antippen geöffnet wurden, mit einem Tipp auf ▶ in der Mitte des Bildes oder in der oberen Werkzeugleiste abgespielt.

- Der Zeiger innerhalb der Vorschaubilder in der oberen Werkzeugleiste zeigt die aktuelle Position im Video an. Er kann mit dem Finger verschoben werden.
- Mit einem Tipp in die Vorschaubilder springen Sie an eine beliebige Stelle im Video.
- Wenn Sie auf die Leiste tippen und halten, vervielfachen sich die Vorschaubilder, sodass der Zeiger feiner positioniert werden kann.

Fotos und Videos löschen oder exportieren

Die aufgenommenen Fotos und Videos können direkt in der App Kamera aus der Foto-Mediathek gelöscht, versendet, in das Internet hochgeladen oder gedruckt werden.

- Um ein einzelnes Foto oder Video zu löschen, öffnen Sie dieses und löschen es mit einem Tipp auf 🗑.
- Ein Tipp auf ↗ öffnet ein Popover, mit dem das geöffnete Foto und Video per E-Mail versendet oder kopiert werden kann. Bilder lassen sich außerdem drucken, einem Kontakt zuweisen oder als Hintergrundbild verwenden, Videos auf YouTube hochladen.
- In der Ansicht **Aufnahmen** können Sie auch mehrere Fotos oder Videos gleichzeitig löschen, drucken oder versenden.
- Tippen Sie zuerst auf **Bearbeiten** und wählen Sie die gewünschten Fotos und Videos durch Antippen aus. Sie werden mit einem blauen ✔ markiert.
- Um die ausgewählen Objekte zu löschen, tippen Sie auf **Löschen**.
- Wollen Sie Fotos und Videos versenden, kopieren oder drucken, tippen Sie auf **Senden** und wählen dann im Popover den entsprechenden Schalter. Videos können nicht gedruckt werden.

▲ In der Kamera-App wird ein aufgenommenes Video getrimmt.

Fotostream

Wenn Fotostream aktiviert ist, werden neu aufgenommene Fotos automatisch in den Fotostream hochgeladen. Videos werden jedoch nicht in den Fotostream geladen (📖 »Fotostream«, Seite 187).

Videos trimmen

Ein mit der App Kamera aufgenommenes Video kann getrimmt, d.h. gekürzt werden.

1. Öffnen Sie zuerst das gewünschte Video.
2. Je nachdem, ob Sie das Video am Anfang oder am Ende kürzen wollen, tippen Sie in der oberen Werkzeugleiste auf den Griff am linken oder rechten Ende der Vorschau und verschieben diesen an den gewünschten Anfangs- bzw. Endpunkt des Videos. Für die Feintrimmung halten Sie den Griff, bis die Vorschaubilder sich vervielfachen.
3. Wenn Sie das Video auf die gewünschte Länge gekürzt haben, tippen Sie auf **Trimmen**. Sie können die Änderungen in der geöffneten Videodatei speichern (»Original trimmen«) oder aber mit der Option »Als neuen Clip speichern« eine neue Videodatei mit den Änderungen anlegen. Dann bleibt die originale Videodatei unverändert.

▲ In Photo Booth stehen acht Effekte zur Auswahl.

Aufnahmen exportieren über USB

Mit der App Kamera erstellte Fotos und Videos können wie Aufnahmen auf einer Digitalkamera über USB auf den PC übertragen werden.

Photo Booth

Photo Booth nimmt ebenfalls Fotos auf, verfremdet diese aber dabei. Es stehen acht unterschiedliche Effekte zur Verfügung.

Fotos aufnehmen

Eine geteilte Ansicht, die mit aufgerufen wird, zeigt eine Live-Vorschau der verfügbaren Effekte. Mit einem Tipp auf das gewünschte Feld wählen Sie den Effekt, mit dem Sie Ihre Aufnahme versehen wollen. Das verfremdete Live-Bild wird jetzt bildschirmfüllend angezeigt. Mit können Sie zwischen den Kameras wechseln. Zum Aufnehmen tippen Sie unten auf .

▶ Anzeige ausgewählter Fotos in Photo Booth

Fotos betrachten

Die mit Photo Booth aufgenommenen Fotos werden in Photo Booth in der Liste unten angezeigt. Sie finden sich außerdem in der App Fotos im Album »Aufnahmen« (siehe 📖 »Fotos«, Seite 175).

Mit einem Tipp auf eines der Fotos wird dieses bildschirmfüllend angezeigt. Um wieder in den Aufnahme-Modus zu gelangen, tippen Sie auf 📷, oder tippen Sie einfach das Foto in der Liste ein weiteres Mal an.

Aufgenommene Fotos löschen, kopieren oder per E-Mail versenden

Das Symbol des jeweils aufgerufenen Fotos erscheint in der Leiste unten mit ⊗ versehen. Es kann mit einem Tipp gelöscht werden.

Sollen mehrere Fotos gelöscht werden, tippen Sie auf ↗. Jetzt wählen Sie die gewünschten Fotos durch Antippen in der Leiste aus. Die Fotos werden mit einem blauen ⊘ versehen und auf einen Stapel gelegt. Mit einem Tipp auf **Löschen** können die ausgewählten Fotos gelöscht werden. Außerdem lassen sich die ausgewählten Fotos mit **Kopieren** in die Zwischenablage kopieren. Wird **E-Mail** angetippt, öffnet sich das aus Mail bekannte Blatt zum Erstellen einer E-Mail, in die die Fotos bereits eingefügt sind (siehe 🕮 »Mail«, Seite 92).

Mit **Abbrechen** kann der Auswahl-Modus wieder verlassen werden.

Fotos auf den PC übertragen

Die mit Photo Booth erstellten Fotos können über USB auf den PC übertragen werden.

Musik – Audio-Titel auf dem iPad mini

Für das Abspielen und Verwalten von Musik und Hörbüchern ist auf dem iPad mini die App Musik integriert. Die Audio-Titel für die App Musik werden im iTunes-Store gekauft oder mit der Mediathek von iTunes auf dem PC synchronisiert. Außerdem spielt die App Musik über die Privatfreigabe aus der iTunes-Mediathek Ihres PCs gestreamte Audio-Titel ab (📖 »Privatfreigabe«, Seite 299).

Zum Abspielen und Verwalten von Podcasts kann die kostenlose App »Podcasts« von Apple aus dem App Store heruntergeladen werden (📖 »Podcasts«, Seite 224).

Für Audio-Titel aus anderen Quellen stehen verschiedene alternative Musik-Player aus dem App-Store bereit. (📖 »Alternativen zur App Musik«, Seite 220)

Musik auf das iPad mini importieren

Die Audio-Titel in der App Musik können aus verschiedenen Quellen auf das iPad mini importiert werden:

- Mit der iTunes-Store-App können Sie auch auf dem iPad mini in Apples iTunes Store Musik kaufen. Diese wird direkt in die Musik-App übertragen.

Die Schalter in Musik	
▶	Wiedergabe
❚❚	Pause
▶▶❘	Zum nächsten Titel springen
❘◀◀	Zum Anfang bzw. vorherigen Titel springen
+	Neue Wiedergabeliste anlegen
[Genius-Symbol]	Genius-Liste aktivieren

▲ Titel eines Interpreten in der App Musik

Der iTunes Store wird weiter hinten im Buch beschrieben (📖 »Stores«, Seite 269).

- In iTunes auf dem PC importierte und sortierte Musiktitel können über iTunes mit der Musik-Mediathek des iPads synchronisiert werden.
- Über die Privatfreigabe können in der App Musik können Audio-Dateien aus iTunes-Mediatheken verschiedener PCs über das Netzwerk gestreamt abgespielt werden.

Ansichten auf dem iPad mini

Die Musikmediathek und die Wiedergabelisten lassen sich auf dem iPad mini in unterschiedlichen Ansichten darstellen.

- In der Ansicht **Listen** werden die Wiedergabelisten als Stapelsymbole angezeigt. Ein Tipp auf einen der Stapel zeigt den Inhalt der Wiedergabeliste in einer Liste.

- In der Ansicht **Titel** werden alle Titel in einer Liste untereinander aufgelistet. Mit der Alphabet-Leiste kann rechts zu der gewünschten Position im Alphabet gesprungen werden. Ein Tipp auf einen Titel startet direkt die Wiedergabe.
- In der Ansicht **Interpreten** werden alle Interpreten aus der Musikmediathek aufgeführt. Ein Tipp auf einen Eintrag öffnet eine Liste mit allen Titeln des ausgewählten Interpreten sortiert nach Album bzw. Erscheinungsjahr.
- In der Ansicht **Alben** werden die Alben-Cover der Alben in der Musik-Mediathek angezeigt. Ein Tipp auf ein Album öffnet ein Blatt, in dem die Titel aus dem jeweiligen Album aufgelistet werden.

Unter **Weitere** kann zwischen der Sortierung nach Titeln oder Interpreten gewechselt werden und es lassen sich weitere Ansichten aufrufen:

- Unter »Freigaben« finden Sie die über die Privatfreigabe freigegebenen iTunes-Mediatheken von PCs im Netzwerk. Wählen Sie eine Freigabe aus, wird deren Inhalt statt der lokalen Musik-Mediathek in den verschiedenen Ansichten angezeigt.
- In der Ansicht »Genres« werden die verschiedenen Genres als Symbole dargestellt angezeigt. Mit einem Tipp auf ein Genre wird eine Liste aller Titel, die diesem Genre zugeordnet sind, aufgelistet.
- In der Ansicht »Komponisten« werden die Komponisten der Titel aus der Musikmediathek aufgeführt. Ein Tipp auf einen Eintrag öffnet eine Liste mit allen Titeln des ausgewählten Komponisten.
- »Hörbücher« werden in einer eigenen Ansicht aufgelistet. Diese entspricht den Ansichten für Alben, Interpreten und Komponisten.

Titel löschen

- Einzelne Titel können durch horizontales Wischen über den Eintrag in der Liste und anschließendem Tipp auf **Löschen** aus der Mediathek entfernt werden. Außer in Wiedergabelisten ist dies in allen Listen möglich, unabhängig davon, in welchen Ansicht die Liste geöffnet wurde.
- Wenn Sie ein Album, alle Titel eines Interpreten oder Genres etc. löschen wollen, halten Sie in der jeweiligen Ansicht auf das gewünschte Symbol und tippen Sie anschließend auf das ⊗. Die Titel in der Wiedergabeliste werden dabei nicht vom iPad mini entfernt.

▲ Auswahl der Titel für eine neue Wiedergabeliste

Wiedergabelisten

In der App Musik können Sie Ihre Musik in Wiedergabelisten sortieren. Die Wiedergabelisten werden in der Ansicht **Listen** angezeigt.

❶ Tippen Sie in der Ansicht **Listen** auf **Neu** oben rechts und geben Sie der neuen Wiedergabeliste einen Namen.

❷ Anschließend wird die Musikmediathek eingeblendet, aus der Sie die gewünschten Titel mit dem ⊕ zu der Wiedergabeliste hinzufügen können.

❸ Um die aufgelisteten Titel z.B. nach Interpreten oder Alben zu filtern, können Sie mit dem Schalter unten innerhalb der Auswahl die Ansichten wechseln.

❹ Nachdem Sie alle Titel eingefügt haben, tippen Sie auf **Fertig**. Nun können Sie die Reihenfolge der Titel ändern, indem Sie die Titel am Griff ≡ rechts an andere Stellen in der Liste verschieben und fälschlich ausgewählte Titel wieder aus der Wiedergabeliste entfernen.

❺ Zuletzt verlassen Sie den Bearbeiten-Modus mit einem Tipp auf **Fertig**.

▲ Coveransicht mit eingeblendeten Steuerelementen

Wiedergabelisten ändern

Eine geöffnete Wiedergabeliste kann mit **Bearbeiten** oben rechts geändert werden.

- Um einen Titel zu löschen, tippen Sie das rote ⊖ links neben dem Titel an. Der Titel kann jetzt mit der Schaltfläche **Löschen** gelöscht werden.
- Mit dem Griff ≡ rechts können Sie den Titel innerhalb der Liste verschieben.
- Neue Titel können hinzugefügt werden, wenn Sie die Schaltfläche **Titel hinzufügen** tippen. Wie beim Erstellen einer neuen Wiedergabeliste können Sie jetzt Titel aus der Liste mit dem ⊕ zum Hinzufügen markieren.

Wiedergabeliste löschen

Wollen Sie eine Wiedergabeliste löschen, halten Sie in der Ansicht **Listen** auf die Wiedergabeliste und tippen Sie anschließend auf das ⊗. Die Titel in der Wiedergabeliste werden dabei nicht vom iPad mini entfernt.

Musik abspielen

In allen Ansichten wird die Musikwiedergabe mit einem Tipp auf einen Titel in der Liste gestartet. Der gerade abgespielte Titel wird mit einem 🔊 markiert.

Steuerelemente für die Musikwiedergabe

Unabhängig von der Ansicht bestehen die Steuerelemente für die Musikwiedergabe aus den gleichen Grundelementen, die jedoch etwas unterschiedlich aussehen können.

- ▶ startet die Wiedergabe. Bei laufender Wiedergabe erschient an derselben Stelle ❚❚, das die Wiedergabe stoppt.
- Mit ⏮ springen Sie an den Anfang des aktuell abgespielten Titels bzw. zum in der Abfolge der Wiedergabe davor liegenden Titel, mit ⏭ einen Titel weiter.
- Wenn Sie die Tasten ⏮ oder ⏭ gedrückt halten, wird im Titel erst langsam und dann schneller werdend vor bzw. zurück gespult.
- Der Lautstärkeregler befindet sich je nach Ansicht unterhalb oder neben diesen Steuerelementen. Die Lautstärke kann aber auch mit den Tasten an der Seite des iPads geregelt werden.

In Musik finden sich zusätzlich zu den Grundelementen noch weitere Steuerelemente.

- Mit der Zeitleiste, die in jeder Ansicht vorhanden ist, können Sie sich an eine beliebige Stelle im Musiktitel bewegen.
- 🔁 schaltet die Wiederholfunktion ein. Wird 🔁 einmal angetippt, wird die gesamte Wiedergabeliste wiederholt. Wenn Sie 🔁 ein zweites Mal antippen, wird der aktuelle Titel wiederholt. Ein dritter Tipp schaltet die Wiederholfunktion wieder aus. Die Musikwiedergabe stoppt dann, sobald die Wiedergabeliste zu Ende ist.
- 🔀 schaltet die zufällige Wiedergabe von Musik ein und aus.
- Bei Hörbüchern können Sie mit einem Tipp auf **1x** die Abspielgeschwindigkeit halbieren oder verdoppeln.
- Bei Hörbüchern kann mit der Schaltfläche ↺30 unten um 30 Sekunden mit der Schaltfläche ↺15 um 15 Sekunden zurück gesprungen werden.

▲ Hier werden alle Titel aus dem Album des aktuell abgespielten Titels angezeigt.

Cover- und Album-Ansicht

Mit einem Tipp auf die Cover-Miniatur links neben der Zeitleiste kann die Cover-Ansicht eingeblendet werden. In der Coveransicht kann durch Wischen nach rechts oder links zum nächsten oder vorherigen Titel in der aktiven Liste gewechselt werden.

- Mit einem Tipp auf das Cover werden die Steuerelemente für die Musikwiedergabe eingeblendet.
- Ein Tipp auf ☰ oder ein Doppeltipp auf das Cover dreht das Cover um und es wird eine Album-Ansicht gezeigt. Diese Ansicht listet, unabhängig von der Abfolge der Wiedergabe, alle Titel aus dem Album auf, aus dem der aktuell abgespielte Titel stammt. Zurück zum Cover wechseln Sie mit einem erneuten Tipp auf ☰.
- Mit der einer der Schaltflächen unten wechseln Sie aus der Cover- und der Alben-Ansicht zurück in die Listenansicht. < unten wechselt zurück in die zuletzt verwendete Ansicht.

▲ Die Musikwiedergabe kann im App-Switcher gesteuert werden, wenn eine andere App läuft.

Musikvideos

Musikvideos werden zwischen den Musiktiteln angezeigt. In der App Musik wird nur die Tonspur abgespielt. Zum Betrachten des Videos spielen Sie es in der App Videos ab.

Genius

Genius ist eine automatisch generierte Wiedergabeliste, in der Titel abgespielt werden, die zueinander passen. Sie starten Genius, indem Sie das Symbol ⚛ rechts neben der Zeitleiste antippen. Die folgenden Titel bestimmt Genius. Wenn Sie manuell einen Titel auswählen, wird Genius wieder beendet. Genius muss vorher in der iTunes-App oder in iTunes auf dem PC aktiviert werden.

Musik-Wiedergabe ohne Musik-App

Auch wenn die App Musik mit der Home-Taste beendet wird, stoppt die Musikwiedergabe nicht. Sie können die Wiedergabe stoppen, erneut starten oder zum nächsten bzw. vorherigen Titel wechseln, ohne die App Musik erneut aufzurufen. Dafür doppelklicken Sie auf die Home-Taste, um so den

App-Switcher einzublenden. Schieben Sie die App-Symbole nach rechts. In der Mitte des unteren Bereichs finden Sie jetzt die Musik-Bedienelemente (📖 »Der App-Switcher«, Seite 64).

Musikwiedergabe ohne Entriegeln

Das iPad mini kann Musik wiedergeben, ohne dass das Gerät entriegelt wird. Klicken Sie doppelt auf die Home-Taste. Die Musik-Bedienelemente erscheinen oben auf dem Sperrbildschirm an Stelle der Uhrzeit. Anstelle des Hintergrundbildes wird das Cover des aktuell abgespielten Musiktitels angezeigt.

AirPlay und Bluetooth

Mit AirPlay oder Bluetooth kann die Musik vom iPad mini über Funk auf anderen Geräten ausgegeben werden. Immer wenn ein Bluetooth-Gerät mit dem iPad mini verbunden ist oder sich AirPlay-taugliche Geräte im lokalen Netzwerk befinden, wird neben den Steuerelementen das Symbol ▭ angezeigt. Mit einem Tipp auf dieses Symbol können Sie in einem Popover das Gerät aussuchen, auf dem die Musik vom iPad mini ausgegeben werden soll. AirPlay überträgt (streamt) die Tonausgabe über das lokale Netzwerk auf ein Gerät, das dann die Musik über seine Lautsprecher ausgibt. Bei Bluetooth erfolgt die Übertragung direkt über Funk (📖 »Audio- und Videoausgabe mit AirPlay oder Bluetooth«, Seite 287).

Alternativen zur App Musik

Die Musik-App auf dem iPad mini beschränkt sich darauf, Musik abzuspielen, die im iTunes Store gekauft oder über iTunes auf das iPad mini importiert wurde oder gestreamt wird. Musik, die Sie auf dem iPad mini aus dem Internet erhalten, kann nicht direkt zur Mediathek hinzugefügt werden. Auch gestreamte Musik aus dem Internet kann in der App Musik nicht gespielt werden. Hierfür müssen Alternativen her.

◀ Die aus dem Internet heruntergeladene MP3-Datei wird direkt in der App (im Beispiel »GoodReader«) abgespielt.

MP3-Dateien herunterladen

An vielen Stellen im Internet können Musikstücke legal in Form von MP3-Dateien herunter geladen werden. Safari spielt diese beim Tipp auf den Link im Browser ab. Bei Audiodateien bietet Safari aber nicht die Möglichkeit, die geladenen Datei mit »Öffnen in« an eine andere App weiterzugeben, die diese Audiodateien dann speichern kann.

Im App Store stehen aber verschiedene Apps bereit, die Musikdateien herunterladen und speichern können. Innerhalb dieser Apps kann die Musik dann auch abgespielt werden.

Apps mit Download-Funktion bieten aber ebenso wenig wie Safari die Möglichkeit, Musikdateien direkt in die Musikmediathek des iPads zu verschieben.

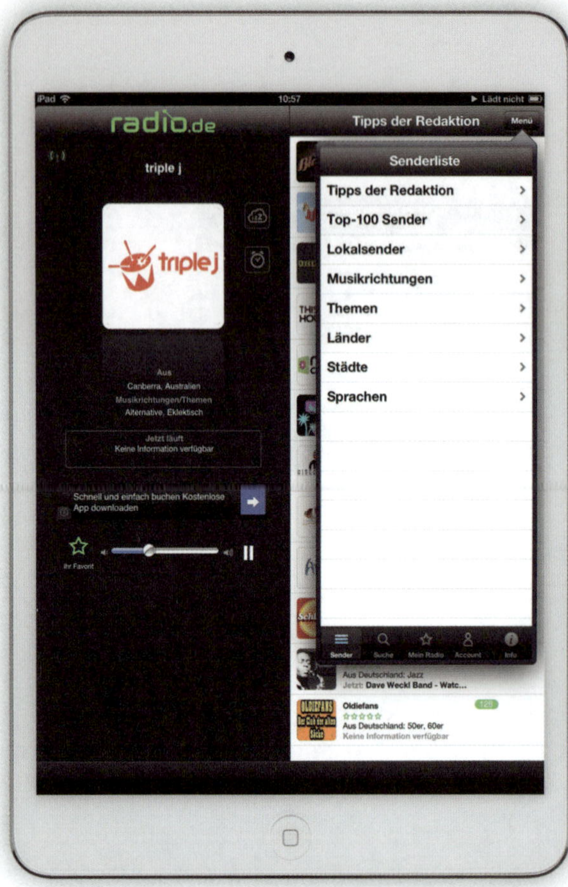

▶ In einer Internet-Radio-App können Sie Musik hören, die über das Internet gestreamt wird.

Internetradio

Internetradios bieten u.a. Musik in Form von Datenströmen an. Wenn die Radiostation den Datenstrom im MP3- oder AAC-Format anbietet, kann dieser in Safari abgespielt werden. Komfortabler geht es mit speziellen Internet-Radio-Apps, die im App Store erhältlich sind. In einer solchen Internet-Radio-App kann unter Tausenden von Radiosendern gewählt werden, die in nach verschiedenen Kriterien sortierten Listen zur Auswahl stehen. Manche Apps können neben MP3- und AAC-Streams auch WMA- oder Ogg-Vorbis-Streams abspielen.

Eigener Musikserver

Wenn Sie die eigene Musik auf dem iPad mini abspielen wollen, ohne dass diese in den Speicher des iPads kopiert werden muss, bietet sich ein eigener Musikserver an.

In iTunes auf dem PC ist hierfür die Privatfreigabe vorgesehen. Diese wird zum einen in iTunes auf dem PC im Menü »Erweitert« mit dem Befehl »Privatfreigabe aktivieren« und zum Anderen auf dem iPad mini in der Einstellungen-App auf der Seite »Musik« durch Eingabe der Apple-ID und des Passwortes aktiviert.

Alternativ können Sie beispielsweise einen Streaming-Server für den Standard DLNA bzw. UPnP verwenden, der auch in die Firmware vieler NAS (Network Attached Storage, Netzwerk-Festplatten) integriert ist. Für diesen Standard sind verschiedene Apps für das iPad mini erhältlich. Über UPnP können auch Videos und Fotos gestreamt werden.

Außerdem werden verschiedene Lösungen angeboten, die aus einer App für das iPad mini bestehen und einer dazu gehörenden Server-Software, die auf dem PC installiert wird.

Podcasts – kostenlose Audio- und Videosendungen auf dem iPad mini

Podcasts werden in iOS 6 nicht mehr in den Apps Musik und Video abgespielt. Statt dessen bietet Apple die kostenlose App Podcasts im App Store an, in der sowohl Audio-, als auch Video-Podcasts abgespielt und verwaltet werden können.

Podcasts auf das iPad mini importieren

Die Podcasts in der App Podcasts können aus verschiedenen Quellen auf das iPad mini importiert werden:

- In der App Podcasts können Sie auf den Podcast-Katalog im iTunes Store zugreifen und von dort Podcasts auf das iPad mini laden. Der iTunes Store wird weiter hinten im Buch beschrieben (📖 »Stores«, Seite 269).
- Podcasts, die Sie in iTunes auf dem PC importiert und sortiert haben, können über iTunes mit der Mediathek des iPads synchronisiert werden.

Ansichten auf dem iPad mini

Die in der Mediathek des iPads verfügbaren Podcasts finden Sie auf der Seite »Podcasts«.

Die Schalter in Podcasts	
▪▪	Cover-Ansicht
☰	Listenansicht
⋮☰	Übersicht der Folgen

▲ Die Folgen eines Podcasts

- Die Podcasts Ihrer Mediathek können mit ▪▪ (links in der Werkzeugleiste) in einer Coveransicht oder mit ≡ in einer Listenansicht angezeigt werden. In der Listenansicht sind Video-Podcasts mit ▭ markiert.
- In beiden Ansichten werden mit einem Tipp auf das Cover die geladenen bzw. abonnierten Folgen angezeigt.
- Zum Löschen eines Podcasts tippen Sie auf **Bearbeiten**. Tippen Sie dann in der Cover-Ansicht auf ⊗ bzw. in der Listenansicht auf ⊖ und zuletzt auf **Löschen**.
- Wollen Sie eine einzelne Folge löschen, wischen Sie in der Liste horizontal über diese Folge und tippen **Löschen**.

Podcasts abonnieren

Wollen Sie einen Podcast abonnieren, wählen Sie diesen aus, indem Sie auf das Cover tippen.

❶ Im Infoblatt tippen Sie auf das Zahnrad und aktivieren die Funktion »Abonnieren«.

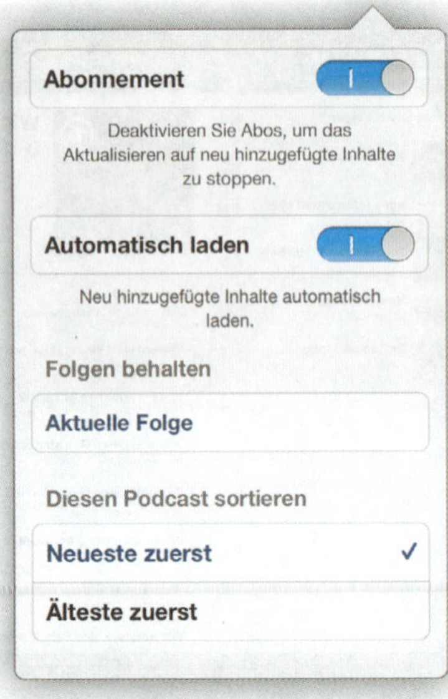

Einstellungen für das Abonnement eines Podcasts

❷ In der Liste erscheinen nun alle verfügbaren Folgen des Podcasts.

❸ Mit einem Tipp auf die gewünschte Folge wird diese abgespielt, ohne geladen zu werden.

❹ Einzelne Folgen können Sie herunterladen, indem Sie auf ⬇ tippen.

❺ Im Zahnrad-Popover bestimmen Sie, ob und welche Folgen automatisch heruntergeladen werden.

Katalog

Ein neuer Podcast wird direkt aus dem iTunes Store bezogen, in den Sie mit der Schaltfläche **Katalog** wechseln können. Einzelheiten zur Bedienung des iTunes Stores lesen Sie im Kapitel 🕮 »Stores«, Seite 269.

Podcasts abspielen

Audio-Podcasts abspielen

Wenn Sie eine Audio-Podcast-Folge aus der Liste auswählen, wird diese in einer Cover-Ansicht geöffnet und automatisch abgespielt. Mit ≡ können Sie eine Liste mit den Folgen des Podcasts aufrufen.

▲ Ein Audio-Podcast wird abgespielt.

- Mit ❚❚ halten Sie die Wiedergabe an, ▶ setzt sie dann wieder fort.
- Mit ⏮ springen Sie zu der davor liegenden Podcast-Folge, mit ⏭ eine Folge weiter.
- Mit der Schaltfläche (30) kann um 30 Sekunden vor und mit der Schaltfläche (10) um 10 Sekunden zurück gesprungen werden.
- Der Lautstärkeregler findet sich hier rechts von den Schaltflächen bzw. darunter.

Mit einem Tipp auf das Podcast-Cover wird dieses nach oben geschoben und weitere Steuerelemente werden freigegeben.

- Mit der Zeitleiste können Sie sich an eine beliebige Stelle im Podcast bewegen.
- Der Schalter **1x** regelt die Abspielgeschwindigkeit.
- Außerdem können Sie einen Sleep-Timer einstellen, der die Wiedergabe nach einer eingestellten Zeit automatisch beendet.

Mit der Schaltfläche **Mediathek** gelangen Sie zurück zur Liste der Folgen.

Video-Podcasts abspielen

Mit einem Tipp auf die Folge eines Video-Podcasts in der Podcastliste wird das Video im Vollbild-Format abgespielt.

- In den Steuerelementen unten können Sie mit ❚❚ die Wiedergabe anhalten und mit ▶ dann wieder fortsetzen.
- Mit ⏮ und ⏭ springen Sie zur nächsten oder vorherigen Folge des Video-Podcasts.
- Der Schieberegler unter den Steuerelementen passt die Lautstärke an.
- Mit der Schaltfläche ⟲30 kann im Video um 30 Sekunden zurück gesprungen werden.
- Durch Verschieben des Reglers in der Zeitleiste oben können Sie sich im Video vor und zurück bewegen.
- Mit einem Tipp auf **1x** kann die Abspielgeschwindigkeit halbiert oder verdoppelt werden.
- Die Schaltfläche ⇕ rechts oder ein Doppeltipp in das Video skaliert ein Video im Breitbildformat auf Bildschirmgröße, sodass oben und unten keine schwarzen Balken mehr erscheinen. Allerdings werden dabei Teile des Bildes an den Seiten abgeschnitten.

Mit der Schaltfläche ⬅ in der Werkzeugleiste gelangen Sie zurück zur Liste der Folgen.

Topsender

Auf der Seite »Topsender« wird eine Auswahl aktueller Folgen verschiedenster Podcasts vorgestellt. Mit dem Schalter oben können Sie zwischen Audio- und Video-Podcasts wechseln.

Zur Auswahl einer Kategorie schieben Sie die angezeigten Podcast-Cover nach links oder rechts bis im oberen Bereich die gewünschte Kategorie über dem roten Zeiger liegt. Duch Schieben des Covers nach unten und oben wechseln Sie zwischen den angebotenen Podcasts.

Zum Abspielen des gewünschten Podcasts tippen Sie einfach nur auf das Cover. Mit erneuten Tippen stoppen Sie die Wiedergabe.

Wollen Sie eine Folge des Podcasts auf das iPad mini laden oder den Podcast abonnieren, tippen Sie unten rechts neben dem Cover auf ⓘ und wählen Sie auf dem Blatt ⬇ bzw. **Abonnieren**.

iBooks – das iPad mini als eBook-Reader

Digitale Bücher sind eine der wichtigsten Anwendungen für das iPad mini. Durch seine handliche Größe ist das iPad mini prädestiniert als eBook-Lesegerät. Die dafür benötigte App iBooks ist jedoch nicht im Lieferumfang enthalten, sie kann aber kostenlos im App Store herunter geladen werden. iBooks kann Bücher im EPUB-Format sowie PDF-Dateien darstellen.

Neben iBooks gibt es im App Store auch verschiedene alternative Apps, die EPUB, PDF oder beide Formate darstellen können.

Technischer Hintergrund: EPUB und PDF

EPUB-Bücher und PDF-Dateien werden in iBooks unterschiedlich dargestellt. Dies ist zum Teil der Unterschiede der beiden Dateiformate zuzuschreiben:

- **EPUB** ist ein Format, das vom International Digital Publishing Forum (IDPF) speziell für die Darstellung elektronischer Bücher entwickelt wurde. Es basiert auf Technologien, die auch zum Darstellen von Internetseiten verwendet werden, und erlaubt es, für eine bessere Lesbarkeit auf unterschiedlich großen Bildschirmen Schriftgröße und -art anzupassen. Hierdurch

Die Schalter in iBooks
Bücherregal-Ansicht
Listenansicht
Inhaltsverzeichnis bzw. Seitenübersicht
Suchen im Buchtext
Helligkeit einstellen
Lesezeichen setzen
Schriftgröße und -art bestimmen
Action-Menü (Nur PDF; Drucken, E-Mail)

verändert sich nicht nur das Gesamtbild der einzelnen Seite, sondern auch die Seitenumbrüche und die Anzahl der Seiten des elektronischen Buchs variieren.
In der neuesten Version EPUB 3 wurden die Möglichkeiten des EPUB-Formats stark erweitert. So können jetzt beispielsweise Bilderbücher mit fixiertem Format und eingebetteten Schriften in EPUB erstellt werden.

- Bücher, die mit dem Programm »iBook Author« von Apple erstellt wurden, verwenden ein auf EPUB basierendes Format mit speziellen Erweiterungen. Sie besitzen ein fixes, speziell auf den Bildschirm des iPads angepasstes Layout.
- **PDF** behält das Aussehen des Dokuments unabhängig vom Bildschirm und dessen Auflösung bei. Das PDF-Format wurde von Adobe auf Basis von PostScript, einer Seitenbeschreibungssprache für den professionellen Druck, entwickelt, um Dokumente ohne Veränderungen des Layouts auf verschiedensten Computerplattformen darstellen zu können. PDF-Dokumente können Text, eingebettete Grafiken usw. enthalten.

Bücher auf das iPad mini importieren

EPUB-Bücher und PDF-Dateien können aus unterschiedlichen Quellen auf das iPad mini importiert werden.

- EPUB-Bücher können direkt auf dem iPad mini aus dem Apple iBooks Store herunter geladen werden. Dieser ist in die App iBooks integriert. Genaueres zum Einkauf im iBooks Store lesen Sie im Kapitel 📖 »Stores«, Seite 269.
- PDF-Dateien können aus jeder anderen App in iBooks importiert werden. Wenn iBooks installiert ist, steht iBooks im Popover »Öffnen in« einer PDF-Datei zur Auswahl (📖 »Öffnen in«, Seite 250).
- In iTunes auf dem PC verwaltete EPUB-Bücher und PDF-Dateien können über iTunes mit iBooks auf dem iPad mini synchronisiert werden.

▲ Bücher im Bücherregal von iBooks

Die Ansichten in iBooks

In der App iBooks können EPUB-Bücher und PDF-Dateien in verschiedene Regale einsortiert werden. Über die Schaltfläche **Sammlungen** links in der Werkzeugleiste wechseln Sie zwischen diesen Regalen. In der Sammlung »Gekaufte Bücher werden auch gekaufte Bücher angezeigt, die nicht auf Ihr iPad geladen sind. Sie können mit einem Tipp auf ☁ geladen werden. Die Regalinhalte lassen sich in unterschiedlichen Ansichten und Sortierungen anzeigen.

- Mit der Schaltfläche ▪ (rechts in der Werkzeugleiste) werden die Bücher der ausgewählten Sammlung in einem Bücherregal dargestellt.
- Alternativ lassen sich die Bücher aber auch in einer Listenansicht (☰) anzeigen.

In der Listenansicht können Sie die Sortierung der Bücher mit der unteren Werkzeugleiste ändern:

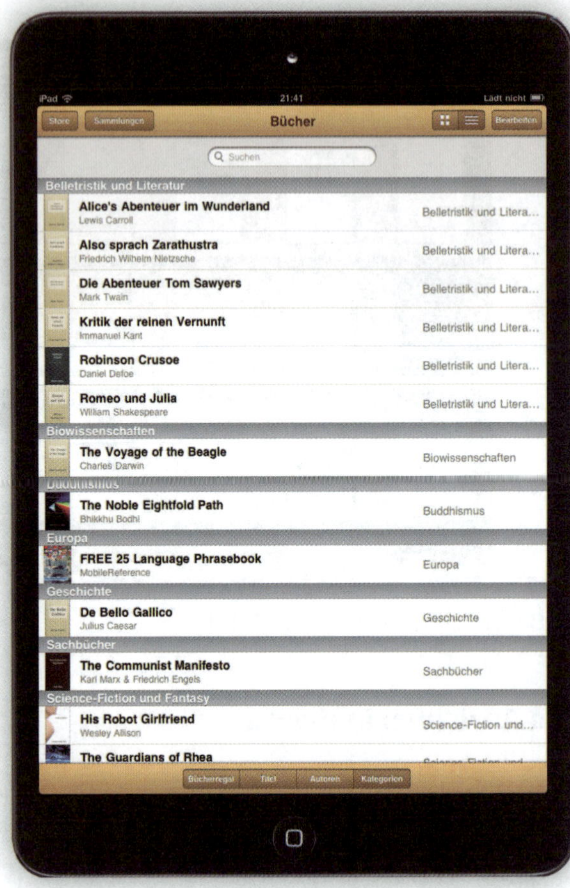

▶ In der Liste können die Bücher nach Genres sortiert angezeigt werden.

- In der Sortierung **Bücherregal** werden die Bücher auch in der Listenansicht in derselben Sortierung aufgelistet, die Sie in der Bücherregal-Ansicht vorgenommen haben. In der Sammlung »Gekaufte Bücher« werden die Titel statt dessen nach **Kaufdatum** sortiert angezeigt.
- Alternativ steht mit den weiteren Schaltflächen eine alphabetische Sortierung nach **Titel** oder **Autor** sowie eine Sortierung nach **Kategorien** (bzw. Genres) zur Verfügung.

Bücher sortieren oder löschen

EPUB-Bücher und PDF-Dateien lassen sich nach Belieben sortieren.

- Wenn Sie im Bücherregal auf einem Buch halten, können Sie es nach kurzer Zeit bewegen und an den gewünschten Platz im Regal ziehen.
- Auch in der Listenansicht mit der Sortierung **Bücherregal** können Sie die Bücher umsortieren. Tippen Sie hierfür auf **Bearbeiten** und bewegen Sie dann die Objekte nach oben oder unten, indem Sie sie rechts am Griff ≡ anfassen.
- Wenn Sie EPUB-Bücher oder PDFs in eine Sammlung einsortieren wollen, tippen Sie auf die Schaltfläche **Bearbeiten** und markieren die gewünschten Bücher, indem Sie die Bücher antippen.
- Tippen Sie dann auf **Bewegen**. Nun können Sie in einem Popover die Sammlung auswählen, in die Sie die Bücher einsortieren wollen.
- Mit der Schaltfläche »Neu« aus dem Popover können Sie eine neue Sammlung anlegen.
- Vorhandene Sammlungen lassen sich mit der Schaltfläche »Bearbeiten« im Popover löschen oder umbenennen. »Bücher«, »PDFs« und »Gekaufte Bücher« können nicht verändert werden.
- Markierte Bücher können Sie mit der Schaltfläche **Löschen** vom iPad mini löschen.
- In der Listenansicht können Sie ein Buch aber auch löschen, ohne in den Bearbeiten-Modus zu wechseln, indem Sie den Finger quer über das Objekt bewegen und dann auf die Schaltfläche **Löschen** tippen.

Bücher lesen

Bücher werden durch einen einfachen Tipp geöffnet. Die im Lesemodus verfügbaren Werkzeuge unterscheiden sich bei EPUB-Büchern, mit »iBook Author« erstellten Bücher und PDF-Dateien etwas.

- In allen drei Fällen können die Werkzeugleisten mit einem Tipp mitten auf die Buchseite aus- und wieder eingeblendet werden.
- Wenn Sie mit dem Lesen fertig sind oder in einem anderen Buch weiterlesen wollen, tippen Sie auf die Schaltfläche **Bibliothek**. So gelangen wieder zurück in die Übersicht.

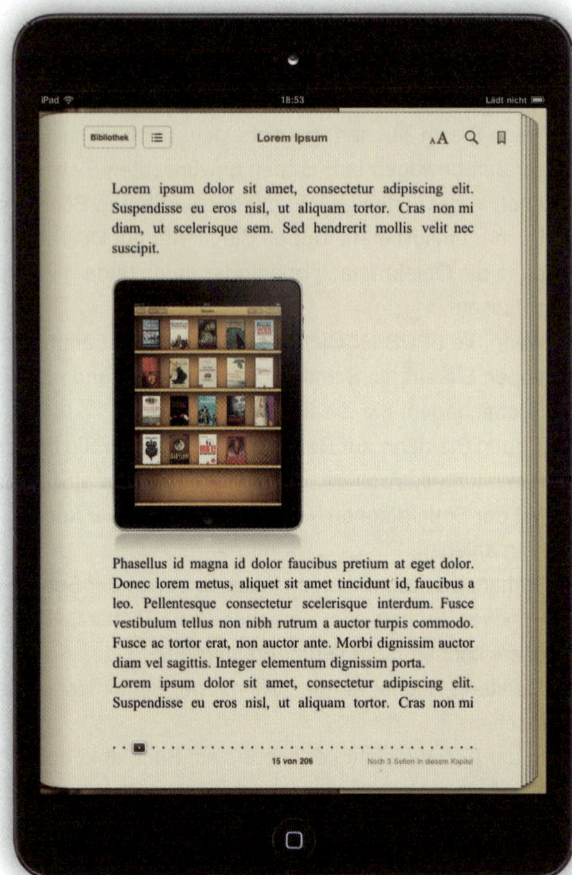

▶ EPUB-Bücher werden im Hochformat einseitig dargestellt.

EPUB-Bücher lesen

EPUB-Bücher werden in iBooks bei horizontaler Haltung des iPads zweiseitig und bei vertikaler Haltung einseitig dargestellt. Zum Weiterblättern schieben Sie die Seite vom rechten Rand nach links oder tippen einfach auf den rechten Rand. Zum Zurückblättern schieben Sie entsprechend die Seite vom linken Rand nach rechts oder tippen auf den linken Rand.

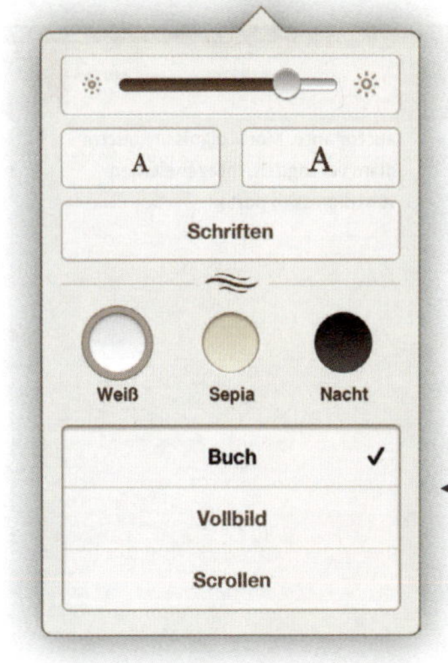

◀ Bei EPUB-Büchern können Schriftart und Schriftgröße individuell eingestellt und ein Darstellungsthema gewählt werden.

Blättern

Mit der gepunkteten Leiste unten (bzw. rechts in der Ansicht »Scrollen«) können Sie direkt zu beliebigen Seiten blättern. Bewegen Sie dafür das Rechteck auf der Leiste. In einem Fähnchen werden der Kapiteltitel und die Seitenzahlen angezeigt. Wenn Sie das Rechteck loslassen, springen Sie direkt zu der dort angezeigten Seite. Mit einem Tipp auf den Eintrag »Zurück zu Seite XXX« links unten können Sie dann wieder zurück springen.

Inhaltsverzeichnis

Ein Tipp auf die Schaltfläche ☰ links wechselt zum Inhaltsverzeichnis. Dort können Sie per Tipp auf den jeweiligen Eintrag direkt zu einem Kapitel springen. Ein Tipp auf **Zurück** bringt Sie zur zuletzt gelesenen Seite zurück.

Schriftgröße und Schriftart

Mit der Schaltfläche AA können Sie bei EPUB-Büchern in einem Popover die Schriftgröße und die Schriftart wechseln.

- Mit dem kleinen »A« links wird die Schrift verkleinert, mit dem großen »A« rechts vergrößert.
- Tippen Sie auf »Schriften«, so wird eine Liste mit sieben möglichen Schriftarten eingeblendet. Nach einer Änderung der Schriftgröße oder Schriftart werden die unten eingeblendeten Seitenzahlen neu berechnet.

▲ Die Bücher können mit Lesezeichen und Notizen versehen werden.

- Mit »Themen« kann das Aussehen das Seiten verändert werden:
  Sepia gibt dem Hintergrund eine leicht gelblich getönte Optik.
  Nacht stellt den Text weiß auf schwarz dar.
  In der **Vollbild**-Darstellung wird die Buch-Optik an den Rändern der Seiten ausgeblendet.
  Ist **Scrollen** ausgewählt, werden die Seiten nicht durch Blättern gewechselt, sondern der gesamte Inhalt kann nach unten bzw. oben geschoben werden.

Lesezeichen, Markierungen und Notizen

iBooks bietet die Möglichkeit, ganze Seiten und einzelne Wörter zu markieren. Wörter können zusätzlich mit einer Notiz versehen werden. Derart markierte Stellen lassen sich leicht wiederfinden. Wenn in der Ansicht ☰ die Schaltfläche »Lesezeichen« getippt wird, werden anstelle des Inhaltsverzeichnisses die markierten Textstellen aufgelistet.

- Ein Lesezeichen wird mit einem Tipp auf 🔖 gesetzt
- Um ein Wort zu markieren, halten Sie auf dem Wort oder doppeltippen das Wort und wählen dann im Bearbeiten-Menü den Punkt »Markieren«. Wählen

Sie dann eine Farbe aus oder die Unterstreichung. Das Wort wird farbig markiert bzw. unterstrichen.

- Um ein Wort mit einer Notiz zu versehen, wählen Sie im Bearbeiten-Menü den Menüpunkt »Notiz«. Tragen Sie Ihre Bemerkung in den sich öffnenden Notizzettel ein. Das Wort wird farbig markiert und am Seitenrand wird ein Kleber mit dem Datum der Notiz angelegt. Ein Tipp auf diesen öffnet die Notiz.
- Wenn Sie ein markiertes oder mit einer Notiz versehenes Wort erneut antippen, können Sie die Farbe einer Markierung oder Notiz ändern, zu einer bereits gesetzten Markierung eine Notiz hinzufügen oder die Markierung oder Notiz wieder löschen.

Lexikon

In englischen EPUB-Büchern können mit dem Punkt »Definieren« im Bearbeiten-Menü Wörter in einem Wörterbuch nachgeschlagen werden.

Bilder in EPUB-Büchern

Bilder werden in EPUB-Büchern in den Text eingebunden. Sie lassen sich aber mit einem Doppeltipp bildschirmfüllend in der Übersicht darstellen. Mit **Fertig** oder einem Doppeltipp auf das Bild gelangen Sie wieder zurück zum Text.

Mit iBook Author erstellte, interaktive Bücher lesen

Mit iBook Author erstellte Bücher werden in iBooks meist bei horizontaler und vertikaler Haltung des iPads unterschiedlich dargestellt. Horizontal wird der Inhalt in der Regel zweispaltig angezeigt, vertikal einspaltig mit einer Marginalie, in der sich eine verkleinerte Version der Bilder findet.

Blättern

Zum Weiterblättern schieben Sie die Seite durch Wischen nach links oder tippen auf den rechten Rand. Zum Zurückblättern wischen Sie entsprechend nach rechts oder tippen auf den linken Rand.

Inhaltsverzeichnis

Ein Tipp auf die Schaltfläche :≡ links oder das Zusammenziehen zweier Finger über der Seite blendet die Seitenübersicht ein. Dort können Sie per Tipp auf die jeweilige Miniatur direkt zu der gewünschten Seite springen. Die Miniaturen können durch Wischen seitlich verschoben werden.

Die Punkte unterhalb der Miniaturen repräsentieren die Teile des Buchs. Zum Wechseln zu einem anderen Buchteil tippen Sie auf den jeweiligen Punkt.

▲ Die Seitenübersicht in einem mit iBook Author erstellten eBook

Alternativ gelangen Sie durch Schieben der Miniaturen der Seitenübersicht über den Bildschirmrand hinaus in den nächsten Buchteil.

Bei eingeblendeter Seitenübersicht findet sich im oberen Teil meist eine Auflistung der Kapiteltitel innerhalb des Buchteils. Auch diese lassen sich mit einem Tipp aufrufen.

Bei vertikaler Haltung des iPads wird lediglich ein einfaches Inhaltsverzeichnis angezeigt. Hier wechseln Sie duch Tippen auf den entsprechenden Eintrag in das gewünschte Kapitel.

Lesezeichen, Markierungen und Notizen

Wie bei EPUB-Büchern können auch bei mit iBooks Author erstellen Büchern ganze Seiten oder einzelne Worte markiert und Notizen erstellt werden. Genaueres hierzu lesen Sie im Absatz 📖 »Lesezeichen, Markierungen und Notizen« auf Seite 236.

Die Lesezeichen, Markierungen und Notizen werden hier mit ☰ links in der Werkzeugleiste aufgerufen. In der Ansicht »Meine Notizen« können Sie links zwischen den Buchteilen blättern. In der vertikalen Ansicht wird die Liste mit der Schaltfläche **Kapitel X** in einem Popover angezeigt. Rechts werden die

Markierungen und Notizen im jeweiligen Buchteil aufgelistet. Mit **Fertig** gelangen Sie zu der zuletzt geöffneten Stelle im Buch.

Bilder

Bilder lassen sich mit einem Tipp oder durch Auseinanderziehen mit zwei Fingern bildschirmfüllend vergrößern. Mit ⊗ oder Zusammenziehen zweier Finger gelangen Sie wieder zurück zum Text.

Hinter einigen Abbildungen verbirgt sich eine Bildergalerie. Sie erkennen eine Bildergalerie an den Miniaturen unter oder neben dem Bildbereich oder an Punkten unterhalb des Bildbereichs. Die Anzahl der Punkte entspricht der Anzahl Bilder in der Galerie, der abgesetzte Punkt zeigt die Position des angezeigten Bildes innerhalb der Galerie. Sowohl im Textlayout als auch bei bildschirmfüllend vergrößertem Bild wechseln Sie durch Wischen nach rechts oder links zum nächsten bzw. vorherigen Bild.

Interaktive Funktionen

Mit iBooks Author erstellte Bücher können über viele weitere interaktive Funktionen verfügen. Neben Videos und Audio-Clips lassen sich beispielsweise interaktive 3D-Ansichten, Quizfragen oder Bilder mit interaktiven Beschriftungen nach dem EPUB-3-Standard über HTML5 und JavaScript in das Buch einbinden. iBooks stellt diese interaktiven Elemente nur bei mit iBooks Author erstellten Büchern dar, bei reinen EPUB-3-Büchern, die mit anderen Tools erstellt wurden, jedoch nicht oder nur teilweise. Hier müssen Sie auf eine alternative App ausweichen.

PDFs lesen

PDFs werden in iBooks nicht abhängig von der Lage des iPads unterschiedlich dargestellt. Einseitige PDFs werden also immer einseitig und doppelseitige immer doppelseitig dargestellt. Hier bietet es sich also an, die Haltung des iPads an das Format des PDFs anzupassen.

- Zum Vorwärtsblättern tippen Sie auf den rechten Rand, zum Zurückblättern auf den linken. Alternativ können Sie die Seiten auch mit einer Wischbewegung nach rechts oder links wechseln.

▶ Das vorgegebene Layout eines PDFs kann nicht verändert werden.

- In der unteren Werkzeugleiste werden Miniaturen der Seiten des PDFs dargestellt. Durch Tippen auf eine der Miniaturen kann direkt zu der entsprechenden Seite gesprungen werden. Über der Minaturenleiste wird die Seitenzahl eingeblendet. (Hinweis: Die Seitenzahlen innerhalb des PDFs entsprechen nicht den Seitenzahlen, die iBooks verwendet.)
- Durch Auseinanderziehen zweier Finger kann ein PDF vergrößert werden. Durch Zusammenziehen zweier Finger wird es dann wieder verkleinert. Alternativ können Sie es mit einem doppelten Tipp vergrößern und mit einem erneuten doppelten Tipp wieder verkleinern.

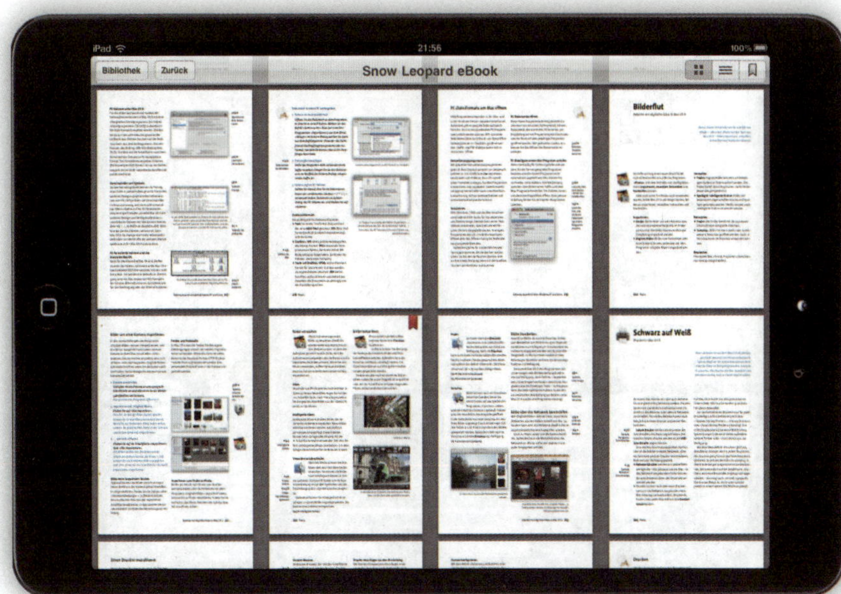

▲ Die Seitenübersicht einer PDF-Datei

- Die Schaltfläche ⁝≡ links zeigt bei PDFs eine Übersicht aller Seiten an. Wenn bei der Produktion des PDFs ein Inhaltsverzeichnis erzeugt wurde, können Sie dieses mit der Schaltfläche ≡ aufrufen.
- PDF-Seiten können mit einem Tipp auf 🔖 mit Lesezeichen markiert werden. Die Seiten sind dann in der Seitenübersicht oben rechts mit einem roten Lesezeichen markiert und werden dort mit der Schaltfläche 🔖 separat angezeigt.
- Mit der Schaltfläche ↗ können PDFs per E-Mail versendet oder gedruckt werden.

Texte suchen

Mit einem Tipp auf 🔍 können Sie in EPUB-Büchern oder PDFs Texte suchen. Wenn Sie einen Text in das Suchfeld in dem Popover eingeben, startet die Suche sofort.

- Die ersten Ergebnisse werden im Popover unter dem Suchfeld angezeigt.
- Wenn Sie beginnen, in den Suchergebnissen zu blättern, wird die Tastatur ausgeblendet und das Popover erweitert.

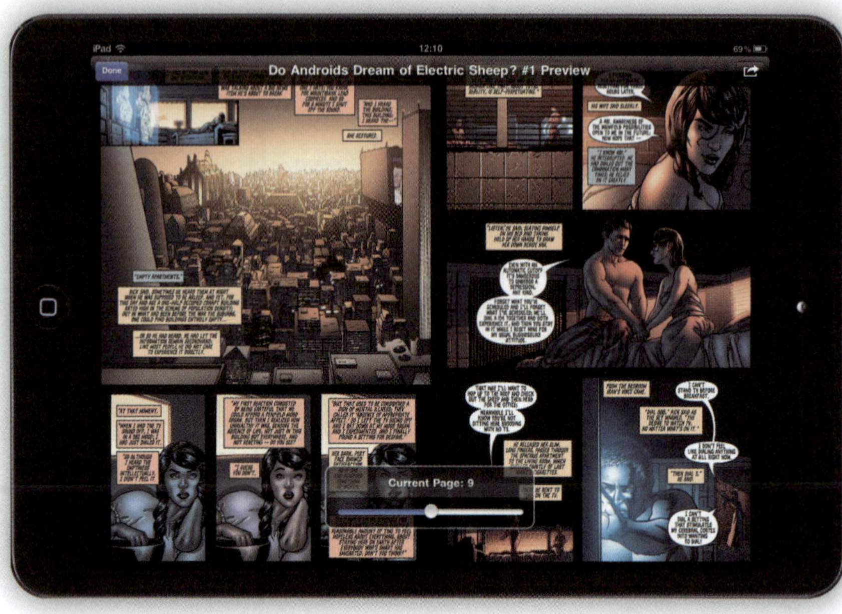

▲ Neben verschiedenen eBook-Readern finden Sie im App Store auch für andere Buchformen spezialisierte Apps, teils mit Anbindung an einen eigenen Book Store. In der Abbildung »Comics +« ...

- Ein Tipp auf ein Suchergebnis wechselt zu der entsprechenden Seite. Der gesuchte Text wird mit einem gelben Quadrat markiert.
- Mit den beiden Schaltern unter den Ergebnissen können Sie im Internet mit der eingestellten Suchmaschine nach dem Text suchen oder die Wikipedia-Seite zum gesuchten Wort aufrufen (🕮 »Mit Safari im Internet surfen«, Seite 76).

In EPUB-Büchern können Sie außerdem ein Wort suchen, indem Sie ein Wort im Text markieren und dann im Bearbeiten-Menü den Punkt »Suchen« auswählen.

Helligkeit einstellen

Mit der Taste ☼ kann die Displayhelligkeit direkt in iBooks eingestellt werden.

▲ ... und die App der Wochenzeitung »Der Spiegel«.

Andere Lese-Apps

Im App Store werden viele weitere Apps angeboten, mit denen EPUB-Bücher, PDF-Dateien oder beide Formate betrachtet werden können. Sie basieren meist auf derselben Technik, wie sie in iBooks verwendet wird, unterscheiden sich aber etwas in der Bedienung. Die Dateien werden häufig mit der Dateifreigabe auf das iPad mini geladen (📖 »Dateifreigabe«, Seite 255).

Außerdem stehen spezialisierte Apps für andere Buchformen wie Comics, Kunst- oder Fotografie-Bücher oder für Zeitschriften zur Verfügung.

Book-Store-Apps

Einige der Apps sind an einen Book Store im Internet angebunden. Der Store lässt sich dann direkt im Programm aufrufen. In Zeitschriften-Apps können die Ausgaben als Einzelheft oder im Zuge eines Abonnements direkt in der App heruntergeladen werden.

Bücher als Apps

Außerdem finden sich im App Store unter der Kategorie »Bücher« neben den Lese-Apps auch Bücher, die als eigenständige App herausgegeben werden.

Teil 3: Weitere Funktionen

Spotlight-Suche

Mit der Spotlight-Suche können Sie auf einem speziellen Suchbildschirm in den verschiedenen Datenbanken des iPad mini nach Begriffen suchen. Der Suchbildschirm befindet sich links vom Home-Bildschirm (📖 »Der Home-Bildschirm«, Seite 62).

- Sie können den Suchbildschirm aufrufen, indem Sie bei eingeblendetem Home-Bildschirm mit dem Finger nach rechts wischen. Je nachdem, welcher Home-Bildschirm eingeblendet ist, müssen Sie dafür mehrfach nach rechts wischen.
- Vom ersten Home-Bildschirm aus kann mit einem Druck auf die Home-Taste zum Suchbildschirm gewechselt werden, von den anderen Home-Bildschirmen aus durch zweimaliges (nicht doppeltes) Drücken der Home-Taste.

Suchen mit dem Suchbildschirm

- Geben Sie den gewünschten Begriff oben in das Suchfeld 🔍 ein.
- Mit dem × können Sie die Eingabe wieder löschen.
- Im Bereich unterhalb des Suchfelds werden die Suchergebnisse eingeblendet.

Folgende Objekte können mit der Suche gefunden werden (in Klammern jeweils die Objekt-Informationen, unter denen gesucht wird):

- Kontakte (Vorname, Name oder Firmenname)
- Apps (Name; komplett, wie im App Store angezeigt)
- Musik (Titelname, Interpret)
- Audio Podcasts (Titelname)
- Videos (Titelname)
- Hörbücher (Titelname)
- Notizen (kompletter Text)
- Mails (Betreff, Von, An)

▲ Der Suchbildschirm für die Spotlight-Suche befindet sich neben dem Home-Bildschirm.

- Ereignisse (nur Ereignisse, die in der Zukunft liegen, jedoch nicht mehr als ein Jahr im Voraus)
- Aufgaben
- Nachrichten (Absender- und Empfängername, Text)

Die Ergebnisse werden nach Kategorien zusammengefasst aufgelistet, lediglich Apps werden einzeln aufgelistet. Ein Tipp auf eines der Ergebnisse öffnet das zugehörige Objekt.

Ganz oben in der Liste findet sich eventuell zusätzlich der »Top-Treffer«.

Websuche

Ganz unten am Ende der Ergebnisliste befinden sich die beiden Einträge »Websuche« und »Wikipedia-Suche«. Wenn Sie einen dieser beiden Einträge antippen, öffnet sich Safari. Dort wird der Suchbegriff – je nach Einstellung – an Google, Yahoo! oder Bing bzw. Wikipedia weitergeleitet und die Suche im Internet fortgesetzt (📖 »Mit Safari im Internet surfen«, Seite 76).

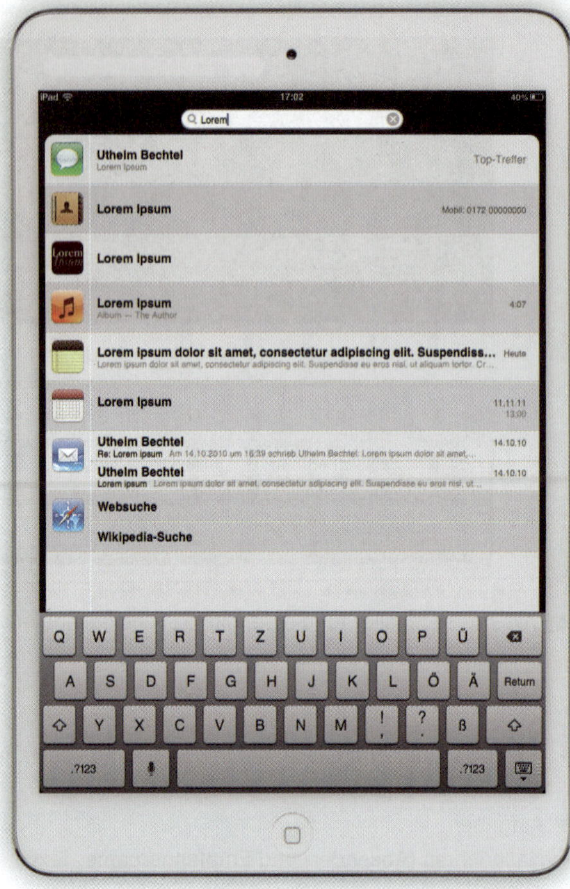

Die Suchergebnisse werden nach Kategorien sortiert aufgelistet.

Einstellungen

In der Einstellungen-App können Sie auf der Seite »Allgemein« unter »Spotlight-Suche« die Reihenfolge bestimmen, mit der die Suchergebnisse aufgelistet werden. Verschieben Sie dafür die Kategorien mit dem Griff ≡ innerhalb der Liste. Außerdem können Sie bestimmte Datentypen von der Suche ausschließen. Entfernen Sie dafür mit einem Tipp das Häkchen.

Datenaustausch

Wie mit jedem Computer lassen sich auch mit dem iPad Dateien nicht nur anzeigen, sondern Sie können auch Dateien bearbeiten und erstellen. Es bieten sich verschiedene Möglichkeiten an, um diese Dateien mit dem PC oder einem anderen Gerät oder auch mit anderen Apps auf dem iPad mini auszutauschen. Aufgrund des besonderen technischen Konzeptes des iOS ist die Herangehensweise aber eine ganz andere, als vom PC her gewohnt. Deshalb zuerst eine kurze Erläuterung dieses Konzepts.

Technischer Hintergrund

Im iOS werden vom Benutzer erstellte Dateien auf eine andere Art verwaltet, als es bei klassischen PC-Betriebssystemen wie Mac OS X oder Windows üblich ist. iOS besitzt keinen Dateibrowser wie den Finder oder Explorer. Vom Benutzer erstellte Dateien können nicht an (beinahe) beliebigen Orten im Dateisystem gespeichert werden.

Im Dateisystem des iOS besitzt jede App ihren eigenen abgeschotteten Bereich, ihre »Sandbox«. In diesem Bereich befindet sich die App zusammen mit verschiedenen anderen Dateien wie z.B. ihren Einstellungsdateien etc. Auch Dateien, die von der App erzeugt oder aus dem Internet herunter geladen werden, werden innerhalb dieses Bereichs in einem Dokumenten-Ordner gespeichert.

Aufgrund dieser Abschottung hat keine App Zugriff auf den Dokumenten-Ordner einer anderen App. Ähnlich wie bei einem PC ein Benutzer keinen Zugriff auf die Dateien eines anderen Benutzers hat. Dateien, die in einer App bearbeitet werden sollen, müssen zuerst in den Dokumenten-Ordner dieser App importiert werden. Sollen Dateien zwischen Apps auf dem iPad oder zwischen dem iPad mini und anderen Computern ausgetauscht werden, müssen die Dateien von der jeweiligen App freigegeben werden.

Das iOS bietet hier verschiedene Möglichkeiten an. Welche dieser Möglichkeiten die App nutzt und dem Benutzer anbietet, entscheidet der Programmierer der App. Das Dateisystem des iOS ist »case sensitive«, d.h. kleine und große Buchstaben gelten als unterschiedliche Zeichen. Die Dateisysteme von Mac OS X und Windows hingegen sind nicht case sensitive. Hier können nicht mehrere Dateien mit gleichem Namen, aber unterschiedlicher Groß-Kleinschreibung (z.B. TEXT.txt und text.txt) zusammen in einem Ordner gespeichert

Eine in Safari heruntergeladene Datei kann an eine andere App gesendet werden.

werden. Deshalb kann es beim Übertragen von Dateien vom iPad mini zum PC zu einem Übertragungsproblem kommen. In diesem Falle sollten Sie die Dateien vor der Übertragung entsprechend umbenennen.

Bei der Übertragung von Dateien von Mac OS X auf das iPad mini gehen die Finder-Infos und zusätzliche Zweige der Datei verloren, selbst, wenn diese im AppleDouble-Format gespeichert waren. Dateien, die wichtige Daten im Ressourcen-Zweig speichern (wie z.B. Text-Clippings), können also nicht auf dem iPad mini verwendet werden.

Dateien von App zu App bewegen

Öffnen in ...

Einige Apps können Dateien an andere Apps weitergeben. Hierfür nutzen sie die Öffnen-in-Funktion des iOS. Mit dem Befehl »In „App X" öffnen« können Sie eine Datei der App in einer geeigneten anderen App öffnen. Je nach App wird der Befehl »In „App X" öffnen« als Schaltfläche oder als Menüpunkt in einem Popover angeboten. (Jede App übergibt dafür dem iOS eine Liste der Dateiformate, die es öffnen kann.) Die Datei wird dann in den Dokumenten-Ordner der anderen App kopiert. Sie ist dann also doppelt auf dem iPad mini vorhanden.

Sind mehrere geeignete Apps auf dem iPad mini installiert, erscheint eine weitere Schaltfläche bzw. Menüpunkt mit der Bezeichnung »Öffnen in ...«. Tippen Sie darauf, können Sie im Folgenden eine App auswählen.

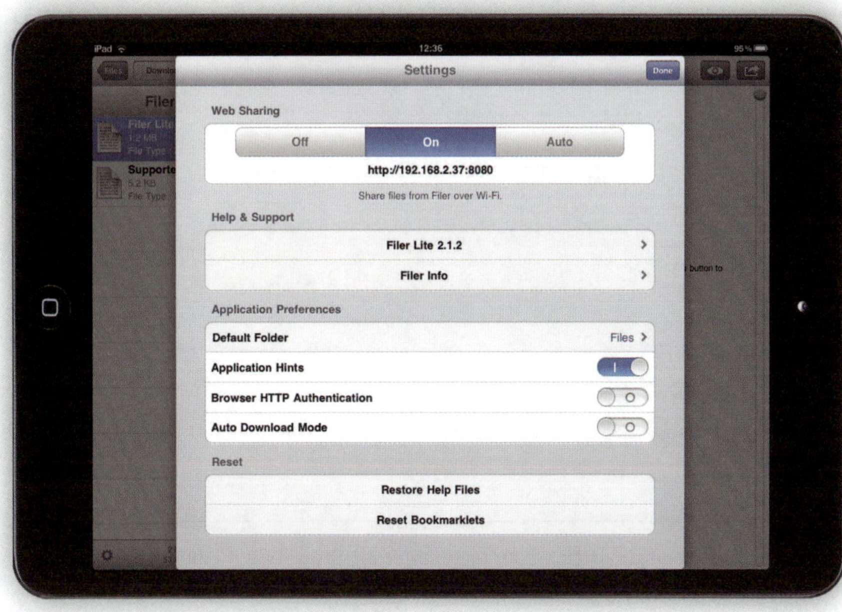

▲ Einige Apps (hier «Filer Lite«) besitzen einen eigenen Server, mit dem z.B. von einem PC oder einem anderen iPad über das drahtlose Netzwerk auf die Dokumente dieser App zugegriffen werden kann.

Dateien über das Netzwerk austauschen

Neben der Möglichkeit eines direkten Datenaustauschs über ein USB-Kabel und iTunes gibt es verschiedene Möglichkeiten, mit denen Dateien aus Apps direkt oder indirekt über das Netzwerk mit anderen Computern ausgetauscht werden können. Hierbei ist der Dateiaustausch nicht nur auf einen PC mit Mac OS X oder Windows beschränkt. Der andere Computer kann auch z.B. ein weiteres iPad sein.

Entsprechend angepasste Apps können Dateien auch automatisch über iCloud austauschen (🕮 »iCloud«, Seite 257).

E-Mail

Für den Dateiaustausch per E-Mail ist im iOS das Mail-System mit der Mail-App integriert. E-Mails können mit Mail empfangen und Dateianhänge dort angezeigt oder in anderen Apps geöffnet werden. Verschickt werden Dateien direkt in der App, die diese Datei erzeugt hat. (🕮 »E-Mail-Anhänge«, Seite 102; 🕮 »Dateien als E-Mail-Anhänge versenden«, Seite 105).

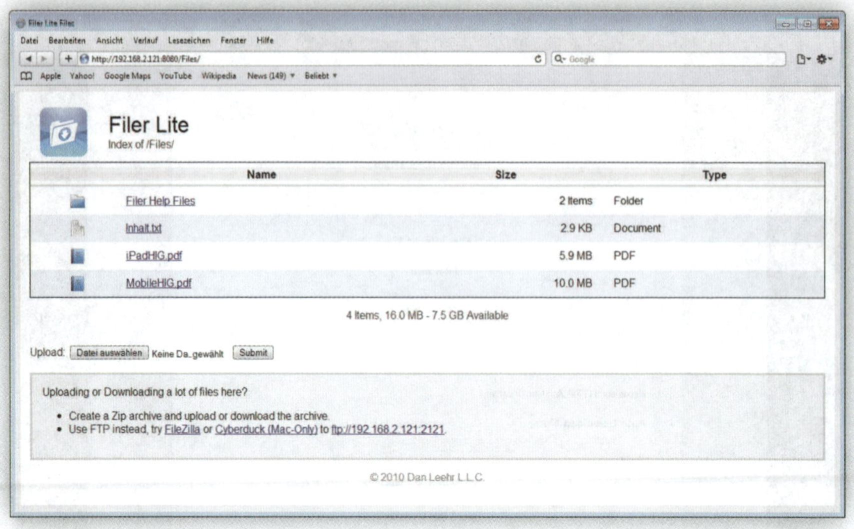

▲ Der PC greift beispielsweise über einen Internet-Browser auf einen HTTP-Server (hier der Server von »Filer Lite«) ...

Apps mit Server

Einige Apps, die Dateien erzeugen oder aus dem Internet herunterladen können, haben einen Server eingebaut. Wenn dieser aktiviert ist, können Sie die von der App verwalteten Dateien herunterladen sowie Dateien in den Dokumenten-Ordner der App hochladen. Je nach von der App angebotenem Server-Typ kann der Datenaustausch z.B. über den Internetbrowser, mit einem WebDAV- oder FTP-Programm oder mit dem Finder bzw. Explorer vorgenommen werden.

Zum Herstellen der Verbindung im Internetbrowser, im WebDAV- oder FTP-Programm oder im Finder des Mac OS X im Fenster »Mit Server verbinden« (⌘K) geben Sie einfach die Adresse ein, die in der App angezeigt wird. Für die zum Herstellen einer WebDAV-Verbindung im Explorer benötigten Schritte finden Sie im Internet entsprechende Anleitungen. Die Vorgehensweise unterscheidet sich je nach Windows-Version. Das iPad mini und der andere Computer müssen sich dabei in dem gleichen lokalen Netzwerk befinden (🕮 »Mit Safari im Internet surfen«, Seite 76).

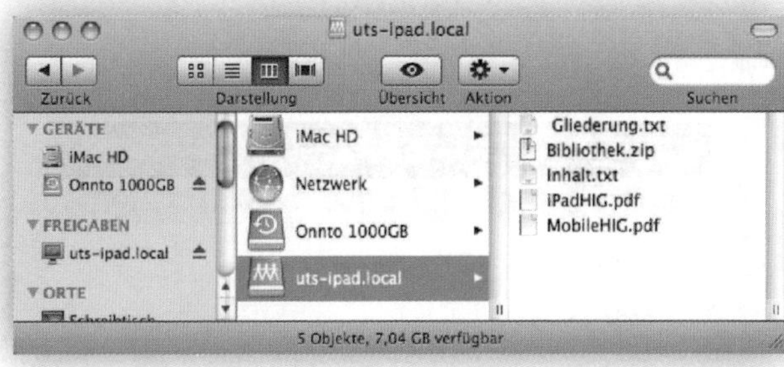

◄ ... oder über den Finder auf den WebDAV-Server einer iPad-App (hier »GoodReader«) zu.

Filehosting (WebDAV)

Viele Internet-Anbieter bieten Speicherplatz im Internet an – teils im Paket mit dem Internetzugang, E-Mail-Adresse etc., teils aber auch als eigenen Dienst. Dort können Sie Dateien speichern, auf die Sie von mehreren Computern aus zugreifen wollen. Bei vielen dieser Server gibt es die Möglichkeit, über das WebDAV-Protokoll auf die Dateien zuzugreifen. Einige Anbieter stellen im App Store eine eigene App für den Zugriff bereit. Außerdem werden im App Store verschiedene Apps angeboten, die auf beliebige WebDAV-Server zugreifen können. Der Funktionsumfang dieser Apps reicht vom einfachen Betrachten bis zum echten Dateiaustausch. Mit »GoodReader« beispielsweise können Dateien von beliebigen WebDAV-Servern herunter- und hochgeladen werden. Die Dateien können dort außerdem angezeigt und zum Teil sogar bearbeitet werden oder sie lassen sich über »Öffnen in ...« mit anderen Apps austauschen (📖 »Öffnen in ...«, Seite 250).

Eigener Server, NAS

Auch wenn Sie ein NAS (Network Attached Storage, Netzwerk-Festplatte) oder einen eigenen PC-Server besitzen, können Sie die dort gespeicherten Dateien mit dem iPad mini austauschen. Welches Protokoll Sie verwenden und welche Möglichkeiten des Datenaustauschs Sie hier haben, ergibt sich aus der Server-Software auf dem PC (Mac OS X und Linux besitzen z.B. einen eingebauten FTP-Server, der nur aktiviert werden muss) oder dem NAS sowie aus der auf dem iPad mini für den Dateiaustausch verwendeten App (siehe vorheriger Abschnitt).

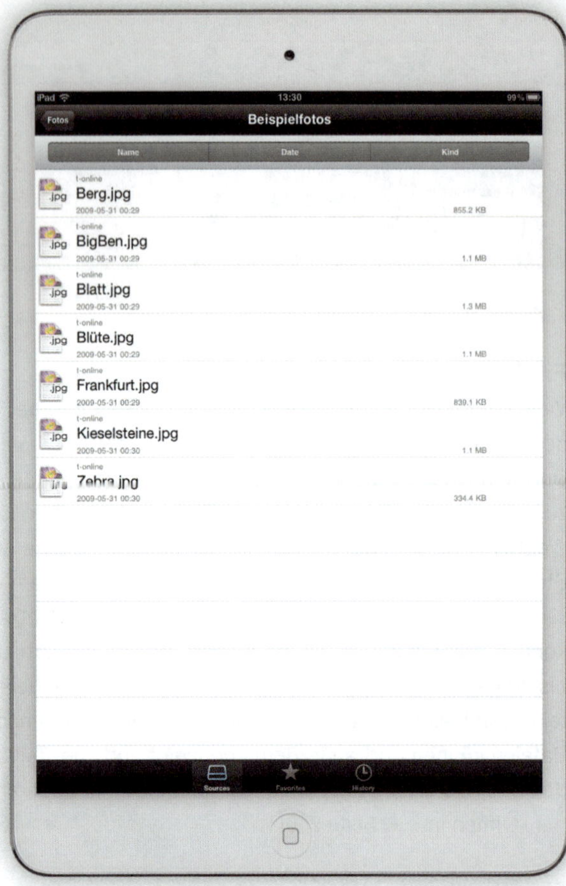

▶ Zugriff auf das Dateisystem eines Web-DAV-Servers (hier mit »OverTheAir«), auf dem Dateien im Internet gespeichert sind

Dateien über iTunes mit dem PC austauschen

Dateien, die in bestimmten Apps auf dem iPad mini erstellt wurden, können über iTunes mit dem PC unter Mac OS X oder Windows ausgetauscht werden. (📖 »WLAN«, Seite 53)

iTunes-Mediathek

Musik und Videos werden aus der iTunes-Mediathek auf das iPad mini geladen. Auch Fotos und Bücher für iBooks werden mit iTunes auf das iPad mini gebracht. Wenn Sie das iPad mini mit Ihrem PC verbunden haben, können Sie

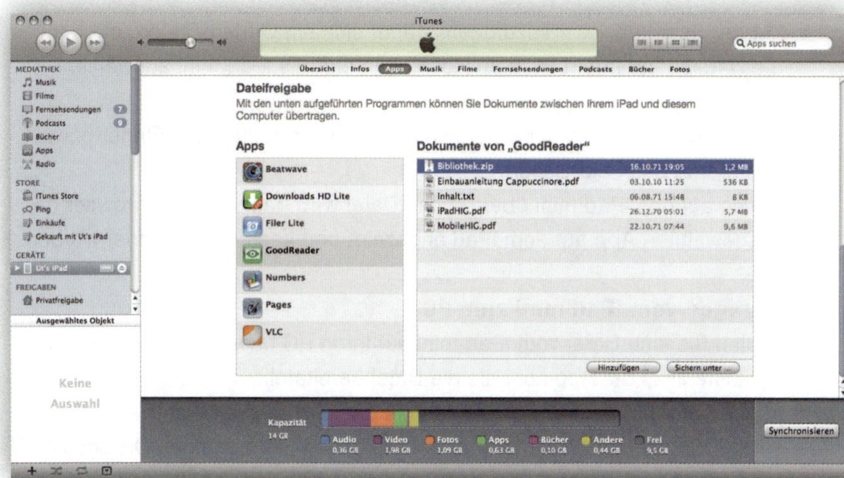

▲ In einer App erzeugte oder geladene Dateien können aus der Dateifreigabe auf den PC kopiert werden.

in iTunes unter »Geräte ▶ iPad« auf verschiedenen Seiten für die unterschiedlichen Medientypen Synchronisationseinstellungen vornehmen. Hierbei handelt es sich aber um eine Einbahnstraße – die Dateien können nur vom PC auf das iPad mini geladen werden, nicht aber umgekehrt. Lediglich Bücher aus iBooks und über »Öffnen in« in die iBooks-Mediathek kopierte PDFs sowie auf dem iPad mini im iTunes Store gekaufte Musik und Videos lassen sich auch vom iPad mini in die iTunes-Mediathek auf dem PC übertragen.

Dateifreigabe

Für Apps, die Dateien herunter laden oder neue Dateien erstellen können, bieten iTunes und das iOS die Dateiübertragung über die Dateifreigabe an. In iTunes findet sich unter »Geräte ▶ iPad« auf der Seite »Apps« unter »Dateifreigabe« eine Liste der installierten Apps, die die Dateiübertragung über die Dateifreigabe anbieten. Mit einem Klick auf eine dieser Apps werden in der Liste rechts die von dieser App bereitgestellten Dateien angezeigt (📖 »WLAN einrichten«, Seite 53).

Vom PC zu einer iPad-App

- Wählen Sie zuerst mit einem Klick in der Liste links die App aus, zu der sie eine Datei übertragen wollen.

- Mit der Schaltfläche »Hinzufügen« öffnet sich ein Öffnen-Dialog, mit dem Sie Dateien auf Ihrem PC zum Hochladen auf das iPad mini auswählen können.
- Alternativ können Sie auch Dateien per Drag&Drop aus dem Finder bzw. Explorer in das Feld ziehen.
- Die so auf das iPad mini übertragene Datei wird dann im Dateibrowser der ausgewählten App auf dem iPad angezeigt und kann dort geöffnet werden.

Übertragen vom iPad mini zum PC

- Wollen Sie eine Datei vom iPad mini auf Ihren PC übertragen, wählen Sie in der Liste links die App aus, die die Datei bereitstellt.
- Klicken Sie dann in der Liste rechts die gewünschte Datei an.
- Mit der Schaltfläche »Sichern unter ...« können Sie nun einen Ort bestimmen, an dem die Datei auf dem PC gespeichert werden soll.
- Sie können die Datei aber auch per Drag&Drop in den Finder bzw. Explorer an einen bestimmten Ort kopieren.
- Zum Löschen einer Datei auf dem iPad mini klicken Sie diese in der Liste an und drücken dann die Löschtaste. Nach einer Abfrage wird die Datei aus dem Dokumenten-Ordner der App auf dem iPad mini entfernt.

iCloud – Apples Server-Dienste für das iPad mini

Mit Apples iCloud können Daten auf dem iPad mini mit anderen iOS-Geräten wie dem iPhone und iPod touch sowie mehreren PCs unter Mac OS X und Windows über das Internet synchronisiert werden. iCloud bietet neben E-Mails und Notizen über eine optionale E-Mail-Adresse auch eine automatische Synchronisierung von Kalendern, Erinnerungen, Kontaktdaten und Lesezeichen. Dazu bietet iCloud die Möglichkeit, ein Backup des iPad mini zu erstellen und Dokumente und Daten automatisch zwischen speziell angepassten Programmen auf mehreren iOS-Geräten und PCs unter OS X Lion oder Windows (Vista oder 7) auszutauschen.

iCloud-Account einrichten

Auf dem iPad mini wird der iCloud-Account in der Einstellungen-App eingerichtet.

❶ In der Einstellungen-App wählen Sie unter »Mail, Kontakte, Kalender« den Punkt »Account hinzufügen« und tippen auf »iCloud«.

❷ Danach müssen Sie nur noch Ihre Apple-ID und das Kennwort eingeben (📖 »Die Apple-ID«, Seite 269).

❸ Im letzten Schritt können Sie bestimmen, welche Datentypen (Mails, Kontakte, Kalender, Erinnerungen, Safari-Lesezeichen, Notizen, Fotos und Dokumente&Daten) das iPad mini mit iCloud synchronisieren soll.

❹ Wenn Sie den E-Mail-Dienst oder Notizen aktivieren, müssen Sie, falls Sie noch keine me.com- oder icloud.com -E-Mail-Adresse besitzen, diese einrichten.

Speicherplatz

iCloud bietet 5 GB kostenlosen Speicherplatz pro Apple-ID. Dieser wird verwendet für E-Mails, Kontakte, Kalender, Dokumente und Daten sowie für das Backup.

Apps sowie Musik, Videos etc. die aus dem iTunes Store bezogen wurden, aber auch die Fotos im Fotostream werden nicht von den 5 GB abgezogen.

Der Speicherplatz kann in der Einstellungen-App auf der Seite »iCloud« unter »Speichern & Backup« und »Speicherplan ändern« für ein jährliches Entgelt um 10, 20 oder 50 GB erweitert werden.

▲ iCloud bietet eine ganze Reihe von Diensten an.

Die Dienste von iCloud

Kontakte, Kalender und Erinnerungen mit iCloud synchronisieren

Mit iCloud können Kontakte, Kalender und Erinnerungen (Aufgaben) von Ihrem iPad mini mit anderen iOS-Geräten und PCs synchronisiert werden. Hierbei werden die Kontaktdatenbank bzw. die Kalender des iPad mini synchronisiert. iCloud erscheint also nicht als zusätzliche Quelle bzw. zusätzlicher Kalender in den Apps Kontakte, Kalender und Erinnerungen. Änderungen in der lokalen Kontaktdatenbank bzw. einem lokalen Kalender werden sofort auf den iCloud Server hochgeladen und dann auf die anderen bei iCloud angemeldeten Geräte per Push-Dienst weitergeleitet.

In der Einstellungen-App auf der Seite »Mail, Kontakte, Kalender« können Sie unter »Datenabgleich« auch einstellen, dass Änderungen, die auf anderen Geräten vorgenommen wurden, nicht per Push auf das iPad mini geschoben sondern manuell oder nach Zeitplan geladen werden (🕮 »Kontakte«, Seite 112; 🕮 »Kalender«, Seite 136, 🕮 »Erinnerungen«, Seite 148).

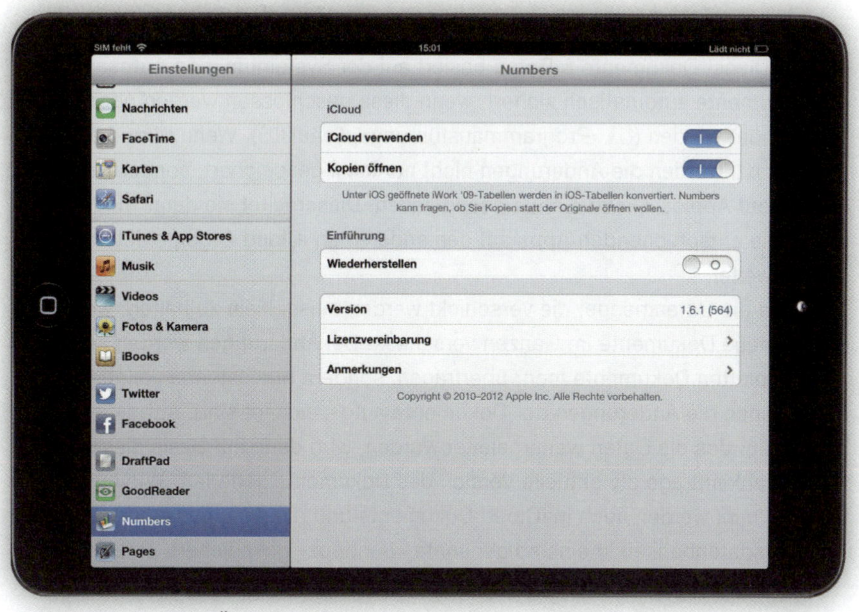

▲ Die automatische Übertragung von Dokumenten und Daten in die iCloud wird in den Einstellungen der jeweiligen App (hier Pages) aktiviert.

Safari Lesezeichen

Über iCloud können auch Safari-Lesezeichen und die Leseliste bzw. die Lesezeichen des Internet Explorer 8 auf Ihrem iPad mini mit den Lesezeichen auf anderen iOS-Geräten oder PCs synchronisiert werden. Änderungen werden auch hier sofort hochgeladen und auf die anderen angemeldeten Geräte weitergeleitet (🕮 »Mit Safari im Internet surfen«, Seite 76).

Dokumente & Daten

Mit dem iCloud-Dienst »Dokumente & Daten« können Dokumente speziell angepasster Apps über iCloud mit anderen iOS-Geräten oder auch mit einem PC unter OS X ab Lion synchronisiert werden. Wenn eine App den Dienst in Anspruch nehmen soll, wird dieser in der jeweiligen App aktiviert bzw. auf der Seite der jeweiligen App in der Einstellungen-App. In der Einstellungen-App auf der Seite »iCloud« kann unter »Dokumente & Daten« außerdem bestimmt werden, ob Daten ausgetauscht werden, wenn der Internetzugang über UMTS hergestellt wurde. Ist diese Option deaktiviert, werden die Daten verschickt bzw. empfangen, sobald das iPad mini mit einem WLAN-Netzwerk verbunden ist.

Technischer Hintergrund

Der Dienst Dokumente & Daten basiert auf der Systemfunktion Autosave, die Dokumente automatisch sichert, wenn diese geschlossen werden oder Apps beendet werden (🕮 »Programmausführung«, Seite 309). Wenn iCloud aktiviert ist, werden die Änderungen nicht nur lokal gespeichert, sondern zusätzlich auf Apples iCloud-Server hochgeladen. Dieser leitet sie dann wiederum an die entsprechenden Apps auf den anderen an iCloud angemeldeten Geräten weiter.

Um die Datenmenge, die verschickt werden muss, klein zu halten, werden nur neue Dokumente im Ganzen verschickt. Bei Änderungen werden keine kompletten Dokumente mehr übertragen, sondern nur Datenbankeinträge, in denen die Änderungen der Dokumente aufgezeichnet sind. Auf dem Gerät, auf das die Daten weitergeleitet wurden, wird dann auf Basis dieser Datenbankeinträge die aktuelle Version des Dokuments generiert. Wie auf dem iPad mini werden auch in iCloud Dokumente und die dazu passenden Änderungsdatenbanken in eine so genannte »Sandbox« gespeichert, einen Ort, auf den nur das jeweilige Programm Zugriff hat (🕮 »Das Dateisystem des iPads«, Seite 308).

Fotostream

Fotostream lädt alle neuen Aufnahmen oder neu importierten Fotos automatisch auf Apples iCloud-Server. Dieser wiederum leitet sie an die anderen an iCloud angemeldeten Geräte weiter. Außerdem können Fotostreams für andere Personen freigegeben werden. Mehr zu Fotostream lesen Sie im Kapitel »Fotos« (🕮 »Fotostream«, Seite 187).

Backup

In iCloud können Sie ein Backup des iPad mini erstellen. Dieses können Sie einerseits nutzen, falls Probleme auftreten, die nur durch das Löschen und Wiederherstellen des iPad mini gelöst werden können, anderseits auch, wenn Sie Ihre Daten und Einstellungen auf ein neues Gerät übernehmen wollen (🕮 »Backup«, Seite 301).

In iCloud werden nur persönliche Dokumente und Einstellungen der Apps gespeichert. Es wird immer nur das letzte Backup eines Geräts gesichert (siehe hierzu im nächsten Abschnitt 🕮 »Technischer Hintergrund«, Seite 261).

Das iCloud-Backup können Sie in der Einstellungen-App auf der Seite »iCloud« unter »Speicher & Backup« einschalten. Wollen Sie die Daten bestimmter Apps aus dem Backup ausschließen, tippen Sie unter »Speicher

◄ In einer Liste können Sie bestimmen, welche Apps ihre Daten im iCloud-Backup speichern.

verwalten« auf den Namen Ihres iPad mini. Hier sind alle Apps aufgelistet, deren Dokumente-Ordner Daten für ein Backup enthalten. Wenn Sie eine der Apps deaktiveren, werden auch die Daten vom vorhandenen Backup aus iCloud gelöscht.

Technischer Hintergrund

Da das Backup auf iCloud über das Internet übertragen wird, hat Apple es so angelegt, dass die Datenmenge möglichst klein gehalten wird. Im Backup sind daher nur Daten enthalten, die nicht anderweitig wiederhergestellt werden können. Daten, die sich auch aus anderen Quellen wiederherstellen lassen,

▲ »Mein iPhone suchen« (bzw. auf dem Home-Bildschirm »iPhone-Suche«) zeigt die Position der hierfür registrierten iPads und iPhones auf einer Karte.

werden nicht im Backup gespeichert: Systemdateien z.B. können direkt vom Apple-Systemupdate-Server wiederhergestellt werden, Apps aus dem App-Store, Musik aus dem iTunes-Store und durch Synchronisation mit iTunes auf dem PC etc. Gleichzeitig sind die App-Entwickler gehalten, möglichst wenige Daten im Dokumenten-Ordner der App zu speichern. Automatisch generierte Dateien beispielsweise sollen nicht im Dokumenten-Ordner gespeichert werden, sondern im Caches-Ordner, von dem kein Backup erstellt wird (📖 »Das Dateisystem des iPads«, Seite 308).

E-Mail und Notizen

iCloud-E-Mails und -Notizen werden über das Standardprotokoll IMAP abgewickelt. Mehr zu IMAP erfahren Sie im Kapitel (📖 »Mail«, Seite 92).

Das iPad mini orten

Über iCloud kann der Dienst »Mein iPad suchen« aktiviert werden. Hierfür richten Sie iCloud mit Ihrer Apple ID ein und aktivieren »Mein iPad suchen«. Bei aktiviertem Dienst kann ein verlorenes oder gestohlenes iPad mini über

▲ Unter Windows werden die Dienste ausgewählt.

die App »Mein iPhone suchen« oder über die Internetseite <www.icloud.com> auf der Seite »Mein iPhone suchen« geortet werden. Sobald Sie sich dort mit Ihrer Apple ID angemeldet haben, werden die Standorte der über diese Apple ID aktivierten Geräte auf einer Karte angezeigt. Sie können dann eine Nachricht z.B. für den ehrlichen Finder auf dem Display des iPad mini anzeigen lassen, oder einen Ton abspielen, mit dem Sie das iPad mini in Ihrer Wohnung finden können. Außerdem kann das iPad mini über diesen Dienst gesperrt oder komplett gelöscht werden.

iCloud auf dem PC

Auf dem PC unter Mac OS X oder Windows werden die Einstellungen für iCloud im iCloud-Kontrollfeld vorgenommen. Dieses finden Sie unter Mac OS X in den »Systemeinstellungen« (im Apfel-Menü) und unter Windows in der »Systemsteuerung« (im Start-Menü). Hier geben Sie zuerst den Benutzernamen und das Passwort ein. Sobald der Account verifiziert wurde, erscheint die Einstellungsseite des Kontrollfelds. Dort können Sie die verschiedenen Dienste aktivieren.

Das iCloud-Kontrollfeld für Mac OS X unterscheidet sich nur wenig von dem iCloud-Kontrollfeld unter Windows.

▲ Das iCloud-Kontrollfeld unter Mac OS X

- Die E-Mail-Daten werden auch beim E-Mail-Account von iCloud über IMAP synchronisiert.
- Notizen können nur mit dem Mail-Programm von Mac OS X synchronisiert werden. Notizen, die in der Notizfunktion von Outlook unter Windows erstellt werden, lassen sich nicht über iCloud synchronisieren.
- Kontakte und Kalender werden unter Mac OS X mit den Programmen »Adressbuch« und »iCal« bzw. unter OS X Mountain Lion mit »Kontakte« und »Kalender« synchronisiert.
- Unter Windows können Kontakte und Kalender mit Microsoft Outlook 2007 oder 2010 synchronisiert werden. Hierfür werden unter Outlook neue Kontaktgruppen und Kalender angelegt.
- Für die Synchronisation der Safari-Lesezeichen können Sie unter Windows Safari oder den Internet Explorer auswählen.
- Fotostream synchronisiert unter OS X mit iPhoto und unter Windows mit dem Ordner Bilder im Explorer. Mehr zu Fotostream lesen Sie im Kapitel 📖 »Fotos«, Seite 175.
- Der Dienst »Dokumente und Daten« steht nur für OS X zur Verfügung.

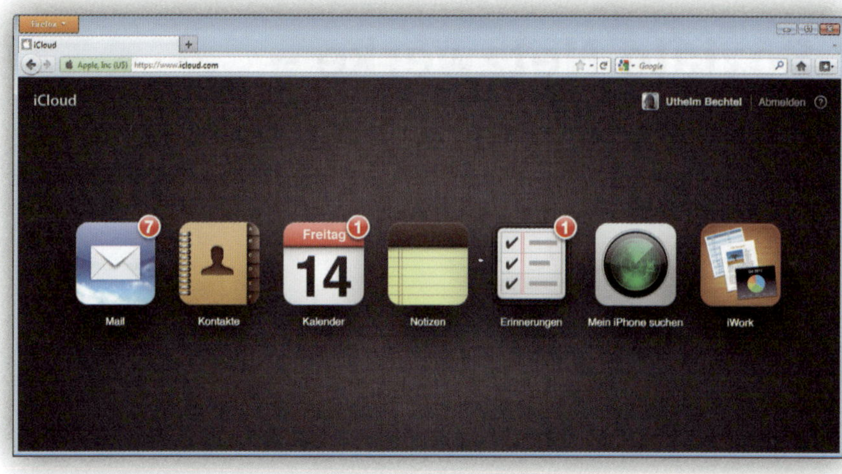

▲ Im Webinterface von iCloud lassen sich die unterschiedlichen Funktionen des Dienstes auswählen, um die zugehörigen Daten anzuzeigen.

iCloud ist nur für OS X Lion und Montain Lion und für Windows Vista und 7 verfügbar. Ältere Systeme werden nicht unterstützt.

Webinterface

iCloud bietet auch die Möglichkeit des Zugriffs über ein so genanntes Webinterface. Das Webinterface ist eine über das Internet angebotene Benutzeroberfläche, die im Internet-Browser bedient wird. Das iCloud-Webinterface ähnelt im Aussehen den Apps auf dem iPad mini bzw. den korrespondieren Programmen unter OS X Mountain Lion. Allerdings können Sie sich mit dem iPad mini nicht am Webinterface anmelden. Der Zugriff ist nur über einen PC mit Mac OS X, Windows oder auch Linux möglich.

Über das Webinterface können Sie auf die Kontakte und Kalender, die mit denen auf dem iPad mini synchronisiert sind, zugreifen und, falls eingerichtet, auf die E-Mails der Ihrer Apple-ID zugeordneten me.com-Adresse. Außerdem kann hier das iPad mini geortet werden. Auf der Seite »iWork« können Sie auf die über die Funktion »Dokumente & Daten« auf den Server hochgeladenen Dokumente der Apps Pages, Numbers und Keynote zugreifen. Mit einem Klick auf Ihren Namen können verschiedene Einstellungen vorgenommen werden.

Soziale Netzwerke – Facebook- und Twitter-Anbindung

In iOS 6 wurden verschiedene Funktionen zur Anbindung an die sozialen Netzwerke »Facebook« und »Twitter« integriert.

- Auf Facebook können persönliche Informationen mit Freunden geteilt werden.
- Auf Twitter können öffentlich einsehbare Kurznachrichten bis 140 Zeichen Länge veröffentlicht werden.

Anbindung für Facebook oder Twitter aktivieren

In der Einstellungen-App geben Sie auf der Seite »Facebook« bzw. »Twitter« Ihre Facebook- bzw. Twitter-Accountdaten ein. Nachdem Sie auf **Anmelden** getippt haben, können verschiedene Funktionen des iOS auf Ihren Facebook- bzw. Twitter-Account zugreifen:

- Die App Kontakte greift auf die Kontaktdatenbank von Facebook bzw. Twitter zu und integriert die Kontakte in die Kontaktliste des iPad mini (📖 »Kontakte «, Seite 112).
- Die App Kalender zeigt Ereignisse aus Facebook (📖 »Kalender«, Seite 136)
- Veröffentlichen von Fotos oder Nachrichten (📖 »Integration in das -Menü«, Seite 267; 📖 »Widget senden«, Seite 268)
- Zusätzlich können andere Apps, bei denen der Entwickler die Facebook- und Twitter-Anbindung eingerichtet hat, nach einer Bestätigung auf Ihren Facebook- bzw. Twitter-Account zugreifen.

Der Zugriff durch Kontakte, Kalender sowie die anderen Apps kann in der Einstellungen-App auf der Seite »Facebook« bzw. »Twitter« einzeln deaktiviert werden.

▲ Ein Bild wird auf Facebook gepostet.

Apps installieren

Die Facebook- bzw. Twitter-App kann direkt in der Einstellungen-App bei der Aktivierung mit einem Tipp auf **Installieren** installiert werden. Alternativ können Sie die Apps auch in der App-Store-App aus dem App Store laden.

Integration in das -Menü

Im -Menü der integrierten Apps finden sich die Punkte »Facebook« und »Twitter«, mit denen Inhalte direkt gepostet werden können (z.B. aus Safari ein Link zu einer Internetseite oder ein Bild aus Fotos).

1. Bei Auswahl eines der beiden Punkte öffnet sich ein Blatt, in dem eine Nachricht eingegeben werden kann. Der ausgewählte Inhalt (Bild, Link-Adresse etc.) ist bereits als Anhang beigefügt.
2. Bei Facebook können Sie mit dem Schalter **Freunde** unten rechts zusätzlich die Personen auswählen, die die Nachricht erhalten sollen.
3. Mit **Posten** bzw. **Senden** wird die Nachricht veröffentlicht.

▶ Facebook und Twitter im Popover

Widget senden

Mit »Widget senden« können Sie direkt aus der Mitteilungszentrale Nachrichten auf Facebook oder Twitter posten. **Zum Posten tippen** bzw. **Zum Twittern tippen** öffnen ein Blatt, in dem Sie den zu veröffentlichenden Text eingeben können. Widget senden wird in der Einstellungen-App auf der Seite »Mitteilungen« ein- bzw. ausgeschaltet.

Auch hier öffnet sich das Blatt, in dem Sie die gewünschte Nachricht eingeben und mit **Posten** bzw. **Twittern** veröffentlichen können.

Stores – Musik, Videos, Bücher und Apps einkaufen mit dem iPad mini

In iOS sind zwei Apps enthalten, mit denen in Apples iTunes Store eingekauft werden kann. Mit der App-Store-App können Apps für iOS bezogen werden, in der iTunes-App Musik, Filme, TV-Sendungen und Hörbücher. Zusätzlich lassen sich in iBooks eBooks kaufen und in der App Podcasts kann auf den Podcast-Katalog im iTunes Store zugegriffen werden. Die Bedienung der Stores gleicht sich weitestgehend.

Die Apple-ID

Damit Sie Apps und Titel aus den Stores beziehen können, benötigen Sie eine Apple-ID. Diese kann in iTunes auf dem PC oder in der Einstellungen-App unter »iTunes & App Stores« eingerichtet werden. Dort tippen Sie auf »Neue Apple-ID erstellen« und folgen den weiteren Anweisungen. Zur Einrichtung eines vollwertigen Accounts müssen Sie eine Kreditkartennummer angeben.

Einrichten ohne Kreditkarte

Falls Sie keine Kreditkarte besitzen, lässt sich auch ein Account ohne Kreditkarte einrichten. Mit einem so erstellten Account können Sie dann jedoch nur kostenlose Apps oder Titel herunterladen oder mit einem Gutschein bezahlen, der beim Apple-Händler gekauft oder von einem anderen Account als Geschenk übertragen werden kann. Anweisungen zum Einrichten eines Accounts ohne Kreditkarte finden Sie unter <http://support.apple.com/kb/HT2534?viewlocale=de_DE>.

Bedienung der Stores

Um eine Verbindung zum iTunes Store aufzubauen, öffnen Sie – je nachdem, ob Sie Apps oder Audio- und Video-Titel kaufen wollen – die App-Store-App oder die iTunes-App. Die Seiten »Musik« und »Videos« im iTunes-Store

▲ Die Startseite »Musik« im iTunes Store

können auch mit einem Tipp auf **Store** in der Musik- bzw. Videos-App aufgerufen werden. Wenn Sie sich mit dem iBookstore verbinden wollen, öffnen Sie iBooks und tippen dort oben links auf **Store**. Den Podcast-Katalog öffnen Sie in der App Podcasts mit dem Schalter **Katalog** unten links.

Es erscheint die Startseite des Stores bzw. die Seite, die geöffnet war, als Sie den Store das letzte Mal verlassen haben.

Die Ansichten in den Stores

Die Startseiten der Stores

Die verschiedenen Stores besitzen jeweils eine oder mehrere Startseiten:

- im iTunes Store die Seiten »Musik«, »Filme«, »TV« und »Hörbücher«
- im App Store die Seite »Highlights«
- im iBookstore die Seite »Bücher«
- im Podcast-Katalog die Seiten »Highlights«, »Audio« und »Video«

Alle Startseiten sind identisch aufgebaut. Sie bieten in mehreren Reihen jeweils eine Auswahl an Titeln, die nach unterschiedlichen Kriterien getroffen

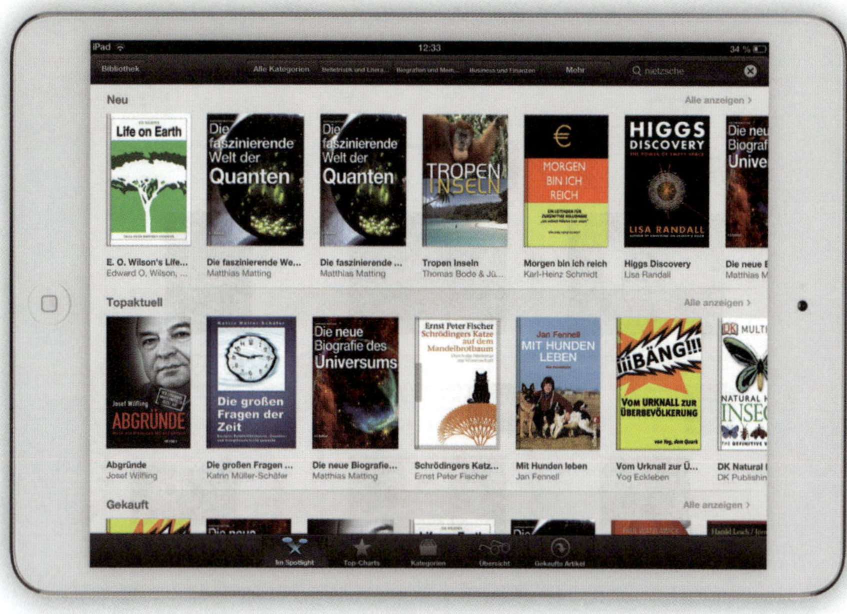

▲ Stöbern in der Kategorie »Wissenschaft und Natur« im iBookstore

wurde. Um weitere Titel oder Apps innerhalb der Reihen anzuzeigen, können diese durch Wischen nach rechts und links verschoben werden.

Zum Stöbern in der jeweiligen Auswahl tippen Sie auf »Alle Anzeigen« – jeweils über der entsprechenden Reihe.

Kategorien oder Genres

Mit den Schaltern in der oberen Leiste kann die Auswahl auf bestimmte Kategorien bzw. Genres beschränkt werden.

- Ist der erste Schalter **Alle Kategorien** bzw. **Alle Genres** aktiv, wird keine Kategorie-Auswahl getroffen.
- Rechts davon finden sich Schalter für die ersten drei Kategorien bzw. Genres im Alphabet.
- Der letzte Schalter **Mehr** öffnet ein Popover, in dem alle weiteren vorhandenen Kategorien bzw. Genres zur Auswahl stehen.

Charts

Auf der Seite »Charts« bzw. »Top-Charts« werden Listen der meist verkauften bzw. am häufigsten herunter geladenen Titel bzw. Apps gezeigt.

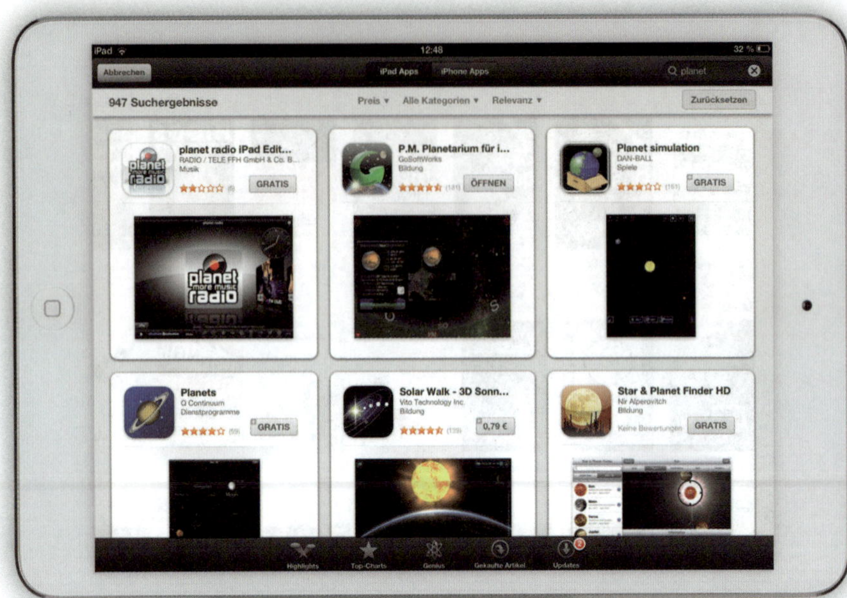

▲ Suchergebnisse im App Store

Genius

Wenn Genius aktiviert ist, wird im iTunes Store und im App Store auf der Seite »Genius« eine Liste mit Titeln bzw. Apps angezeigt, die Ähnlichkeiten zu Ihren bereits gekauften haben.

Gekaufte Artikel

Auf der Seite »Gekaufte Artikel« werden alle von Ihnen gekauften bzw. kostenlos herunter geladenen Titel bzw. Apps angezeigt. Sie können mit ☁ jederzeit erneut herunter geladen werden. In der Leiste oben können Sie die Sortierreihenfolge ändern und bestimmen, dass nur Titel bzw. Apps aufgelistet werden, die nicht auf diesem iPad mini installiert sind.

Updates

Im App Store findet sich ganz rechts die Seite »Updates«. Dort werden die aktuell verfügbaren Updates für die auf Ihrem iPad mini installierten Apps angezeigt. Sie können die Updates mit einem Tipp auf **Update** herunterladen und installieren.

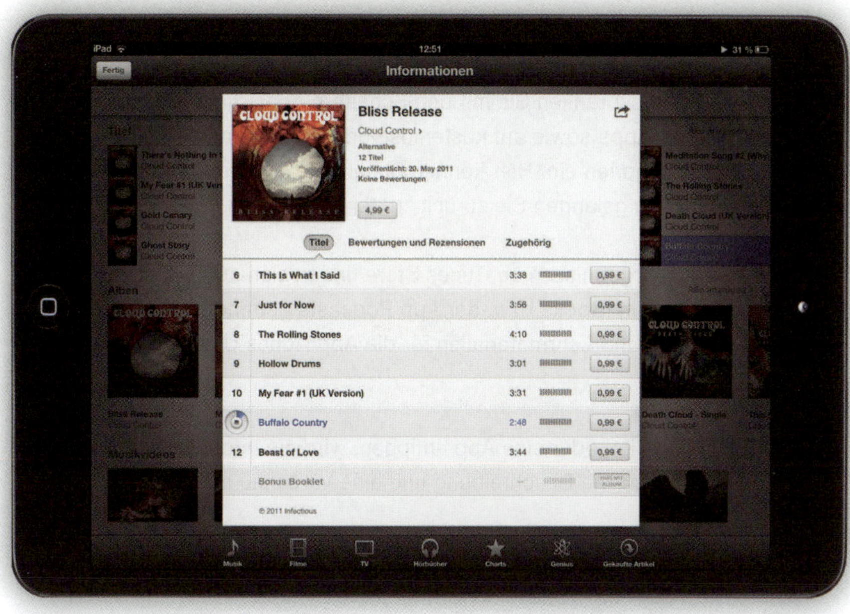

▲ In der Vorschau im iTunes Store werden kurze Ausschnitte der Titel eines Albums zum Probehören bereitgestellt.

In den Stores suchen

❹ Um bestimmte Titel oder Apps zu suchen, geben Sie einen Suchbegriff in das Suchfeld 🔍 oben links ein. Es erscheint ein Popover mit Suchvorschlägen.

❺ Tippen Sie die Taste »Suchen« oder tippen Sie ein Suchergebnis an.

In Ergebnissen blättern

Im iTunes Store und im Podcast-Katalog werden die Suchergebnisse zuerst nach demselben Schema wie auf den Startseiten angezeigt. Die Ergebnisse sind in Reihen nach bestimmten Kriterien angeordnet, in denen einzeln durch Wischen nach links bzw. rechts gestöbert werden kann.

Mit einem Tipp auf »Alle anzeigen« oberhalb der jeweiligen Reihe werden die Suchergebnisse der betreffenden Kategorie angezeigt. Im App Store und im iBookstore ist diese Ansicht nach der Suche direkt aktiv.

- Die Suchergebnisse werden gekachelt angezeigt. Durch Wischen nach oben und unten blättern Sie durch die Seite.

- Im iTunes Store können Sie mit den Schaltern oben die Suche auf bestimmte Medientypen beschränken.
- Im App Store schränken Sie mit den Schaltern oben die Suche auf iPad- oder iPhone-Apps sowie auf kostenlose oder Kauf-Apps oder auch auf bestimmte Kategorien ein. Hier können Sie auch die Sortierfolge ändern.
- Mit **Abbrechen** gelangen Sie zurück zu den Startseiten.

Unter den Suchergebnissen im iTunes Store finden sich auch Bücher und Podcasts, die dann in iBooks bzw. der App Podcasts geöffnet werden, ebenso wie Vorlesungen und Lehrmaterialien für die App iTunes U.

Informationen

Wenn Sie einen Titel oder eine App antippen, wird ein Info-Blatt geöffnet. In diesem finden Sie eine Beschreibung und eine Vorschau auf den Inhalt:

- Im App Store sehen Sie im Info-Blatt Bildschirmfotos aus der App.
- Im iTunes Store bzw. Podcast-Katalog werden im Info-Blatt für Musik, Fernsehsendungen und Podcasts die Titel des dazu gehörenden Albums bzw. die Folgen aufgelistet.
- Mit einem Tipp auf einen der Titel wird 90 Sekunden lang eine Hörprobe abgespielt. Bei einem Hörbuch tippen Sie hierfür auf **Vorschau**.
- Bei Filmen oder Fernsehsendungen können Sie im Info-Blatt mit einem Tipp auf ▶ den Trailer bzw. ein Vorschau-Video aufrufen.
- Im iBookstore erhalten Sie mit der Schaltfläche **Auszug laden** im Info-Blatt eine Vorschau der ersten Seiten des Buches. Die Auszüge werden heruntergeladen und in das Bücherregal einsortiert. Sie erkennen einen Auszug dort an der roten Banderole. Beim Lesen finden Sie in der Werkzeugleiste eine zusätzliche Schaltfläche, mit der Sie das komplette Buch kaufen können.

iPhone-Apps auf dem iPad mini

Im App Store werden neben iPad-Apps auch Apps für iPad, iPhone und iPod touch sowie reine iPhone- und iPod-touch-Apps verkauft. Auch diese können auf dem iPad mini ausgeführt werden.

◄ iPhone-Apps verwenden auch auf dem iPad mini die iPhone-Bedienelemente.

- Apps für iPhone und iPad sind mit einem »+« markiert. Auf dem iPad mini rufen diese eine andere Benutzeroberfläche auf als auf dem iPhone und verhalten sich daher wie reine iPad-Apps.
- Reine iPhone-Apps besitzen nur die iPhone-Oberfläche und -Steuerelemente. Solche Apps werden im Format eines iPhones in der Mitte des iPad-Bildschirms gezeigt. Mit der Schaltfläche **2x** können Sie die App auf Bildschirmgröße vergrößern. Die Oberfläche wird dabei allerdings nicht verändert.

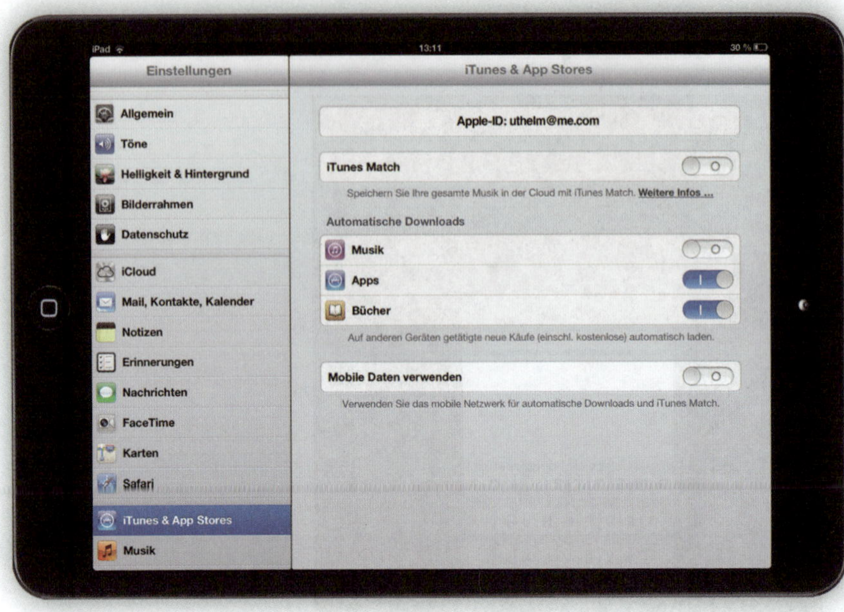

▲ Einstellungen für die Stores

In den Stores kaufen

Um einen Titel oder eine App zu kaufen, tippen Sie auf die Schaltfläche mit dem Preis. Nach Eingabe ihrer Apple-ID und des Passworts wird der Titel bzw. die App heruntergeladen. Eine App können Sie dann auf dem Home-Bildschirm öffnen, einen Titel finden Sie in Musik, Videos. Podcasts oder eBooks in der Mediathek (🕮 »Der Home-Bildschirm«, Seite 62; 🕮 »Videos«, Seite 197; 🕮 »Musik«, Seite 212; 🕮 »Podcasts«, Seite 224; 🕮 »iBooks«, Seite 229)

Kaufen mit Gutschein

Wenn Sie in den Stores mit einem Gutschein einkaufen wollen, tippen Sie die Schaltflache »Einlösen«, die Sie auf den Übersichtsseiten unten in der Mitte finden. In dem Popover geben Sie den Code ein. Danach können Sie für das Guthaben einkaufen.

▲ Der Zeitungskiosk

Automatische Downloads

Die Stores bieten die Möglichkeit, Artikel, die auf einem Gerät gekauft wurden, automatisch auf die anderen unter derselben Apple-ID registrierten Geräte herunterzuladen. Der automatische Download kann in der Einstellungen-App auf der Seite »iTunes & App Stores« getrennt für Musik, Apps und Bücher aktiviert werden und der Download über das UMTS-Netz deaktiviert werden.

Zeitungskiosk

Zur Auswahl von Zeitungen und Zeitschriften, die über den App-Store gekauft wurden, stellt das iOS die App Zeitungskiosk bereit. Ein Tipp im Home-Bildschirm auf diese App öffnet eine Ordner-Ansicht, in der die jeweils aktuelle Ausgabe der abonnierten Zeitungen und Zeitschriften in einem Regal angezeigt werden. Wollen Sie eine weitere Zeitung abonnieren, tippen Sie auf **Store** oben rechts.

▲ Spieleempfehlungen im Game Center

Game Center

Game Center ist ein Spielenetzwerk für die verschiedensten Spiele aus dem App-Store. Nachdem Sie sich mit Ihrem Apple-ID und dem dazu gehörenden Passwort angemeldet haben, können Sie sich einen Nicknamen geben, unter dem Sie für anderen Spieler sichtbar sind.

Wenn Sie ein Mehrspieler-Spiel mit anderen iOS-Benutzern spielen wollen, können Sie Freundschaftsanfragen versenden oder Ihre vorhandenen Freunde kontaktieren. Sollte keiner Ihrer Freunde das gewünschte Spiel spielen, kann Game Center Sie auch mit einem beliebigen anderen Spieler im Netzwerk verbinden.

AirPrint – Drucken vom iPad mini

Die Druckfunktion des iOS, mit der Dokumente direkt vom iPad mini gedruckt werden können, nutzt Drucker über das kabellose WLAN-Netzwerk. Daher nennt Apple diese Funktion »AirPrint«.

Zum Drucken sind auf dem iPad mini keine Geräte-spezifischen Treiber notwendig. Auf Druckern, die das AirPrint-Protokoll beherrschen, wie z.B. die Drucker der HP ePrint-Serie, kann direkt gedruckt werden. Gedruckt werden kann aber auch auf beliebigen Druckern, die an einen PC angeschlossen sind. Auf dem PC muss dafür jedoch eine AirPrint-Software installiert bzw. eingerichtet sein. Im Internet finden sich hierfür verschiedene Tools für Mac OS X, Windows und Linux.

Drucken

Wie auch auf dem PC unter Mac OS X oder Windows üblich, wird im iOS direkt aus der jeweiligen App heraus gedruckt. Wenn Sie also beispielsweise eine E-Mail, eine Internetseite oder ein Foto drucken wollen, wird der Druckvorgang in Mail, Safari bzw. Foto ausgelöst. Die Einrichtung eines neuen Druckers nehmen Sie beim ersten Drucken mit diesem Drucker vor.

1. Bei geöffnetem Dokument öffnen Sie das Aktions-Popover (z.B. mit einem Tipp auf oder) und wählen dort den Befehl »Drucken«.
2. Ist ein anderer Drucker ausgewählt als der Drucker, auf dem Sie drucken wollen, wählen Sie den gewünschten Drucker im Popover »Druckeroptionen« mit dem obersten Punkt »Drucker« aus. Sollte der gewünschte Drucker noch nicht eingerichtet sein, richten Sie zuerst – wie unten beschrieben – die Verbindung mit diesem Drucker ein.
3. Im Bereich darunter können Sie die Anzahl der Kopien und eventuell weitere Optionen einstellen.
4. Tippen Sie auf »Drucken«, um den Druckauftrag zu starten.

▶ Auswahl des Druckers und der Optionen

Verbindung zum Drucker einrichten

Wenn Sie einen Drucker das erste Mal für das Drucken vom iPad mini aus verwenden, müssen Sie beim ersten Druck die Verbindung einrichten.

1. Zum Einrichten eines Druckers tippen Sie im Popover »Druckeroptionen« (siehe oben) auf »Drucker« und wählen dann in der Liste der im Netzwerk erreichbaren AirPrint-Drucker den gewünschten Drucker aus.
2. Um die Verbindung herzustellen, müssen Sie eventuell den Benutzernamen und das Passwort eines Benutzers auf dem PC eingeben, mit dem der Drucker verbunden ist.
3. Hiermit ist der Drucker für die nächsten Druckaufträge eingerichtet.

Druckzentrale

Sind Druckaufträge in Arbeit, wird im App-Switcher die Druckzentrale angezeigt. Den App-Switcher rufen Sie auf, indem Sie die Home-Taste doppelt drücken. Das Symbol der Druckzentrale zeigt die Anzahl der Druckaufträge an, die gerade in Arbeit sind. Dabei werden alle Druckaufträge zusammen in einer Warteliste abgearbeitet, unabhängig davon, welche App sie gestartet hat und auf welchem Drucker sie ausgegeben werden.

Druckaufträge anzeigen

Mit einem Tipp auf die Druckzentrale wird ein Popover geöffnet, in dem die Warteliste angezeigt wird. Ein Tipp auf einen Eintrag in der Liste zeigt Informationen zum jeweiligen Druckauftrag. Hier kann der Druckauftrag mit der Schaltfläche »Drucken abbrechen« bei Bedarf auch abgebrochen werden.

◀ Wenn ein Druckauftrag in Arbeit ist, wird im App-Switcher die Druckzentrale angezeigt.

Zubehör für das iPad mini

Im Handel wird diverses Zubehör angeboten, mit dem die Möglichkeiten des iPad mini erweitert werden können. Neben Apple haben auch andere Hersteller ein umfangreiches Zubehörsortiment.

Schnittstellen für den Anschluss von Zubehör

Das iPad mini verfügt über mehrere unterschiedliche Schnittstellen, über die elektronisches Zubehör für diverse Anwendungszwecke angeschlossen werden kann.

WLAN als Schnittstelle

Über WLAN kann nicht nur die Verbindung zum Internet hergestellt werden, sondern es lässt sich auch unterschiedlichstes Zubehör an das iPad mini anbinden.

- AirPlay bietet die Möglichkeit, Audio und Video über das lokale WLAN-Netzwerk an ein Ausgabegerät zu streamen. Mehr hierzu lesen Sie im Abschnitt 🕮 »Audio- und Videoausgabe mit AirPlay oder Bluetooth«, Seite 287.
- Über WLAN kann das iPad mini mit einer NAS-Netzwerk-Festplatte (Network Attached Storage) verbunden werden. Dort können Sie dann Dateien speichern, auf die iPad-Apps zugreifen. Für Multimedia-fähige NAS werden auch spezielle iPad-Apps angeboten, mit denen auf die auf dem NAS gespeicherten Fotos oder Videos zugegriffen werden kann (🕮 »Datenaustausch«, Seite 249).
- Für den Anschluss an Funknetze, für die das iPad mini keine Schnittstelle besitzt, sind verschiedene spezialisierte tragbare Wi-Fi-Hotspots im Angebot. So kann das iPad mini Wi-Fi beispielsweise über den mobilen Hotspot »MiFi« an das UMTS-Netz angebunden werden oder mit dem TV-Hotspot »tizi« digitales terrestrisches Fernsehen (DVB-T) empfangen (🕮 »Cellular – UMTS und LTE«, Seite 58).
- Umgekehrt kann das iPad mini über WLAN auch als Fernsteuerung für unterschiedlichste andere Geräte im Netzwerk dienen. Mit Apples

Remote-App beispielsweise lassen sich iTunes auf dem PC oder das Apple TV steuern.

Bluetooth

Über die Kurzstrecken-Funkverbindung Bluetooth können Tastaturen und Stereo-Audio-Ausgabegeräte an das iPad mini angebunden werden. Verbindungen zu anderen Bluetooth-Geräten z.B. zwecks Datenaustausch oder für eine Internet-Verbindung über ein Mobiltelefon sind beim iPad mini nicht möglich (📖 »Externe Tastaturen«, Seite 292; 📖 »Audio-Zubehör über Bluetooth«, Seite 286; 📖 »Audio- und Videoausgabe mit AirPlay oder Bluetooth«, Seite 287).

Der Lightning-Anschluss

Im Lightning-Anschluss sind mehrere Schnittstellen zu einem gemeinsamen Stecker zusammengefasst (u.a. USB, Video, Audio, Stromversorgung). Über entsprechende Adapterkabel lassen sich hier die unterschiedlichsten Geräte an das iPad mini anschließen. Mehr über die Schnittstellen im Lightning-Anschluss erfahren Sie im Kapitel 📖 »Die Hardware des iPad mini«, Seite 302.

Die Audio-Schnittstelle

Im iPad mini ist sowohl als Stereo-Audioausgang als auch für den Audioeingang eine 3,5-mm-Klinkenbuchse eingebaut. An diese Buchsen können Kopfhörer, Mikrofone oder andere Audio-Geräte angeschlossen werden (📖 »Audio-Zubehör«, Seite 286).

Adapter für die Video-Ausgabe

Video kann vom iPad mini per Kabel über den Lightning-Anschluss oder über WLAN mittels AirPlay ausgegeben werden. Je nach verwendeter Schnittstelle und App lassen sich unterschiedliche Inhalte in unterschiedlichen Ausgabeformaten ausgeben.

Video-Kabel

Mit einem Video-Kabel lässt sich das iPad mini mit einem Fernseher, Computermonitor, Beamer o.ä. verbinden. In entsprechenden Apps kann dann das Video-Signal des iPad mini über ein solches Ausgabegerät ausgegeben werden. Je nach Art der Ausgabe wird entweder der Bildschirm des iPad mini gespiegelt oder es werden nur eingebundene Videos übertragen. Dabei können

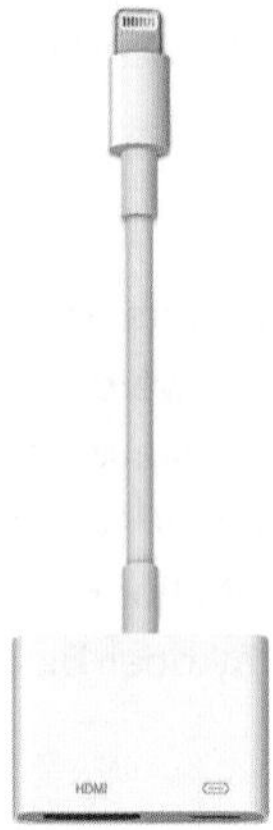

▲ Apples HDMI-Adapter (Lightning Digital AV Adapter«) bietet zusätzlich einen Lightning-Stecker für die Stromversorgung.

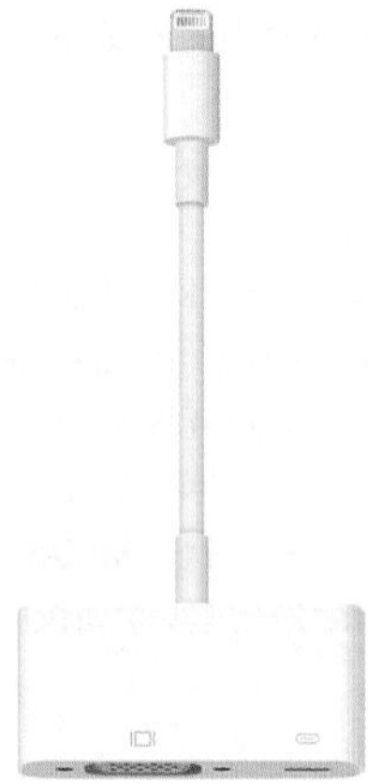

▲ VGA-Adapter für den Lightning-Anschluss. Auch dieser bietet zusätzlich einen Lightning-Stecker für die Stromversorgung.

die Videos abhängig vom verwendeten Adapter in unterschiedlichen Formaten abgespielt werden.

Apple bietet einen Adapter für den Anschluss von Video-Ausgabegeräten über die analoge VGA-Schnittstelle und einen Adapter für die Ausgabe über die digitale HDMI-Schnittstelle. Neben den originalen Kabeln von Apple werden auch verschiedene Kabel von anderen Herstellern angeboten. Achten Sie beim Kauf darauf, dass das Kabel für das iPad mini geeignet ist. Mehr zur Wiedergabe von Videos über ein Ausgabegerät erfahren Sie in den Kapiteln weiter hinten in diesem Kapitel im Abschnitt »Ausgabe von Videos auf dem Fernseher«, Seite 290.

Digital-AV-Adapter (HDMI)

Mit Hilfe des Digital-AV-Adapters können Fernsehgeräte über ihre HDMI-Schnittstelle an das iPad mini angeschlossen werden. Unter Verwendung zusätzlicher Adapter lassen sich auch Computermonitore mit DVI- oder Displayport-Schnittstelle an den Digital-AV-Adapter für das iPad mini anschließen. In diesem Fall muss jedoch der Ton separat übertragen werden. Der Digital-AV-Adapter ist in erster Linie für Präsentationen gedacht. Mit ihm wird der gesamte Bildschirm des iPad mini auf das Ausgabegerät gespiegelt.

▲ Spiegelung des iPad-Displays auf einem mit dem Digital-AV-Adapter angeschlossenen Fernsehgerät

VGA-Adapter

An die VGA-Buchse des VGA-Adapters können Computermonitore und andere Geräte mit einem VGA-Anschluss über ein Monitorkabel angeschlossen werden. VGA ist der Standard für den analogen Bildschirmanschluss von Computermonitoren. Mit dem VGA-Adapter kann der Bildschirm gespiegelt werden. Der VGA-Adapter überträgt kein Tonsignal.

Anschluss an andere Video-Schnittstellen

Wollen Sie Ihr iPad mini an ein Ausgabegerät anschließen, dass weder eine VGA- noch eine HDMI-Schnittstelle besitzt, brauchen Sie einen zusätzlichen Adapter, den Sie an einen der Video-Adapter anschließen (wie z.B. einen Adapter von HDMI auf Komponenten-Video, Displayport oder DVI bzw. von VGA auf Composite- oder S-Video).

Video über WLAN: AirPlay

Video kann auch über AirPlay auf ein AirPlay-Gerät im lokalen Netzwerk ausgegeben werden. Mehr hierzu lesen Sie im Abschnitt 🕮 »Audio- und Videoausgabe mit AirPlay oder Bluetooth«, Seite 287.

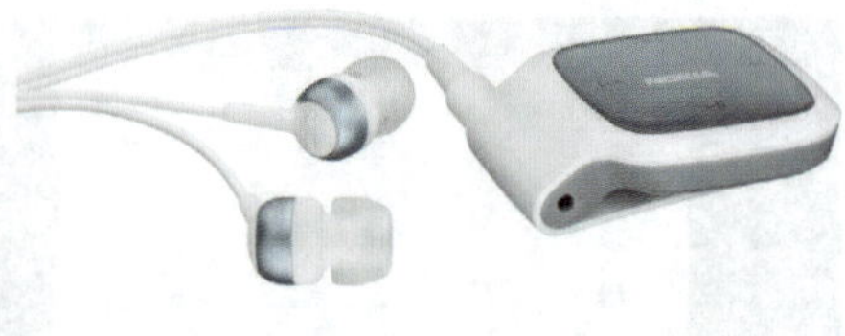

Ein Bluetooth-Audio-Adapter mit angeschlossenem Kopfhörer

Audio-Zubehör

Für die Anbindung von Audio-Zubehör stehen gleich mehrere Schnittstellen zur Auswahl: der Lightning-Anschluss, die Audio-Schnittstelle, Bluetooth oder WLAN.

Kabelgebundenes Audio-Zubehör

Kabelgebundenes Audio-Zubehör kann mit einem Mini-Klinkenstecker an die Audio-Schnittstelle angeschlossen werden oder über einen Adapter an den Lightning-Anschluss.

Immer wenn ein Ausgabegerät angeschlossen ist, wird der Ton anstatt über die eingebauten Lautsprecher über das angeschlossene Zubehör ausgegeben. Die Lautstärke für das angeschlossene Audio-Gerät lässt sich unabhängig von der Lautstärke für die internen Lautsprecher regeln. Je nach Ausstattung des Kopfhörers kann die Lautstärkeeinstellung auch über eine Fernbedienung im Kabel vorgenommen werden.

Audio-Zubehör über Bluetooth

Bluetooth-Audio-Zubehör muss einmalig gekoppelt werden. Danach kann das Gerät in der entsprechenden App im AirPlay-Popover ausgewählt werden. Mehr hierzu lesen Sie im folgenden Abschnitt »Audio- und Videoausgabe mit AirPlay oder Bluetooth«, Seite 287.

Wiedergabesteuerung

Mit den Funktionstasten im Kopfhörerkabel oder Bluetooth-Audiozubehör können Sie die Wiedergabe steuern, ohne die entsprechende App zu öffnen. Folgende Funktionen sind möglich:

- Wiedergabe starten und stoppen
- Zum nächsten oder vorherigen Titel springen

◀ Nachdem dieses Audio-Gerät per Software-Update AirPlay-tauglich gemacht wurde, können Sie Ihre Musik vom iPad mini über die an ihm angeschlossenen Lautsprecher abspielen.

Die Funktionen eventuell vorhandener weiterer Steuertasten werden nicht unterstützt.

Audio über WLAN: AirPlay

Audio kann auch mit AirPlay über das WLAN-Netzwerk auf ein AirPlay-Gerät übertragen werden. Mehr hierzu lesen Sie im folgenden Abschnitt.

Audio- und Videoausgabe mit AirPlay oder Bluetooth

Audio und Video lassen sich vom iPad mini per Funk auf Zubehörgeräten ausgeben. Die Audio-Ausgabe kann über eine direkte Verbindung über Bluetooth erfolgen oder mit AirPlay über WLAN. Video kann nur mittels AirPlay über das WLAN-Netzwerk gestreamt werden. Hier einige Beispiele für mögliche Geräte:

- Bluetooth-Audio-Geräte: Bluetooth-Kopfhörer, Bluetooth-Adapter, an die ein Kopfhörer angeschlossen wird, oder Musikanlagen mit Bluetooth-Schnittstelle
- AirPlay-Audio-Geräte: Netzwerk-Musik-Anlagen oder Netzwerk-Audio-Adapter
- AirPlay-Video-Geräte: Heimkino-Receiver oder Set-Top-Boxen; vorstellbar sind aber auch Fernsehgeräte mit eingebauter AirPlay-Schnittstelle.

Für die Verbindung mit dem iPad mini über AirPlay muss die Netzwerk-Software eines Netzwerk-fähigen Audio- oder Video-Geräts das AirPlay-Protokoll beherrschen. Häufig kann das Protokoll mit einem Firmware-Update

▲ Ein AirPlay-Audio-Adapter (abgebildet AirPort Express) gibt über das Netzwerk Audio auf einer Musikanlage aus.

▲ Video kann über einen AirPlay-Video-Adapter (in der Abbildung Apple TV 2) auf dem Fernseher ausgegeben werden.

nachgerüstet werden. Apple bietet mit dem AirPort Express einen AirPlay-Audio-Adpater und mit dem Apple TV der 2. Generation einen AirPlay-Video-Adapter an.

Verbindung aufbauen

AirPlay und Bluetooth verwenden unterschiedliche Funktechnologien. Daher unterschiedet sich auch die Vorgehensweise für den Verbindungsaufbau.

AirPlay

Damit die Verbindung zu einem AirPlay-Gerät hergestellt werden kann, muss sich dieses im selben lokalen Netzwerk befinden wie das iPad mini. Dabei ist es unerheblich, ob das AirPlay-Gerät selbst über WLAN oder über ein Ethernet-Kabel an das Netzwerk angebunden ist. Für die Verbindung sind keinerlei weitere Einstellungen erforderlich.

Wenn die Verbindung zum AirPlay-Gerät direkt erfolgen soll, muss das iPad mini in der Einstellungen-App mit dem vom AirPlay-Gerät angelegten Netzwerk verbunden werden (»WLAN-einrichten«, Seite 53).

Bluetooth-Gerät koppeln

Die Verbindung zu einem Bluetooth-Gerät muss einmalig eingerichtet werden. Ist das Gerät einmal gekoppelt, wird es bei eingeschaltetem Bluetooth automatisch verbunden, sobald es aktiviert wird.

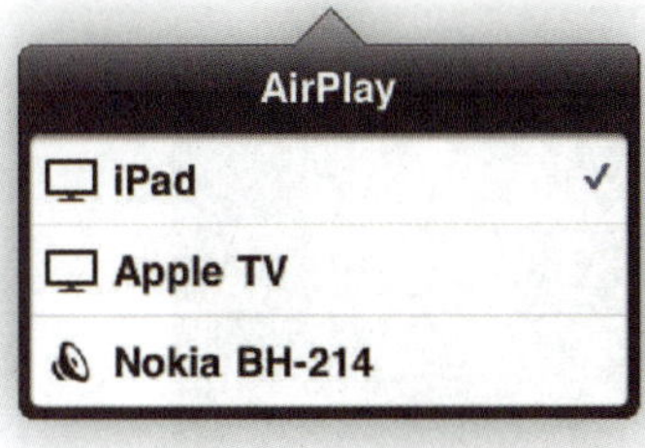

◀ Im AirPlay-Popover können AirPlay- oder Bluetooth-Geräte für die Audio- und Video-Ausgabe ausgewählt werden.

❶ Öffnen Sie auf dem iPad mini in der Einstellungen-App die Seite »Bluetooth«.
❷ Sobald Sie Bluetooth eingeschaltet haben, wird eine Liste aller sichtbaren und aller gekoppelten Bluetooth-Geräte eingeblendet. Das zu koppelnde Gerät erscheint in dieser Liste.
❸ Drücken Sie nun an dem zu koppelnden Gerät die Kopplungstaste.
❹ Eventuell wird auf dem iPad mini ein Dialog angezeigt, in dem Sie aufgefordert werden, einen Zahlencode einzugeben. Den Code finden Sie in der Dokumentation des Gerätes. Wenn es sich bei dem Gerät um eine Tastatur handelt, tippen Sie den auf dem iPad mini angezeigten Code dort ein.
❺ Jetzt ist das Gerät mit dem iPad mini gekoppelt und kann verwendet werden.

Wenn Sie die Kopplung mit einem bestimmten Gerät wieder aufheben wollen, tippen Sie in der Liste auf das blaue Symbol ⊙ im Eintrag des Geräts und dann auf der folgenden Seite auf »Dieses Gerät ignorieren«.

AirPlay- oder Bluetooth-Geräte auswählen

Wenn AirPlay-Geräte im lokalen Netzwerk erreichbar sind oder das iPad mini mit einem Bluetooth-Gerät verbunden ist, erscheint in der jeweiligen App das Symbol ▭. Tippen Sie auf dieses Symbol, um das Gerät für die Ausgabe auswählen zu können.

Je nach Gerät und App kann Audio oder Video ausgegeben werden. Im Popover werden Geräte, die nur Audio ausgeben mit dem Symbol 🔈 gekennzeichnet. Geräte, die Audio und Video ausgeben können, sind an dem Symbol 🖵 zu erkennen.

Ist ein AirPlay- oder Bluetooth-Gerät für die Audio- oder Video-Ausgabe ausgewählt, wird das Symbol ▭ blau (In der App Musik orange) markiert.

▲ Bei der Wiedergabe eines Videos auf ein Ausgabegerät zeigt das iPad mini eine Grafik und die Steuerelemente.

Ausgabe von Videos auf dem Fernseher

Wenn das IPad mini über einen Video-Adapter mit dem Fernseher verbunden ist oder ein AirPlay-Video-Gerät für die Ausgabe ausgewählt wurde, werden Videos aus verschiedenen Apps auf dem Fernseher ausgegeben.

Das Verhalten ist dabei je nach Art der Ausgabe etwas unterschiedlich:

- Wenn der externe Monitor oder der Fernseher mit dem VGA-Adapter oder dem Digital-AV-Adapter (HDMI-Adapter) an das iPad mini angeschlossen ist, wird der gesamte Display-Inhalt des iPad mini auf dem Gerät gespiegelt.
  Wird in der App Videos oder Fotos nun ein Video gestartet oder beispielsweise in Safari die Vollbild-Ausgabe aktiviert, schaltet das iPad mini in den Präsentations-Modus um. In diesem Modus wird auf dem externen Bildschirm das Video ausgegeben und auf dem iPad mini wird nur eine Infografik angezeigt.

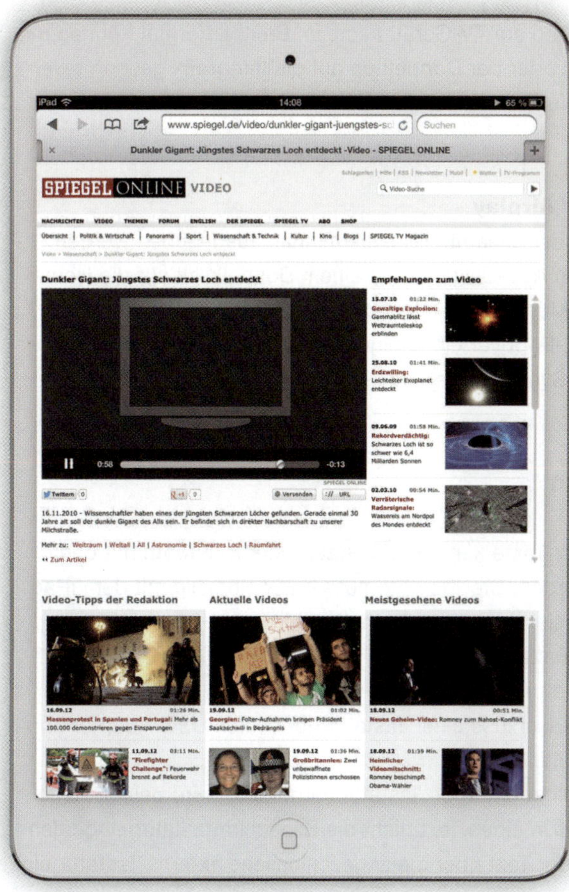

◀ Während das eingebettete Video über AirPlay auf den Fernseher ausgegeben wird, wird auf dem iPad mini weiter die Internetseite angezeigt.

- Bei bei der Übertragung über AirPlay werden, sobald ein AirPlay-Gerät für die Ausgabe ausgewählt wurde, die Videos auf dem Ausgabegerät ausgegeben. Auf dem iPad mini ist an Stelle des Videos nur eine Infografik zu sehen.
  In Safari müssen Sie für die Vollbildausgabe des Videos nicht in den Vollbildmodus wechseln. Auf dem iPad mini wird die Internetseite angezeigt, auf dem TV-Gerät aber der Film im Vollbild.

Über der Infografik werden die Steuerelemente wie im normalen Betrieb eingeblendet, es ist jedoch keine Lautstärkeregelung möglich. Die Lautstärke der

Wiedergabe regeln Sie also am TV-Gerät. Filme im Breitbildformat können mit der Taste oben rechts oder per Doppeltipp auf die Infografik gezoomt werden, sodass entweder die Breite oder die Höhe dem Format des Ausgabegeräts entspricht.

Display spiegeln über Airplay

Auch über AirPlay kann der gesamte Bildschirminhalt ausgegeben werden. Aktivieren Sie hierfür den App-Switcher mit einem Doppelklick auf die Home-Taste und rufen Sie die Musik-Steuerelemente durch Schieben nach rechts auf. Wenn Sie hier im -Popover ein geeignetes AirPlay-Gerät auswählen, können Sie die Option »Synchronisierung« einschalten.

Externe Tastaturen

Für das Schreiben langer Texte kann eine Tastatur über Bluetooth mit dem iPad mini verbunden werden. Die Tastatur muss dafür einmalig mit dem iPad mini gekoppelt werden (siehe »Bluetooth-Gerät koppeln«, Seite 288).

Wenn Sie eine Apple-Tastatur verwenden, können Sie mit der CD-Auswurf-Taste die Bildschirmtastatur ein- und ausblenden.

Möglich ist auch der Anschluss einer Tastatur über einen USB-Adapter an die Lightning-Schnittstelle.

Ist das iPad mini mit einer externen Tastatur verbunden, wird beim Setzen des Textcursors per Tipp in einen Text nicht die Bildschirmtastatur eingeblendet. Statt dessen kann der Text über die angeschlossene externe Tastatur eingegeben werden.

Tastaturbelegung

Für externe Tastaturen verwendet das iOS die von Mac OS X bekannte Tastaturbelegung. Mit dieser Belegung stehen ungleich mehr Sonderzeichen direkt auf der Tastatur zur Verfügung als z.B. unter Windows. Die wenigen Sonderzeichen, die auch auf der Windows-Tastatur vorhanden sind, befinden sich jedoch an anderer Stelle (siehe hierzu die Abbildungen der Tastaturbelegungen auf der nächsten Seite).

Mit einer externen Tastatur lassen sich für die Standard-Befehle aus dem Bearbeiten-Menü auch die Tastaturkurzbefehle aus Mac OS X verwenden (in Klammern die Tastenkombination; bei einer für den Windows-PC gedachten Tastatur verwenden Sie anstelle von ⌘ die ❖-Taste):

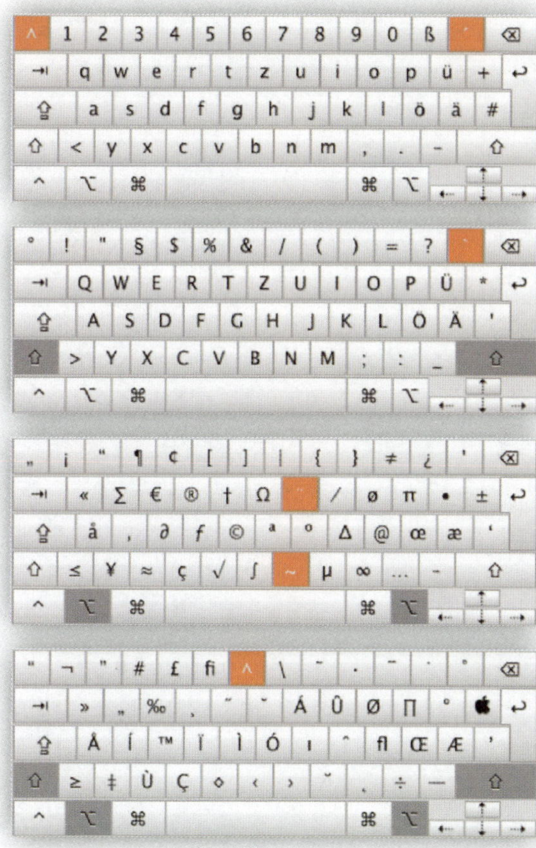

◀ Die deutsche und österreichische Tastaturbelegung ohne Zusatztaste, mit ⇧, ⌥ sowie ⇧ und ⌥

- »Kopieren« (⌘C)
- »Ausschneiden« (⌘X)
- »Einfügen« (⌘V)
- »Alles Auswählen« (⌘A)
- »Widerrufen« (⌘Z)
- »Wiederholen« (⌘⇧Z)

Die landesspezifische Belegung der externen Tastatur lässt sich in der Einstellungen-App unabhängig von der Bildschirmtastatur einstellen (📖 »Erste Schritte mit dem iPad mini«, Seite 10).

▶ Die schweizerdeutsche Tastaturbelegung ohne Zusatztaste, mit ⇧, ⌥ sowie ⇧ und ⌥

Adapter für den Lightning-Anschluss

Als Zubehör stehen unterschiedlichste Adapter für den Anschluss von Geräten über den Dock-Anschluss zur Auswahl.

- **Video-Adapter:** Genaueres zu den verschiedenen Video-Adaptern finden Sie weiter vorne in diesem Kapitel (📖 »Video-Kabel«, Seite 283).
- **Kamera-Adapter:** Mit den Kamera-Adaptern können Sie Fotos von einer Digitalkamera oder einer Speicherkarte direkt auf das iPad übertragen. Neben den zwei Adaptern von Apple werden auch von anderen Herstellern Adapter angeboten, die sowohl mit einem Steckplatz für Speicherkarten als auch mit einem USB-Anschluss ausgestattet sind. Über

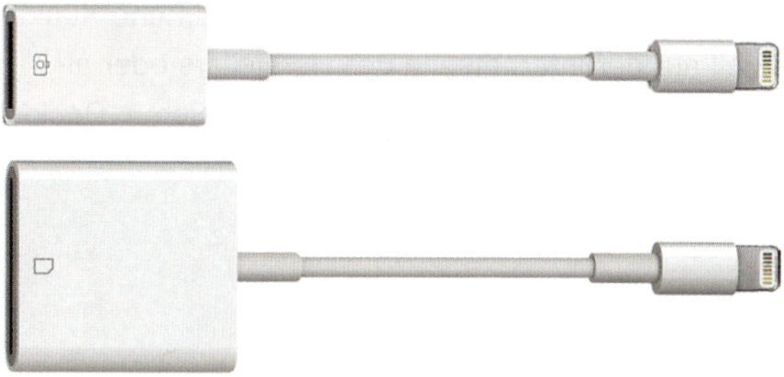

◀ Die beiden Kamera-Adapter dienen dem Anschluss von Digitalkameras und Speicherkarten an das iPad mini.

◀ Adapter für den Anschluss des iPad mini an Geräte mit dem Dock-Anschluss älterer iPads und iPhones

den USB-Kamera-Adapter können aber beispielsweise auch Midi-Geräte von einer Midi-fähigen Musik-App angesteuert werden. Mehr zum Umgang mit den Kamera-Adaptern lesen Sie im Kapitel 🕮 »Fotos«, **Seite 175**.

- Weitere Adapter-Typen mit eingebauter Schnittstelle sind beispielsweise ein Radio-Transmitter, der die Audioausgabe über UKW an das Autoradio sendet, eine Infrarotschnittstelle für den Lightning-Anschluss, mit der Fernseher und andere Geräte ferngesteuert werden können oder ein Midi-Adapter zur Steuerung von Musikinstrumenten.
- Mit den angebotenen Ladekabeln mit USB- oder Euro-Stecker kann das iPad am Computer oder an der 230-V-Steckdose aufgeladen werden. Für die Verwendung eines Standard-Ladegeräts (Mikro-USB, entsprechend der EU-Norm) bietet Apple einen Adapter an. Auto-Ladekabel oder USB-Adapter für den Zigarettenanzünder bieten die Möglichkeit, das iPad im Auto aufzuladen.

Zubehör für den Dock-Anschluss

Für den Betrieb von vorhandenem Zubehör für den Dock-Anschluss der älteren iPad-, iPod- und iPhone-Modelle bietet Apple einen Adapter an. Dieser wird mit dem einen Ende in die Lightning-Schnittstelle des iPads eingesteckt und bietet am anderen Ende den bekannten 30-poligen Dock-Anschluss. Der

Adapter ist jedoch nicht mit jedem Zubehör kompatibel. Ob Ihr Zubehör funktioniert, erfahren Sie eventuell auf der Internetseite des Herstellers oder alternativ in entsprechenden Foren im Internet oder durch Ausprobieren. Dock-Video-Adapter werden generell nicht unterstützt.

Sonstiges Zubehör

Für das iPad mini wird eine schier unendliche Menge verschiedener nichtelektronischer Zubehörprodukte angeboten:

- Stifte: Da das iPad mini einen kapazitativen Bildschirm besitzt, kann es nicht mit normalen Stiften bedient werden. Es werden aber spezielle Stifte aus leitendem Material angeboten, die die Stiftbedienung eines kapazitativen Touchscreens ermöglichen.
- Ständer für Tisch und Boden z.B. für den Betrieb als digitaler Bilderrahmen oder als Rednerpult
- Halter zur Montage z.B. an Armaturenbrett, Windschutzscheibe oder Kopfstützen im Auto, aber auch an Mikrofon- oder Notenständern
- Taschen für den sicheren Transport des iPad mini – von einfachen Neopren-Hüllen bis zu aufwändigen Leder-Taschen.
- Schutzhüllen aus Silikon oder Gummi sollen das iPad mini vor Kratzern am Gehäuse schützen.
- Folien für das Display mattieren das Display oder sollen das Glas vor Kratzern schützen. (Allerdings wird hierdurch die fettabweisende Beschichtung des Displays unwirksam).

Smart Cover

Das von Apple für das iPad mini angebotene Smart Cover wird mit Magneten am iPad mini gehalten und deckt lediglich das Display ab. Es kann auch als Aufsteller in verschiedenen Winkeln verwendet werden. Ein weiterer Magnet schaltet die Sperrfunktion des iPads. In der Einstellungen-App kann hierfür auf der Seite »Allgemein« unter »iPad Hülle verriegeln/entriegeln« eingestellt werden, dass das iPad beim Schließen des Smart Covers in den Ruhezustand versetzt wird und beim Öffnen automatisch wieder geweckt wird.

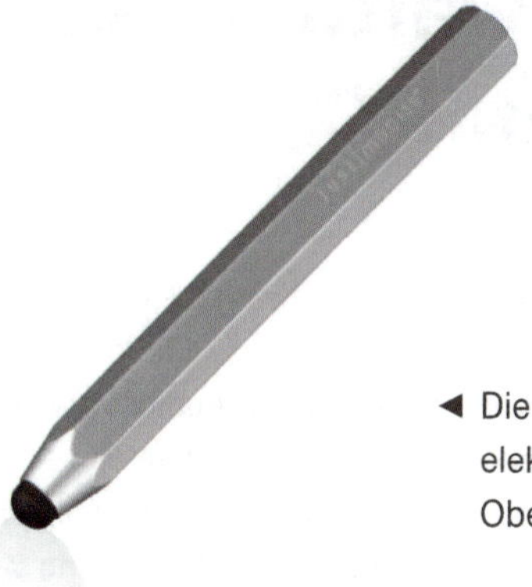

◀ Die Spitze eines Stifts für das iPad mini muss elektrisch leitend sein und darf die Glas-Oberfläche des Displays nicht zerkratzen.

▲ Apples Smart Cover deckt, von Magneten gehalten, nur das Display ab.

iTunes – die Verwaltung für das iPad auf dem PC

Als iTunes im Jahr 2000 für Mac OS 9 vorgestellt wurde, war es lediglich ein einfaches Programm zum Abspielen und Verwalten von Musik. Mittlerweile liegt iTunes in der zehnten Version vor und es können neben Audio-Dateien unterschiedlichster Typen auch verschiedene Typen von Videodateien verwaltet und abgespielt werden. Außerdem diente iTunes als zentrales Verwaltungsprogramm für iPhone, iPod Touch und das iPad. Mit der Einführung von iOS 5 und iCloud werden iOS-Geräte aber nur noch optional bzw. teilweise mit iTunes verwaltet.

Synchronisieren mit dem iPad

Wenn das iPad mini mit einem PC verbunden wurde, findet sich in der Seitenleiste von iTunes der Punkt »Geräte ▶ iPad«. Hier können Sie festlegen, welche Ihrer Daten bei einer Synchronisation von Ihrem PC auf das iPad übernommen werden sollen. Neben Titeln aus der iTunes-Mediathek können auch weitere Daten aus bestimmten anderen Programmen auf dem PC übernommen werden. Die Sortierung der Titel in der iTunes-Mediathek auf dem PC unterscheidet sich von der Sortierung auf dem iPad mini. Im Folgenden eine Auflistung der möglichen Datentypen und die Seite in iTunes, auf der Sie die Einstellungen für die Synchronisierung vornehmen.

- Safari-Lesezeichen: Seite »Infos« (📖 »Safari«, Seite 76)
- E-Mail-Account-Einstellungen: Seite »Infos« (📖 »Mail«, Seite 92)
- Kontakte: Seite »Infos« (📖 »Kontakte«, Seite 112)
- Kalender: Seite »Infos« (📖 »Kalender«, Seite 136)
- Notizen: Seite »Infos« (📖 »Notizen«, Seite 156; 📖 »Mail«, Seite 92)
- Fotos: Seite »Fotos« (📖 »Fotos«, Seite 175)
- Filme: Seite »Videos« (📖 »Videos«, Seite 197)
- TV-Sendungen: Seite »Videos« (📖 »Videos«, Seite 197)
- Podcasts (Audio- oder Video-): Seite »Podcasts« (📖 »Podcasts«, Seite 224)

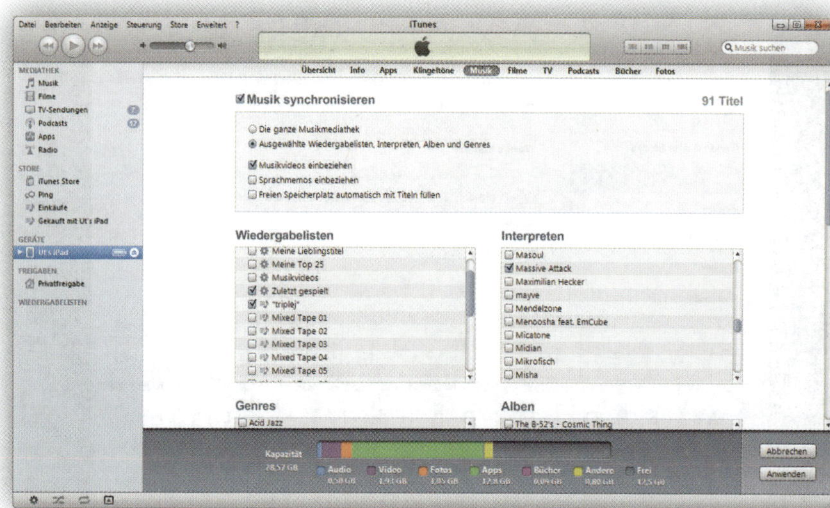

▲ Auswahl der mit dem iPad zu synchronisiernden Musik in iTunes

- Musik und Musikvideos: Seite »Musik« bzw. »Videos« (🕮 »Musik«, Seite 212; 🕮 »Videos«, Seite 197)
- Hörbücher und eBooks: Seite »Bücher« (🕮 »Musik«, Seite 212; 🕮 »iBooks«, Seite 229)
- Apps: Seite »Apps« (🕮 »Der Home-Bildschirm«, Seite 62)

Privatfreigabe

Über die Privatfreigabe können Sie Ihre iTunes-Mediathek auf dem PC über das lokale Netzwerk für andere PCs oder für iOS-Geräte freigeben. Die Einrichtung der Privatfreigabe wird über die Apple-ID abgewickelt, daher muss bei der Einrichtung eine Internetverbindung bestehen (🕮 »Apple-ID«, Seite 15).

❶ Die Privatfreigabe wird auf dem PC in iTunes mit dem Befehl »Privatfreigabe aktivieren« im Menü »Erweitert« eingerichtet. Im iTunes-Fenster geben Sie Ihre Apple-ID und das Passwort ein.

❷ Auf dem iPad wird die Privatfreigabe in der Einstellungen-App unter »Musik« oder »Videos« eingerichtet. Auch hier geben Sie Ihre Apple-ID und das Passwort ein.

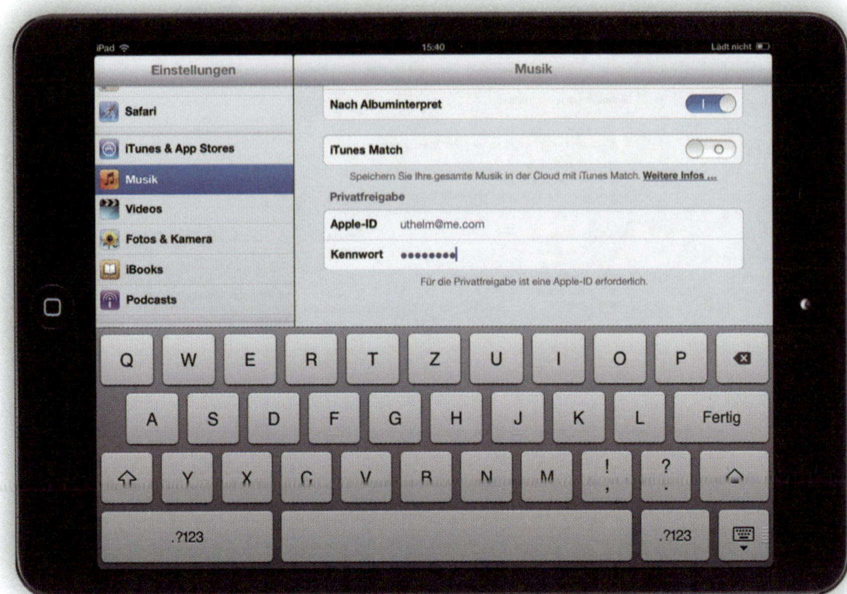

▲ Einrichten der Privatfreigabe auf dem iPad mini

Ist die Privatfreigabe eingerichtet, können Sie, wenn iTunes auf dem PC läuft, von den Apps Musik und Videos aus auf die freigegebene iTunes-Mediathek zugreifen. Es wird die gleiche Sortierung verwendet, wie für die auf dem iPad gespeicherte Mediathek.

- In der App Musik tippen Sie auf **Weitere** und wählen in dem Popover den Punkt »Freigaben«. Dann wählen Sie die gewünschte freigegebene Mediathek aus. Anstelle der auf dem iPad gespeicherten Mediathek werden nun in den verschiedenen Ansichten der App Musik die Inhalte der iTunes-Mediathek auf dem PC angezeigt. Bei Auswahl des Punktes »Mein iPad« im Popover wird wieder die Mediathek auf dem iPads angezeigt (🕮 »Musik«, Seite 212).
- In der App Videos erscheint eine zusätzliche Kategorie **Freigegeben**. Wenn Sie auf diese tippen, können Sie die Freigabe auswählen. Anstelle der auf dem iPad gespeicherten Mediathek werden jetzt die in der iTunes-Mediathek auf dem PC gespeicherten Videos angezeigt. Um auf die Videos zuzugreifen, die in der Mediathek auf dem iPad gespeichert sind, tippen Sie zuerst auf **Freigaben** links in der Werkzeugleiste und dann auf eine der anderen Kategorien (🕮 »Videos«, Seite 197).

Backup

Im Backup des iPads werden persönliche Daten gesichert, die nicht anderweitig wieder hergestellt werden können. Das Backup können Sie nutzen, falls Probleme auftreten, die nur durch das Löschen und Wiederherstellen des iPads gelöst werden können. Das Backup können Sie außerdem nutzen, wenn Sie Ihre Daten und Einstellungen auf ein neues Gerät übernehmen wollen.

In iTunes kann unter »Geräte ▶ iPad« auf der Seite »Übersicht« eingestellt werden, ob das Backup auf Apples iCloud-Server gesichert wird oder auf dem PC. Ist die zweite Option eingestellt, erstellt iTunes zu Beginn einer jeden Synchronisation ein Backup des iPads. Da iTunes immer nur das letzte Backup eines Geräts sichert, sollten Sie regelmäßig ein Backup vom Backup vornehmen. (Wenn Sie unter Mac OS X Time Machine aktiviert haben, geschieht das automatisch.) Die Backups finden Sie unter Mac OS X im Ordner »privat/Library/Application Support/MobileSync/Backup/«, unter Windows in »\Dokumente und Einstellungen\XXX\Application Data\Apple Computer\MobileSync\Backup\« (bei Windows XP) bzw. »\Benutzer\XXX\AppData\Roaming\Apple Computer\MobileSync\Backup\« (bei Windows Vista und Windows 7). Dabei ist »XXX« jeweils der Name des Benutzers.

In den Einstellungen (⌘, bzw. Strg+,) von iTunes finden Sie auf der Seite »Geräte« eine Liste der auf diesem PC gespeicherten iPad-Backups. Lassen Sie den Mauszeiger eine Zeit lang über einem der Einträge in der Liste ruhen, so wird in einem Fähnchen die Seriennummer des iPads angezeigt, von dem das Backup stammt.

Unter »Geräte ▶ iPad« können Sie auf der Seite »Übersicht« eine Verschlüsselung für die Backups aktivieren, sodass dieses nicht ohne Eingabe eines Passworts zum Wiederherstellen verwendet werden kann.

Weitere Informationen zum Thema Backups finden Sie in einem sehr ausführlichen Support-Dokument von Apple, das Sie unter der Adresse <http://support.apple.com/kb/HT4079?viewlocale=de_DE> aufrufen können.

Hard- und Software des iPad mini

Die Hardware des iPad mini

Der Prozessor

Der »Apple A5« ist das Herzstück des iPad mini, der Anwendungsprozessor. Er ist als so genanntes SoC, System on a Chip, aufgebaut. Hierbei sind die beiden Prozessorkerne zusammen mit verschiedenen anderen Komponenten zu einem einzigen Chip zusammengefasst. Im A5 finden sich auch der Grafikprozessor, der Arbeitsspeicher-Controller und verschiedene weitere Schaltungen für die Kommunikation mit dem Massenspeicher und den Schnittstellen sowie zum Dekodieren von Videos. Sogar der Arbeitsspeicher ist in das SoC integriert. Der Apple A5 ist eine Eigenentwicklung von Apple. (Im Gegensatz zum iPad wird im Mac keine von Apple entwickelte Hardware mehr verwendet. Seit 2006 wird für den Mac-OS-X-PC dieselbe Hardware verwendet, die sich auch in jedem anderen Intel-PC findet.)

Die Prozessorkerne des A5 basieren auf der ARM-Architektur, einer Prozessor-Architektur, die sich durch ein besonders effizientes Design auszeichnet.

1983 startete die englische Firma Acorn Computers die Entwicklung eines eigenen Prozessors für ihre Personal-Computer Namens »Archimedes«. Das Prozessordesign, das 1985 fertig gestellt war, wurde ARM (Acorn RISC Machine) genannt. 1986 ging der erste ARM-Prozessor, der ARM2 in Serie. Mit seinem RISC-Design kam der ARM2 mit einem Bruchteil der Transistoren eines Intel 80386 aus (30.000 statt 275.000), erzielte dabei die eineinhalbfache Rechenleistung pro Takt (er war allerdings auch niedriger getaktet). Der zeitgleich mit dem ARM2 erschienene 80386 ist einer der Vorgänger des Prozessors, der im Windows-PC und seit mehreren Jahren auch Mac-OS-X-PC verwendet wird. Er war eine Weiterentwicklung des für sein besonders undurchdachtes Design bekannten 8086, dessen Erbe noch immer in jedem PC-Prozessor zu erkennen ist.

Ab 1990 übernahm die von Acorn zusammen mit VLSI Technology und Apple gegründete Firma ARM Ltd. die Weiterentwicklung des ARM-Prozessors. ARM steht seitdem für »Advanced RISC Machine«. Acorn selbst hat sich 1998 aus dem PC-Markt verabschiedet. Nach der Rückkehr von Steve Jobs zu Apple wurde Apples Beteiligung an der ARM Ltd. Stück für Stück wieder

◀ Explosion der Innereien des iPad mini. Rechts von der großen Akkuzelle liegt das Mainboard mit dem A5-Prozessor, den Flash-Speicher-Bausteinen und den WLAN-Chip sowie – beim WiFi + Cellular – dem Mobilfunk- und GPS-Chip.

abgestoßen, da das Gerät, für das die Investitionen in die Entwicklung des ARM-Prozessors gedacht war – der »Newton«, ein Taschenbuch-großer Computer, der über einen berührungsempfindlichen Bildschirm bedient wurde – eingestellt worden war.

ARM Ltd. verkauft keine kompletten Prozessoren, sondern lizenziert das Design an andere Hersteller. Diese können dann den Prozessorkern in ihre eigenen Chips integrieren. Neben dem Apple A5 Anwendungsprozessor verwendet z.B. auch der Chip für die Mobilfunk-Schnittstelle im iPad mini WiFi + Cellular einen (allerdings einfacheren) ARM-Prozessorkern.

Die Schaltungen des PowerVR-Grafikprozessors im A5 stammen von der Firma Imagination Technologies, ebenfalls aus England.

Flash-Speicher

Für den Massenspeicher werden beim iPad Flash-Speicher-Bausteine verwendet. Beim Flash-Speicher werden die Daten in Form von elektrischen Ladungen auf einem Chip gespeichert. Im Gegensatz zum Arbeitsspeicher bleiben hier jedoch die Ladungen und damit die Daten erhalten, ohne dass der Chip beständig mit Strom versorgt werden muss.

▲ Mit den eingebauten Sensoren kann das iPad seine seine genaue Position und Blickrichtung ermitteln. So kann z.B. ein Astronomieprogramm (hier »PM Planetarium«) einen Himmelskörper benennen, auf den es gerichtet wird.

WLAN und Bluetooth

In allen iPads ist ein Chip für die kabellose Netzwerkschnittstelle WLAN eingebaut. Die WLAN-Schnittstelle des iPads entspricht der Norm IEEE 802.11a, b, g und n. Wird das iPad an einen Access-Point angebunden, der die Norm IEEE 802.11n unterstützt, sind Übertragungsraten von bis zu 300 Mbit/s möglich. Mehr zu WLAN erfahren Sie im Kapitel 🕮 »Das Netzwerk einrichten«, Seite 53 Der WLAN-Chip kann außerdem Verbindungen über den Kurzstrecken-Funk Bluetooth 4.0 herstellen. Mehr zu Bluetooth lesen Sie im Kapitel 🕮 »Zubehör für das iPad mini«, Seite 282.

Cellular und GPS

Im iPad mini Wi-Fi + Cellular ist zusätzlich ein Modul eingebaut, das Verbindungen zum Mobilfunk-Netzwerk aufbauen kann. Mehr zu Mobilfunk erfahren Sie im Kapitel 🕮 »Das Netzwerk einrichten«, Seite 53. Ein weiterer Chip auf dem Modul kann Zeitsignale von den GPS-Satelliten empfangen. Anhand der

Laufzeitunterschiede der Signale mehrerer Satelliten ermittelt der Chip die genaue Position des iPads auf der Erdoberfläche (»Karten«, Seite 163).

Accelerometer, Gyroskop und Kompass

Mit dem Beschleunigungs- und dem Lagesensor können Bewegungen des iPads und die Lage im Verhältnis zum Erdschwerefeld bzw. die Lage im Raum ermittelt werden. Ein elektronischer Kompass misst die Ausrichtung des iPads im Verhältnis zum Erdmagnetfeld (»Karten«, Seite 163).

Bildschirm

Das iPad besitzt ein kapazitatives Multitouch-Display. Ein kapazitativer Touchscreen misst die Position der Finger auf dem Bildschirm mit Hilfe der elektrischen Leitfähigkeit der Haut. Er kann nur mit leitfähigen Materialien bedient werden. Ein Multitouch-Bildschirm kann im Gegensatz zu einfachen Touchscreens, die nur einen Punkt auf den Bildschirm ermitteln konnten, die Positionen mehrerer Finger auf dem Bildschirm erkennen.

Hinter der sensitiven Lage liegt die LCD-Lage (Liquid Crystal Display – Flüssigkristallbildschirm), die das Bild ausgibt. In ihr wird das Licht der LED-Hintergrundbeleuchtung (Light Emitting Diode – Licht aussendende Dioden) durch nebeneinander liegende rote, grüne und blaue Farbfilter (die Subpixel) geleitet, die von Flüssigkristallen unterschiedlich stark abgedunkelt werden. So entstehen durch additive Farbmischung die verschiedenen Farben auf dem Bildschirm.

Der Bildschirm des iPads verwendet die aufwändige IPS-Technologie (In Pane Switching). Bei den billigeren TN-Displays, die in Notebooks verbaut werden, kommt es zu starken Farbabweichungen, wenn sich der Betrachter nicht senkrecht vor dem Display befindet. IPS ermöglicht es, das Display aus einem schrägen Blickwinkel zu betrachten, ohne dass es zu Farbabweichungen kommt.

Der Bildschirm ist außerdem fettabweisend beschichtet, sodass er ohne Verwendung von Putzmitteln gesäubert werden kann.

Lightning-Anschluss

Im Lightning-Anschluss werden verschiedene Schnittstellen in einem Stecker zusammengefasst. Die neun Pins können elektronisch nach Bedarf unterschiedlich belegt werden. Im iPad mini werden über die entsprechenden Adapter folgende Schnittstellen angeboten:

Der 9-polige Lightning-Anschluss vereint mehrere Schnittstellen in einem Stecker.

- USB – Universal Serial Bus, ermöglicht die Datenverbindung zum PC
- Audioeingang
- Audioausgang
- Videoausgang (HDMI oder VGA)
- Stromversorgung für das iPad (5V nach USB-Standard)
- Stromversorgung für Zubehör

iOS

iOS, das Betriebssystem des iPads, ist eine Variante von Mac OS X, dem Betriebssystem von Apples PCs. Grundlage für die Entwicklung von Mac OS X war das Betriebssystem NeXTStep, das erstmals 1989 vorgestellt wurde. Dieses System entwickelte die Firma NeXT-Computers, die Steve Jobs, einer der Gründer von Apple, gegründet hatte, als er 1986 Apple verlassen musste. Eine Basis von NeXTStep wiederum ist BSD, eine an der Berkeley University entwickelte UNIX-Variante. UNIX wurde in den 60er und 70er Jahren als Betriebssystem für Großrechenanlagen entwickelt.

Mac OS X wurde im Jahre 2001 als moderner Nachfolger von Mac OS (dem Betriebssystem des Macs seit 1984) vorgestellt. Dabei wurden NeXTStep und Mac OS zum Mac OS X verschmolzen. NeXTStep diente als Basis, Mac OS steuerte verschiedene Techniken bei. Diese wurden aber Laufe der Weiterentwicklung durch neue Techniken ersetzt oder ganz gestrichen. Die Wurzeln von iOS sind daher praktisch nur in NetXTStep zu suchen.

iOS ist (nicht) Mac OS X

iOS teilt viele Eigenschaften mit Mac OS X, viele Dinge sind im iOS aber anders organisiert als in Mac OS X. Nicht nur die Benutzeroberfläche ist eine andere, auch in den Tiefen unterscheiden sich die beiden Systeme.

Der Systemkern

iOS verwendet den Mach-Kernel, der an der Carnegie Mellon University als teilweise Alternative zum BSD-Kernel entwickelt wurde. Dieser kümmert sich nur um die grundlegendsten Aufgaben, der Speicher- und Prozessverwaltung. Er wird mit den so genannten Kernel Extensions erweitert. Diese Kexts enthalten z.B. die Treiber für den Grafikprozessor, die USB-Schnittstelle und die Datenübertragung über das Netzwerk. Im iOS sind der Kernel und die meisten Erweiterungen nicht als einzelne Dateien vorhanden, sondern als so genannter Kernelcache. Der Mach-Kernel und die für den Betrieb des jeweiligen Geräts notwendigen Erweiterungen sind in einer Datei zusammengestellt.

Die Programmumgebung

Das iOS bietet Programmierern mit »Cocoa Touch« nur eine einzige Laufzeitumgebung für Programme an. Cocoa Touch ist eine Weiterentwicklung der Cocoa-Umgebung in Mac OS X, die von NeXTStep übernommen wurde. Cocoa Touch ist auf die Bedienung über einen berührungsempfindlichen Bildschirm optimiert. Programme für iOS können nur in »XCode« unter Mac OS X 10.7 oder 10.8 in der abseits von Mac OS X und iOS wenig verbreiteten Programmiersprache »Objective-C« erzeugt werden.

Cocoa touch bietet dem Programmierer viele Funktionen in Form von Frameworks an. Diese Funktionen braucht der Programmierer dann nicht selbst zu programmieren. Er muss die Funktion lediglich in sein Programm einbinden. Auch die integrierten Programme von Apple verwenden diese Frameworks. Drei Beispiele:

- Das MediaPlayer-Framework, eine Variante von QuickTime, dient zum Abspielen von Multimedia-Inhalten. Ist dieses Framework in ein Programm eingebunden, kann das Programm Audio- und Video-Inhalte abspielen.
- Mit Hilfe des WebKit-Frameworks kann ein Programm Internetseiten oder formatierte E-Mails darstellen. Soll das Programm einen integrierten Internetbrowser enthalten, muss der Programmierer nur noch die Steuerelemente in der Benutzeroberfläche einbauen.
- Durch Einbinden des QuickLook-Frameworks kann ein Programm Dateien verschiedenster Formate wie PDFs, Word- oder Pages-Dokumente, JPG-Bilder etc. in der Übersicht anzeigen. (Eine vollständige Liste der unterstützen Formate finden Sie in den Kapiteln »Mit Safari im Internet surfen«, Seite 76 und »Mail«, Seite 92.)

▲ iOS teilt sich die Basis mit NeXTStep ...

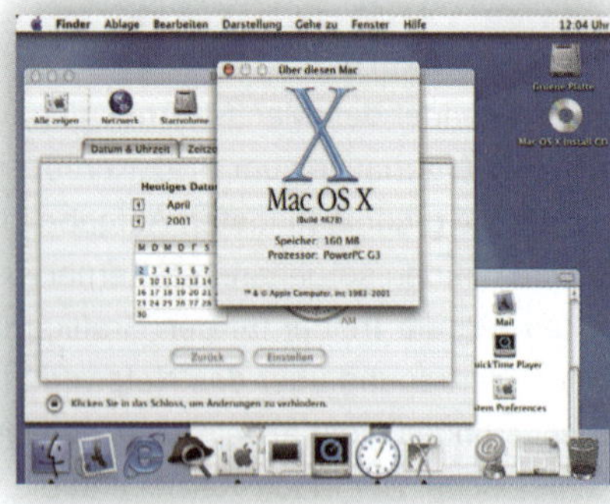

▲ ... und Mac OS X

Das Dateisystem des iPads

Als Dateisystem wird im iOS HFSX (Mac OS Extended (Groß-/Kleinschreibung)), eine Variante des Mac-Dateisystems HFS+ verwendet. HFSX ist auf dem iPad »Case sensitive« angelegt, es unterscheidet zwischen großen und kleinen Buchstaben. Bei »Text.txt« und »text.txt« handelt es sich hier um zwei verschiedene Dateinamen (📖 »Datenaustausch«, Seite 249).

Die mit dem iOS mitgelieferten Programme (Mail, Safari etc., aber auch die SpringBoard.app, das Programm, das neben dem Home-Bildschirm auch noch einige andere Aufgaben hat) befinden sich im Dateisystem in Ordnern, die dem System gehören. Die eigenen Programme jedoch finden sich zusammen mit der Mediathek in einem Benutzerordner. Jedes Programm erhält einen Unterordner, der mit einer bei der Installation des Programms zufällig generierten UUID (Universally Unique Identifier, wie z.B. CC8825FA-5841-48D3-8873-BD612CF718D6) benannt ist. Innerhalb dieses Ordners befindet sich neben dem Programm selbst auch ein Ordner, in dem das Programm Einstellungen speichern oder seinen Cache anlegen kann und ein Ordner für die von dem Programm verwalteten Dokumente.

Wird das Programm gelöscht, so wird der gesamte Ordner mitsamt Inhalt gelöscht. Wenn das Programm erneut installiert (nicht aus dem Backup wieder hergestellt) wird, sind also keine Einstellungen und Dokumente mehr vorhanden (📖 »Der Home-Bildschirm«, Seite 62; 📖 »Backup«, Seite 301).

▲ Ein Programm zusammen mit seinen Dokumenten in seiner Sandbox

▲ iPad-Programme werden ausschließlich im Vollbildmodus ausgeführt.

Programmausführung

Programme werden unter iOS immer im Vollbildmodus ausgeführt, sie nehmen immer den gesamten Bildschirm ein. Beim Beenden eines Programmes unter iOS werden automatisch die Dokumente, die sich in Bearbeitung befinden, gesichert. Anders, als bei PC-Betriebssystemen üblich, geschieht dies ohne eine Abfrage. Beim Wechsel von einem Programm zu einem anderen wird das Programm pausiert und sein Zustand in einer Datei gespeichert. Wird das Programm erneut aktiviert, befindet es sich in demselben Zustand, in dem es verlassen wurde (🕮 »Der Home-Bildschirm«, Seite 62). Bestimmte Prozessarten können dabei aber weiter ausgeführt werden.

- Die Audioausgabe eines Programms kann weiterlaufen.
- Ortungsdienste können aktiv bleiben (z.B. zum Abfahren einer Route in einem Navigationsprogramm).
- Begonnene Aufgaben (z.B. ein Download) können zu Ende geführt werden.
- Das Programm darf Meldungen ausgeben.

Index

W

X

Y

Z

video2brain

Sie sind auch der visuelle Lerntyp?

Dann greifen Sie zu den Video-Trainings von video2brain. Getreu dem Motto »Sehen, hören, mitmachen!« lernen Sie spielend am eigenen Bildschirm. Die besten Fachleute der Branche entwickeln Video-Trainings, die sich durch eine optimale didaktische Struktur und jede Menge Expertentipps auszeichnen.

Neben den Box-Produkten bietet video2brain ein sehr umfangreiches Angebot an **Online Video-Trainings** zu allen Themen rund um Grafik, Fotografie und IT-Themen, die Sie über die Online-Trainingsplattform erwerben und sofort nutzen können.

Stöbern Sie rein - 7 Tage die Woche, 24 Stunden am Tag
https://partner.video2brain.com/pearson

Und für alle, die intensiv Video-Trainings nutzen, gibt's das **video2brain-Trainingsabonnement**, das Ihnen ein Jahr lang unbeschränkten Zugriff zu allen Originaltrainings in komplettem Umfang und mit vollständiger Funktionalität ermöglicht.

Einfach mehr können.
Die video2brain Trainingsabonnements.

Mehr dazu auf www.video2brain.com.

video2brain ist der führende Hersteller qualitativ hochwertiger Online- und DVD Video-Trainings für u.a. Software, Fotografie und Programmiersprachen. Die Video-Trainings auf DVD werden in Zusammenarbeit mit dem renommierten Fachverlag **Pearson Deutschland** veröffentlicht.

ALWAYS LEARNING PEARSON

Das **iPhone 5** ist ein faszinierender Alles-Könner, mit dem Sie surfen, navigieren, mailen, twittern, Musik hören, Videos schauen – oder einfach nur telefonieren können (auch per Video). Und mit dem Sie Kontakte, Kalender, Mails, Fotos, Apps, Musik etc. via iCloud sichern oder mit Mac und iPad synchronisieren.

Wie Sie alle Funktionen des iPhone 5 und seines Betriebssystems iOS6 vom Start weg richtig nutzen, zeigt Ihnen Apple-Experte Giesbert Damaschke in diesem Buch. Darin lernen Sie, Ihr iPhone 5 einzurichten, mit Musik, Videos, Kontakten, Terminen und eBooks zu bestücken, Fotos und Filme aufzunehmen und zu mailen, überall das Web zu nutzen, mit dem 3D-Karten-Dienst zu arbeiten, über den App Store neue Anwendungen zu installieren – und vieles andere mehr.

Giesbert Damaschke
ISBN 978-3-8272-4822-0
19.95 EUR [D], 20.60 EUR [A], 26.90 sFr*
272 Seiten
http://www.mut.de/24822

*unverbindliche Preisempfehlung

Markt+Technik

Mehr Bücher & Video-Trainings auf **www.mut.de**

ALWAYS LEARNING PEARSON

War das ein Zeichen?
Er setzte sich auf. Wenn nicht, so erklärte er es zu einem. Er zog die Papiertüte zu sich heran, nahm die Conn heraus, trommelte auf den Ventilen herum, rieb über einen matten Fleck in der Krümmung des Schallbechers, öffnete die Wasserklappe, schüttelte, aber es kam keine Spucke heraus. Er stand auf, in der Rechten die Trompete. Der Wind fuhr ihm in die Haare. Am Strand hockten zwei kleine Jungen vor ihrem abgestürzten Drachen, die letzten Badegäste zogen sich an, sammelten Handtücher und Sonnenschirme zusammen und stapften durch den Sand davon. Der Pier erstreckte sich verlassen ins Meer, am purpurfarbenen Horizont waren Umrisse von Schiffen zu erkennen.
Seine Bulova zeigte neun Uhr an. Es war Zeit, zu gehen. Er steckte die Trompete in die Einkaufstasche und folgte dem Muschelweg in Richtung der Strandpavillons und der auf Pfählen errichteten weißen Ferienhäuschen. Auf dem Nordseekanal kam ein riesiger Frachter angefahren, aus seiner Flanke schoß Wasser, und die stampfenden Maschinen dröhnten übers Meer.
Auf dem Pier bückte er sich, öffnete die Tasche und ließ mehrere Händevoll angewehten Sand in den Schallbecher der Trompete rieseln. Er sah sich scheu um. Ein Stück von ihm entfernt gingen noch ein paar Leute und ein Hund spazieren. Er trat auf die Basaltblöcke, die man als Verstärkung kreuz und quer vor die Außenseite des Piers ins Wasser gekippt hatte, und kletterte hinunter. Näher zum Meer.

Über seinem Kopf zogen Stimmen vorüber. Er duckte sich, der Schweiß lief ihm in die Augen.
»Passen Sie auf? Die Steine sind glatt.«
Victor Klein hob die Hand. »Ich suche Seesterne. Ich habe schon eine ganze Tasche voll.«
Er wartete, bis er allein war.
Die graue See sprang schäumend gegen die Basaltblöcke.
Ob es hier tief genug war?
Er zog die beschwerte Trompete aus der Tasche.
»Ab mit dir«, flüsterte er.
Unter einem Sandschleier verschwand die Conn im Meer.

Das Telefon klingelte, und nach dem dritten Mal schaltete sich der Anrufbeantworter ein.
»Dies ist der Anrufbeantworter von Victor Klein und Booker. Wir sind im Moment nicht zu erreichen, Sie können aber nach dem Piepton eine Nachricht auf Band sprechen. Wir rufen Sie dann zurück.« »Victor, hier ist Elisa. Wie geht's? Glaubst du, es hat Sinn, daß wir reden? Ich war gestern nachmittag bei dir, aber du warst nicht da. Rufst du mich an? Wenn ich nichts von dir höre, wirst du von mir auch nie mehr etwas hören. Rufst du an?«
Victor Klein drehte sich langsam zum Apparat, der wieder schwieg. Ein rotes Lämpchen ging an und aus zum Zeichen, daß eine Nachricht aufgezeichnet worden war.
Er erhob sich vom Schreibtisch und ging zum Balkon.

»Hast du das gehört, Booker? Das war Elisa. Sie hat mich etwas gefragt. Sie hat mich angerufen. Vielleicht sollten wir zurückrufen, Booker. Vielleicht. Was meinst du?«

Victor Klein grinste.

Er blickte auf Haarlem und begann leise zu summen.

F. Springer
Bougainville

Roman, 1996, 176 Seiten
Aus dem Niederländischen von Helga van Beuningen

Johan de Leeuw und sein Enkel haben viel erreicht im Leben, der eine als Eisenbahnpionier in den paradiesischen Kolonien Niederländisch-Indiens, der andere als angesehener, weitgereister Diplomat. Doch beide treibt eine große Sehnsucht um. Aber wonach? »Springer erzählt davon auf die bestmögliche Weise: mit schwebender Leichtigkeit.« (Het Parool)

»Ein Roman über das Gefühl, daß das Leben einen anderen Lauf genommen hat als geplant. Mit Bougainville *meldet sich endlich einer der großen Erzähler der Niederlande zurück.«* Der Tagesspiegel

»Der Roman Bougainville von F. Springer breitet den Zustand des Erwachens aus den Träumen auf. F. Springer ist ein Schriftsteller der gelassenen Art, ein raffinierter und intelligenter Schriftsteller.« FAZ

»Eine sorgfältig entwickelte tiefenpsychologische Studie. (...) Das macht Lust auf mehr.« Der Spiegel

Luchterhand